文化产业研究 22

SCI CNKI 来源集刊

单位：
部—南京大学国家文化产业研究中心／
省文化产业学会／
文化产业研究基地／
大学文化产业发展研究所／
大学商学院

主编／顾　江
副主编／周　锦　姜照君

江苏省哲学社会科学界联合会学术著作出版经费资助

南京大学出版社

图书在版编目(CIP)数据

文化产业研究. 22 / 顾江主编. — 南京 : 南京大学出版社, 2019.10

ISBN 978-7-305-07637-4

Ⅰ. ①文… Ⅱ. ①顾… Ⅲ. ①文化产业—世界—文集 Ⅳ. ①G114—53

中国版本图书馆 CIP 数据核字(2019)第 204071 号

主　编　顾　江

副主编　周　锦　姜照君

编　辑　姜照君　朱文静　马　卿　张苏秋　胡慧源
吴建军　高莉莉　车树林　贺　达　任文龙
季雯婷　陈亚兰　陈　鑫　张苏缘　孙　悦

出版发行　南京大学出版社
社　　址　南京市汉口路 22 号　　　邮　编　210093
出 版 人　金鑫荣

书　　名　文化产业研究 22
主　　编　顾　江
副 主 编　周　锦　姜照君
责任编辑　刘光玉　束　悦　　　编辑热线　025-83686308

照　　排　南京南琳图文制作有限公司
印　　刷　江苏凤凰数码印务有限公司
开　　本　787×1092　1/16　印张 19.75　字数 343 千
版　　次　2019 年 10 月第 1 版　2019 年 10 月第 1 次印刷
ISBN 978-7-305-07637-4
定　　价　58.00 元

网　　址　http://www.njupco.com
官方微博　http://weibo.com/njupco
官方微信　njupress
销售热线　025-83594756

《文化产业研究》编委会

主办单位

文化部—南京大学国家文化产业研究中心

江苏省文化产业学会

江苏文化产业研究基地

南京大学文化产业发展研究所

南京大学商学院

编者寄语

2019年是新中国成立70周年。70年来奋进前行，中华民族迎来了民族独立、国家富强、百姓安居乐业的伟大飞跃。习近平总书记强调今年是决胜全面建成小康社会关键之年，必须坚定“四个意识”和“四个自信”，贯彻新时代中国特色社会主义思想，持续深入贯彻党的十九大精神，以优异的成绩迎接新中国成立70周年。

与国同梦，中国文化产业发展脉络清晰、前景广阔。文化产业增长速度加快，2019年一季度全国规模以上文化及相关企业实现营业收入比上年同期增长8.3%，比2018年全年加快0.1个百分点。文化产业结构更合理，文化新业态潜力巨大，文化输出能力举世瞩目。随着中国人民对文化产品质量和数量的需求增长，文化产业和文化企业的共同努力使得文化更加融入和更好地服务人们的生活。未来，依靠目前发展背景和坚实基础，文化产业及企业将实现共同繁荣。

《文化产业研究》是由文化部—南京大学国家文化产业研究中心、江苏省文化产业学会、江苏文化产业研究基地、南京大学文化产业发展研究所、南京大学商学院联合出版的CSSCI来源集刊。围绕着文化产业学术前沿、文化消费、产业创新、文化金融、文化贸易、版权经济、博士论坛7个板块，从多学科视角，探析文化产业发展的新理念、新动向和新特征，力求关注全球文化产业理论和实践动态，跟踪区域文化产业发展进程，把脉文化企业发展态势。

《文化产业研究》融合了现代经济学、管理学、社会学、艺术学、历史学等多学科的理论与方法，多角度、多学科研究国内外最新文化产业发展态势。自问世以来，一直秉承百年南大浓厚的学术氛围，厚积而薄发，以规范、严密、扎实、创新的风格得到国内外学者的高度评价，为丰富国内外文化产业理论与实践的研究增添了新的亮点。

希望以《文化产业研究》搭建的学术交流平台，以其精准的定位、开阔的视野、前沿的视角服务于国内外研究学者，能够推动我国文化产业的规模化、集约化、专业化发展。

顾江

目　录

学术前沿

文化消费

产业创新

文化金融

文化贸易

版权经济

博士论坛

CONTENTS

Industrial Innovation

Cultural Finance

Cultural Trade

Copyright Economy

Dr. Forum

学术前沿

我国“文化经济学”研究述评*

张 斌

摘 要:“文化经济学”作为一门学科还很不成熟。近十年来关于文化经济的研究成果增多了,但以应用性成果居多,理论性思辨成果欠缺。即使这为数不多的成果也存在偏重宏观层面、缺少规范的定量研究、未能密切关注技术革新、“文化经济学”的外延不清晰等问题。在研究方法上借鉴其他经济学科,在理论框架的搭建上借鉴欧美同行,同时结合本土的实践,是未来的努力方向。

关键词:文化经济学;学科建构;文化产业

改革开放以来,随着我国经济建设的突飞猛进,经济学研究的广度和深度也得以拓展:产业经济学、劳动经济学、计量经济学等分支遍地开花,较为“小众化”的法经济学、演化经济学也破茧而出,成长迅速。唯有“文化经济学”如同躲在墙角的“丑小鸭”默默无闻,其萌芽的时间不长,其研究成果曾长时间乏善可陈,只是到近十几年才大为改观。2004 年以来,在我国文化产业大发展的进程中,文化经济学未能提供充分的理论支持。本文拟回顾这些年来“文化经济学”成长的历程,总结其利弊得失,为进一步完善“文化经济学”的学科建设提供镜鉴,使之更好地服务于文化产业的发展繁荣。

本文拟从三个方面展开。首先,纵向透视改革开放以来“文化经济学”作为一门学科的总体发展状况;其次,鉴于已有学者总结了 1991—2007 年“文化经济学”的研究,本文将较为具体地透视 2007—2017 年“文化经济学”的研究,以便在前人的基础上继续接力,做到逻辑与历史的统一;最后,本文将基于自己的判断,探讨当下我国“文化经济学”研究存在的问题及未来的着力点。

---

* 本文系山东省艺术科学重点课题“海外文化经济学研究综述”(1506384)的阶段性成果,本课题得到了山东省自筹经费出国留学基金资助。

一、改革开放以来我国“文化经济学”研究概况

为梳理、总结其研究状况，笔者以“文化经济”为篇名，以 1990—2017 年为界限，在中国知网上进行了文献的跨库检索，涵盖的数据库包括特色期刊、学术辑刊、教育期刊、报纸、年鉴、博士论文、硕士论文、国内会议。检索共得到 1 532 条结果，总体趋势分布如下：

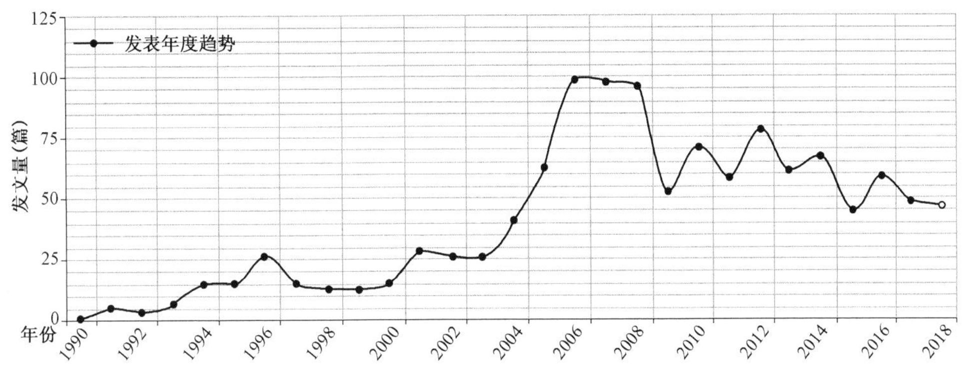

图 1　1990—2017 年“文化经济学”论文检索结果

据上图，我们可以将我国“文化经济学”的演进划分为四阶段：① 1994 年以前；② 1994—2004 年；③ 2004—2009 年；④ 2009 年至今。

1994 年以前，“文化经济学”作为一门学科尚处于孕育期。从目前的资料看，1985 年于光远先生首次倡议建立国内的“文化经济学”。1986 年，沈建新和程恩富在《赣江经济》上发表《文化变迁和经济改革》一文，开始关注生活中的文化现象，探讨文化繁荣对经济发展的作用。1988 和 1989 年，分别有零零星星的文章切入文化事业、文化政策的探讨。其后，严行方在 1992 年、程恩富在 1993 年分别出版了专著《文化经济学》，他们连同 1996 年的方家良试图摆脱单篇论文的零散模式，以更为系统的方式建构“文化经济学”的框架结构。他们试图将政治经济学基本原理套用在文化事业、文化活动上，其成果过于宏观、思辨、空泛，其方法囿于传统的马克思主义政治经济学范式，他们对“文化经济学”的贡献值得后人肯定，但对推动文化事业发展的现实作用不大。

1994—2004 年，关于“文化经济学”的研究成果有了平稳的增长。其中，1994—2003 年发表的论文明显增加了，这可能是由于 1992 年邓小平的南方谈话大大加快了市场经济建设的步伐，带动更多学者关注文化经济现象。2001—2004

年发表的文化经济学论文数量又上了一个台阶，大概是由于2001年中国加入了WTO(世界贸易组织)，进一步推进了我国的经济体制改革和对外开放，增强了经济活力，进而带动了文化经济的研究。从总体上看，本阶段有更多学者关注更多的文化经济议题，“文化经济学”作为一门学科开始进入“婴儿期”。

2004—2009年，关于文化经济的研究成果有了突飞猛进的增长。尤其是2008北京奥运会前后，各报刊发表的文化经济类文章可谓“井喷”，其他学科的学者纷纷加入文化经济的研究，中国人民大学文学院的人文奥运研究中心就是典型。随着奥运会的闭幕，有关文化经济的研究热潮迅速降温，相关的论文数量陡降至2004年的水平，可谓“一阵风”。但是这阵风将我国的文化经济研究推上了一个相对稳定的更高台阶。

自2009年至现在，我国关于文化经济的研究成果虽然有小小的上下波动，但幅度不大，且总体数量维持在高位，显示出我国“文化经济学”的研究进入了一个相对稳定、成熟的阶段，对该阶段成果的梳理将是接下来的议题。

二、2007—2017年“文化经济学”的研究状况

在刚刚过去的11年间，我国在“文化经济学”的研究上步入了平稳进展、成果较以前更为丰硕的阶段。鉴于中国知网(CNKI)收录的文章优劣相间，略为芜杂，故本文选取2007—2017年发表在CSSCI期刊上的文章，分别以“文化旅游”“文化消费”“文化贸易”“文化经济”“文化市场”的篇名进行检索。这些检索词基本涵盖了我国学者在“文化经济学”领域的研究方向，最终得的结果如下：

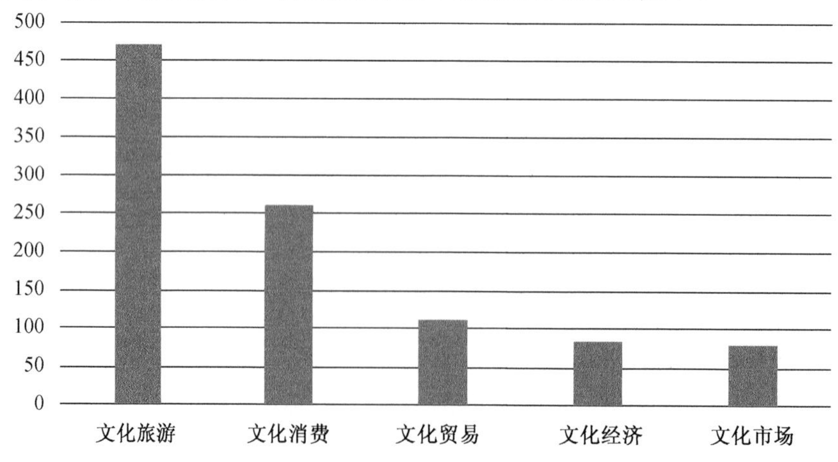

图2 2007—2017年CSSCI“文化经济学”论文的检索结果(单位:条)

从上图可以看出,11 年间关于"文化经济学"的研究成果中,"文化旅游"方面的论文占所搜索论文总数的 46.8%,属于比较热门的领域;另外,研究成果集中在文化旅游、文化消费、文化贸易等比较具体的部门,对现实的指导意义更大,与 20 世纪 90 年代相比有所进步——彼时的学者纠缠于文化与经济的关系、文化经济学的性质等过于空泛的纯理论思辨。

当然,上图也反映出我们在"文化经济学"的理论研究上用力不多,相关的成果略为单薄。且所检索到的学者中,大部分是其他学科顺便涉猎到文化经济领域的,真正致力于"文化经济学"理论建构的学者非常之少!当我们以"文化经济学"为篇名,在 2008—2017 年的 CSSCI 期刊范围内继续检索时,得到的结果很不乐观:仅有寥寥几个学者关注"文化经济学"的研究,每年发表的论文也仅有 2—3 篇,显示出"文化经济学"在当下的中国经济学界几乎处于"忽略不计"的地步。相关的检索结果如下:

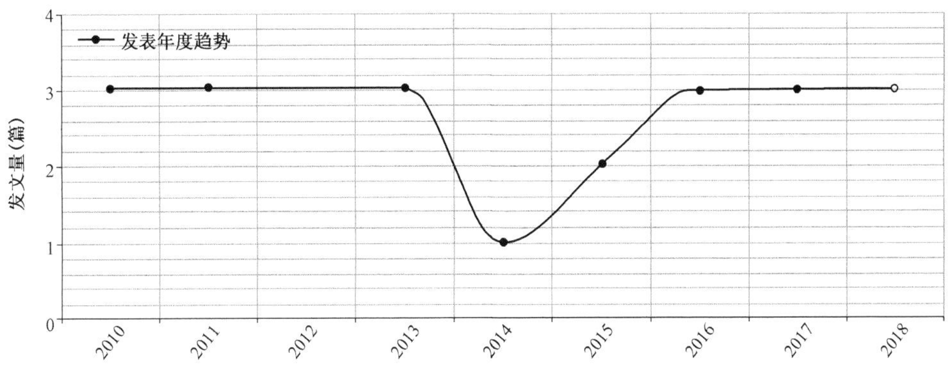

图 3　年度趋势图

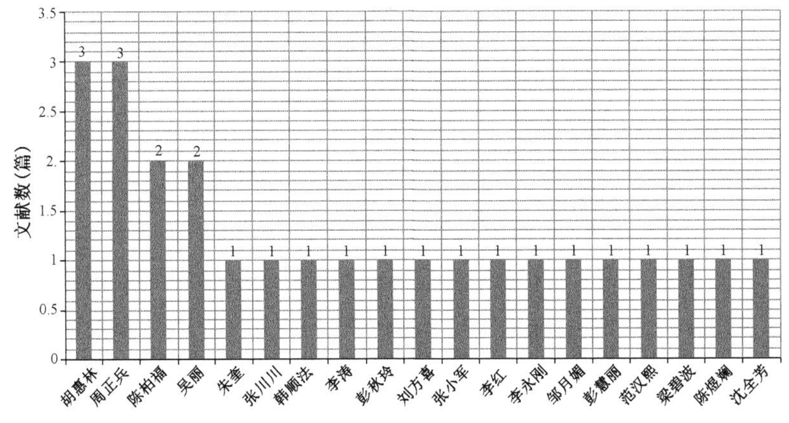

图 4　作者论文数量对比

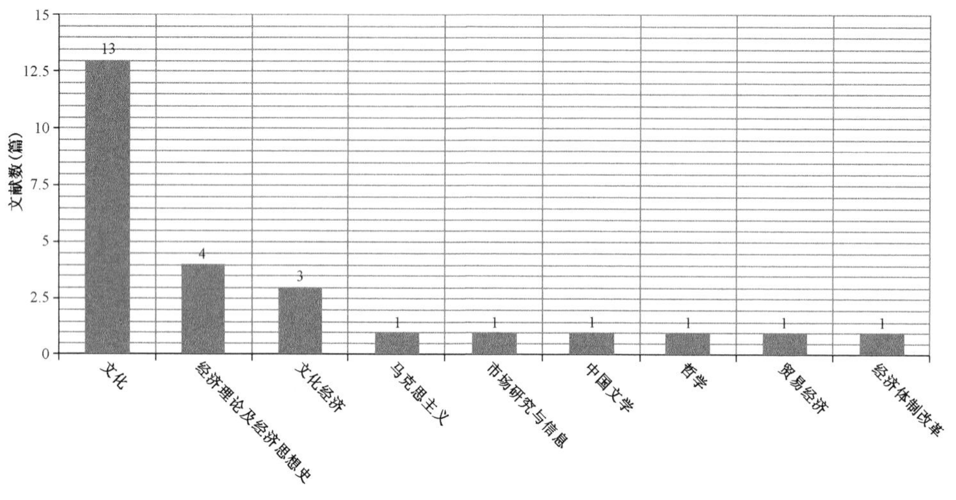

图5 学科分布图

三、当前“文化经济学”研究方面存在的问题

(一)宏观层面的研究成果多,微观层面的研究少

目前不少研究喜欢追逐“宏大叙事”的议题,流于概念界定和理论体系的主观建构,所探讨的议题无须规范的实证,亦无须数据的支持,由此得出的成果必然缺乏“含金量”,某种程度上处于既无法证实又无法证伪的境地。还有些研究过于偏重对国家文化政策的解读、论证,属于“锦上添花”式的研究,其理论价值和现实指导意义均不大,对“文化经济学”学科体系的建构作用也几乎没有。

为什么对文化经济的研究过于偏重宏观层面?这恐怕与政府对文化经济的强力主导有关系。出于“意识形态”和“喉舌论”的考虑,我国加强了对图书报刊、广播影视、网络媒体的管理,绝大多数相关机构由政府机关或事业单位设立。尽管经过了多年的文化体制改革,部分领域有所放松,但与其他部门相比,文化经济领域里的市场机制发育滞后,重要的文化投资、文化项目仍由政府部门运作。政府强势介入的现实映射到理论研究上,就表现为宏观文化经济研究成果的丰富。此外,政府还在科研立项、评奖活动中“唱主角”:政府主要从自己主政的角度主观设定科研议题,学者们只有被动地跟随,而不是优先考虑自己的兴趣爱好、专业背景、学术能力,难有个人的主动选择,即使有,也难以获得政府的物质支持。由于缺乏独立运作的基金会和民间学术团体,学者们大多融入了体制内,为体制服务,自然就转向政府部门感兴趣的宏观议题了。

上述倾向不利于我们立足于中国的现实，建构有本国特色的“文化经济学”理论体系。目前我们仍然在实行“拿来主义”，已有的“文化经济学”教科书大多借鉴了欧美同类教科书的体例和理论框架，不少学者仍在翻译、推介欧美著名文化经济学家的学术成果。2006 年 11 月，中央财经大学建立了文化经济研究院，致力于探究文化财税、文化金融、文化统计等专门领域的文化经济前沿问题，成为我国文化经济研究的重镇。研究院的周正兵已接连发表了三篇文章，介绍了欧美“文化经济学”巨擘大卫·索罗斯比、威廉·鲍莫尔、艾伦·皮考克的理论建树，以及他们对“文化经济学”学科建设的贡献。张川川对近年来国外文化经济学的研究进行了总结，涉及国外文化经济学研究的范式、文化对宏观经济绩效的影响、文化对微观个体行为的影响、经济对文化的反向作用等议题，是目前最贴近西方学者本来面目的综述。

近十年来，除了学术论文，国内的出版社还掀起了一股译介欧美经典文化经济学著作的热潮，中国人民大学出版社、东北财经大学出版社、商务印书馆等机构纷纷以丛书的形式，系统地引进西方的文化经济学专著，比较有名的是“文化艺术经济学译丛”“艺术经济学丛书”和“文化创意产业译丛”。其中，“文化艺术经济学译丛”更值得我们关注，该丛书比较全面地将欧美经典的文化经济学教科书引入了中国，使国内的学生、学者得以更为深入、更为全面地了解西方文化经济学的理论框架，这有助于我们建构自己的“文化经济学”理论体系。

（二）方法论滞后

针对中外“文化经济学”研究的差距，张春海指出，应当进行跨学科、跨机构的协作研究，吸收西方先进的研究成果，推动我国文化经济学的发展。前面提到的引进学术专著就是重要的举措，但这远远不够，这些著作大多是十年前的成果，难免与当下的现实有差距，这就需要我们直接翻阅最新的 *Journal of Cultural Economics* 等原版杂志，了解国外的最新研究动态。

我们与西方文化经济学在理论原创上的差距源自我们在方法论上的缺失！我们对文化经济现象的定性描述和分析得多，定量分析方法和工具运用得少，直接导致学术成果的“含金量”不高，可以说，研究方法是我们最大的短板。目前从事文化经济学研究的学者中，顾江先生是为数不多的能熟练运用定量分析方法，能与欧美文化经济学者比肩的学者。王亚南在研究文化消费、高宗仁在研究文化财政时，也多运用定量研究方法。

值得欣慰的是，新近切入文化经济研究的年轻人开始扭转局面。华东政法大学的胡慧源、山东大学的昝胜锋、东北财经大学的高学武等后起之秀已经显示出熟练运用量化研究的实力，所取得的成果也是丰硕的。当然，与顾江相比，他们在数学模型的构造、运用方面还有努力的空间，表现为一味将国外学者的理论模型套在中国的文化经济活动中，在模型的适应性、创造性方面有所不足。

随着出国留学的大潮越来越高涨，已陆续有中国学生毕业于欧美文化经济学的研究重镇，他们经过欧美主流研究方法的训练，紧跟西方文化经济学研究的前沿，假以时日，必将成为中国文化经济学研究的中坚力量和未来希望。中国留学生 Lili Jiang 就师从 Erasmus 大学的文化经济学巨擘 Arjo Klamer，并已取得博士学位，她是 Arjo Klamer 唯一的中国学生。

自 2009 年以来，为推广文化经济学，Arjo Klamer 每年都开办“文化经济学暑期学校”，面向全世界的研究生、学者、文化从业人员，参加者来自比利时、保加利亚、法国、德国、印度、意大利、日本、南非、乌干达等地。2012 年暑期学校的授课教师有克里斯蒂安·汉克(Christian Handke)、奥拉夫·维尔苏斯(Olav Velthuis)、后藤和子(Kazuko Goto)，他们均为国际文化经济学界的大腕。其中的后藤和子是日本文化经济学协会的副会长，第 17 届国际文化经济学年会的主持人。2012 年暑期学校的内容有三个模块：① 文化、艺术、经济的关系；② 创意产业与创意经济；③ 文化经济学视野下的文化遗产与博物馆。第一个模块旨在理论上的深度探讨，第三个模块则紧扣现实，很接地气。所讲授的内容旨在充实学员的文化经济学理论，增强他们将理论应用于具体文化部门、解决实际问题的能力。这种既追求理论深度又切实解决现实问题的取向是中国文化经济学界欠缺的，也是我们今后努力的方向。

有志于文化经济学研究的学者们除了应掌握基本的多元线性回归分析、面板数据分析等常规方法，还须紧跟其他方法，比如半参数或非参数计量分析、大数据挖掘、机器学习等。目前，腾讯、阿里巴巴、慧聪商情等互联网公司开始用大数据挖掘技术分析市场，指导经营。有时候，方法的更新会有力地推动研究的进展。在保持研究方法的前沿上，国内的文化经济研究者不但滞后于国外同行，甚至滞后于国内其他经济领域的研究者，如果不打开胸襟、放宽视野，则难以改变“文化经济学”的边缘地位。兹举一例，英国金斯顿大学的 Chris Hand 采用“分位数回归”探讨“艺术到底能不能使人快乐”的问题，常规的多元线性回归做了肯定的回答，分位数回归却表明：当处于下四分位数时，参加艺术活动与幸福感明显相关；而处于中位数时，参加艺术活动与幸福感之间仅有适度的关联。这就深化了对问题的理解。

（三）忽视技术革新的潜在影响

在当今社会，互联网正日益嵌入我们的日常生活，大数据、云计算、人工智能是其发展的最新形态。网络彻底改变了我们的传统生活：线上交易逐渐取代了线下交易，在线付费的视听网站取代了音像带出租店，网络书店挤垮了无数实体书店；手机、微信取代了报刊电视，成为人们最主要的信息传播平台；虚拟消费日渐超过实物消费，精神消费逐渐超越物质消费……在可预见的未来，互联网的影响还将继续发酵。

网络引起的剧变得到了人们的极大关注，不同学科的人们纷纷从传播学、市场营销学、产业经济学等角度进行解读，但文化经济学人士对此置若罔闻。以下是我们以“篇名”为标准在“中国知网”上的搜索结果(搜索时间为 2018 年 5 月 1 日)：

表 1

搜索依据	搜索结果/条	搜索依据	搜索结果/条
互联网+文化产业	95	互联网+文化经济	1
大数据+文化产业	26	大数据+文化经济	0
人工智能+文化产业	2	人工智能+文化经济	0
云计算+文化产业	1	云计算+文化经济	0

2012 年 6 月，笔者去日本参加国际文化经济学年会时，发现欧洲的同行们正策划 8 月份的“云计算与知识产权”研讨会。“云计算”在彼时的中国还是一个陌生名词，国内关于“云计算与知识产权”的论文最早发表于 2011 年《情报资料工作》第 5 期上的文章《基于云计算技术的信息服务与知识产权保护》，该年度中国只有 6 篇相关论文发表。

美国的 Netflix 网站主要提供在线影片租赁服务，网民可以通过电脑、电视、智能手机和 iPad 收看电影、电视节目，并可匿名进行在线影片评级。该网站根据网民的登录信息，例如年龄、性别、居住地区(邮编)、以前观看过哪些影片、评级分数，成功地运用大数据技术分析网民的兴趣点，进行精准营销，一举扩大了用户群体，将业务推广到十余个欧洲国家，节省了支付给市场调查公司和广告公司的费用。2016 年 10 月，欧盟委员会的路易斯·阿吉亚尔和美国明尼苏达大学的乔尔·沃德弗格以此为素材，撰写了一篇论文《Netflix：全球霸王还是无障碍流动的数字贸易推动者？》，显示出二人敏锐地捕捉现实的能力，值得我们学习。

（四）未厘清“文化经济”与“文化产业”的关系

从上面的表格我们可以看出，国内学术界对“文化产业”的兴趣远远大于对“文化经济学”的兴趣。在部分学者的头脑中，“文化产业”无所不包，是“文化经济学”的上位概念。这种观点值得商榷。

国家统计局发布的《文化及相关产业分类(2018)》文件曾指出，“为确保新分类的文化特征，本次修订对新增分类内容继续坚持如下处理原则”：凡属于农业、采矿、建筑施工、行政管理、体育、国民教育、餐饮等活动均不纳入分类，如茶叶种植、国民教育系列中的艺术院校、咖啡馆和酒吧等服务；对于虽有部分活动与文化有关但已形成自身完整体系的生产活动不予纳入，如旅游、快递服务、互联网批发、综合零售等。这种处理原则是对的，但在接下来的具体编码分类中，出现了一些与理论界相矛盾的操作。例如编号为 020230232 的“群众文体活动”，是指对各种主要由城乡群众参与的文艺类演出、比赛、展览等公益性文化活动。

在从事“文化产业”研究的学者中，一般将“文化产业”默认为营利性的文化商品/文化服务的生产经营活动。分类表中还有一些类似“群众文体活动”的项目：图书馆、档案馆、博物馆、纪念馆、文物及非物质文化遗产保护。这就导致政府部门的“文化产业”包括营利和非营利两部分，主流学者心中的“文化产业”只包括营利性文化活动，也有一些研究“文化产业”的学者将非营利性文化活动纳入研究领域，或者有选择性地时而纳入、时而排斥，造成理论上的混乱，不利于“文化产业”理论与现实的对接，也无助于学者之间的交流。

在欧美文化经济学界，“文化经济学”涵摄“文化产业”，后者由前者取得理论支持，文化经济学既研究营利性活动，也研究非营利性活动。无论大卫·索罗斯比还是露丝·陶斯的教科书，均将“文化产业”视为“文化经济学”的一部分。由于某些中国学者颠倒了“文化经济学”与“文化产业”的逻辑关系，造成“文化产业”的研究缺乏坚实稳固的理论支持，社会学、文艺学、地理学、历史学等领域的学者纷纷切入。这固然带来了“百花齐放”“百舸争流”的繁荣，也带来了“文化产业”研究浮在半空、缺乏“地气”的局面。如果我们将“文化产业”视为“文化经济学”的一部分，将“文化及相关产业分类”改为“文化经济分类”，则可较好地解决政府规划与学术研究的矛盾。

四、未来“文化经济学”的研究方向

我们只有立足现实才能确定“文化经济学”的研究方向。目前的现实是，欧美的“文化经济学”尚在孕育、完善中，虽创立了部分特色理论但未形成体系，虽有专业学者但人数不多、影响力有限。中国的"文化经济学"则更不乐观:没有自己的独创理论,缺乏独特的研究方法,更缺专注于此的学者。从中央财经大学、南京大学、临沂大学召开的文化经济学参会者看,大多属于"临时路过"的性质,他们的"主业"不在于此。放眼未来,我国的"文化经济学"研究似应从以下两方面发力:

(一)研究对象的扩展与收缩

在欧美,"文化经济学"的研究对象涵盖图书报刊、影视、绘画、游戏、演艺等领域,他们研究图书的固定价格问题、电影院观众的观看行为、艺术品拍卖的定价机制……但在我国,前述领域被分割到几个不同的部门:图书报刊归新闻出版署管、影视归国家广播电视总局和国家电影局管、演艺归文化和旅游部管。这种分工使我国的"文化经济学"研究过于集中在文化旅游、文化消费、文化贸易等宏观议题上。这些研究固然对政府部门有意义,对具体的文化企业则作用有限,不太"接地气",有"只见森林不见树木"之倾向。

因此,未来的"文化经济学"一方面应将研究对象扩大至影视、绘画、游戏、演艺等领域,尤其应关注网络技术、人工智能技术对文化经济运作的潜在影响;不但关注文化和旅游部的议题,也要关注国家网信办、新闻出版署、国家广播电视总局、国家电影局、国家文物局等部门的管辖领域,将分割开来的文化经济对象整合起来。另一方面,应将"文化经济学"定位于文化创意产业的理论基础,注重发现、探究文化产业运营中的具体问题,实现理论对实践的指导,避免空泛。比如,前几年人们热烈讨论的广播、电视、网络"三网合一",国内"文化经济学"圈子里就未有人就此探讨"三网合一"带来的市场垄断、价值链嬗变等问题,而这些问题的研究对"三网合一"的顺利进行很重要。

(二)研究队伍的互动

目前,国内研究"文化经济学"的学者集中在美学、传播学、社会学、文化研究等领域,他们侧重于"文化经济学"中的"文化",他们关注意义的生成、精神的内涵、思想的传播,他们的方法以思辨为主。以《经济研究》杂志社和中央财经大学经济系为代表的一小部分人侧重于"文化经济学"中的"经济",他们倾向于将文化视同一个"黑箱",不纠结于文化产品所内含的意义,将文化产品视为普通的商品,只用经典的主流经济理论研究文化经济现象,他们采用实证的方法。这两部分人各安现状,少有互动。

前面我们曾指出,"文化经济学"研究存在方法论滞后的问题,解决之道就是打破学科藩篱,相互借鉴,尤其是吸收、借鉴规范的定量研究方法,使流于空乏的研究更加实证。陈柏福、王广振等人已经开始采用空间计量经济理论，借助于 ArcGis 软件剖析文化产业区的规划，完成了一定的学术创造，他们为未来的道路探索做了有益的尝试。

目前，中国正处于经济转型、社会转轨的剧烈变迁期，用四十多年的时间走完了发达国家一百多年的发展历程，这本身就是一个奇迹，值得其他国家借鉴、参考。我们理应抓住这一千载难逢的契机，创立中国特色的文化经济理论，丰富世界文化经济学的理论宝库！

参考文献

[1] 张来春. 文化经济：国内研究现状问题与展望——基于 CNKI(1991—2007)文献的分析[J]. 学习与探索，2008(5)：148—151.

[2] 程恩富. 文化经济[M]. 北京：中国经济出版社，1993：60.

[3] 周正兵. 大卫・索斯比文化经济学思想述评[J]. 山东大学学报(哲学社会科学版)，2016(6)：82—88.

[4] 周正兵. 威廉・鲍莫尔文化经济学思想述评[J]. 北京联合大学学报(哲学社会科学版)，2016(4)：56—61.

[5] 周正兵. 艾伦・皮考克文化经济学思想述评[J]. 北京联合大学学报(哲学社会科学版)，2017(1)：7—13.

[6] 张春海. 文化经济学开辟文化产业研究新方向[N]. 中国社会科学报，2015 - 1 - 9(A02).

[7] Chris Hand. Do the Arts Make You Happy? [J]. Journal of Cultural Economics, 2018,(42).

[8] 袁纳宇. 基于云计算技术的信息服务与知识产权保护——由百度文库“侵权门”事件引发的思考[J]. 情报资料工作，2011(5)：68—71.

[9] 中华人民共和国中央人民政府网站[EB/OL]. http://www.gov.cn/xinwen/2018-04/23/content_5285149.htm.

作者简介

张　斌(1969—　)，山东诸城人，山东艺术学院艺术管理学院，研究方向为文化产业管理。

Studies on the Discipline Building of Cultural Economics in China

Zhang Bin

Abstract: Cultural Economics, as a discipline, is still immature. Despite the fact that research achievements have increased over the last decade, these achievements are mostly practical and lack theoretical framework. Besides, in these limited number of achievements, there are problems such as over—emphasis on macro level, lack of standardized quantitative research, lack of close attention to technological innovation, and unclearness in extension of Cultural Economics. Learning from other economics discipline in terms of study methods, learning from colleagues in the US and Europe in terms of constructing theoretical framework, and combining practical experiences in China, are the future research directions.

Key words: Cultural Economics; Theoretical Framework Construction; Cultural Industries

影视文化产品“走出去”是否促进了入境旅游？*

——来自韩国的经验

冯 帆 殷 音

摘 要：一个国家或地区的旅游发展可以带来游客在当地的消费，创造当地居民的就业机会，从而促进当地经济发展。入境旅游作为服务贸易的重要产业之一，也是平衡国际收支，推动社会经济绿色发展的重要手段。本文重点考察了影视文化产品出口对入境旅游的影响，运用韩国数据作了实证检验。研究显示，影视文化产品出口可以通过促进文化亲近，产生文化吸引，从而促进入境旅游。进一步的研究表明：在不同文化特性的国家和地区，影视产品出口对入境旅游的影响力是不一样的，文化越相近，影视产品出口对入境旅游的影响则越大。研究结果为中国积极提振入境旅游提供了思路和借鉴意义。

关键词：影视文化产品出口；影视引致旅游；入境旅游

一、引 言

一个国家或地区的旅游发展可以带来游客在当地的消费，创造当地居民的就业机会，从而促进当地经济发展。入境旅游作为服务贸易的重要产业之一，也是平衡国际收支，推动社会经济绿色发展的重要手段。随着人民生活水平的日益提高，我国的旅游业得到了蓬勃发展。《中国国内旅游发展年度报告2018》资料显示，国内旅游收入自2011年以来都以年均19.3%的速度增长；根据《中国出境旅游年度发展报告2018》的统计数据，我国出境旅游在总量上持续增长，结构上比例提升显

* 本文为国家社科基金一般项目“‘一带一路’倡议下中国企业国际化的战略与机制研究”(18BGL022)的阶段性研究成果。

著，但与此同时，我国的入境旅游产业近些年表现一直不尽如人意，入境旅游人数呈缓慢下降的趋势。早在2009年我国政府就已明确提出要把"旅游业培育成为国民经济的战略性支柱产业，积极发展入境旅游"。近年来，我国积极提振入境旅游，通过召开"一带一路"旅游部长会议、中美旅游高层对话，建立中俄蒙旅游部长会议机制等措施，在全球开展"美丽中国"主题旅游推广活动，但是收效甚微，所以如何促进我国入境旅游的发展成为亟须解决的课题。

经济合作与发展组织(2009)的报告中指出，促使入境旅游业快速发展的动力之一是目的国的文化影响，即一国的文化出口可以促进该国旅游业的发展，受到一国文化吸引而赴该国体验文化的游客大体上会比普通的游客花费更多，这样的旅游形式也在世界范围内变得更加受欢迎。党的十八届三中全会提出了提高文化开放水平、扩大对外文化交流、推动中华文化走向世界的目标，文化"走出去"是文化自信的重要表现。2018年3月，国务院机构改革，组建了文化和旅游部，在行政机构上体现了文化与旅游的融合。影视文化产品是体现一国文化的重要形式，优秀的影视作品既能创造经济价值，又能传递正确的价值观。同时，影视剧的巨大影响力可以推动旅游发展，形成影视业和旅游业相互促进的共赢效果。在通过影视文化产品出口促进入境旅游方面，韩国是一个很好的榜样。自20世纪90年代以来，在韩国政府大力扶持下，韩国影视剧大举进入海外市场，在东南亚、欧美电视上都可以看到韩剧，韩国流行文化深受其他国家年轻人的欢迎，对消费者产生了巨大的影响。借助人们对韩剧拍摄地的观光旅游，韩国旅游业发展迅速。南怡岛是韩剧《冬季恋歌》的外景拍摄地，该剧自2002年播出后，仅2002年冬季，游客就增加了5万人，并在两年内带来了约30亿美元的经济效益，其中入境旅游收入就达10亿美元。此后《大长今》《来自星星的你》等韩剧在海内外都获得了相当高的收视率，同时也成功地宣传了韩国的旅游景点，吸引了民众赴韩旅游。《来自星星的你》播出当年上半年中国赴韩游客总数陡增54%，达到270万人。很多人在韩国旅游时，不仅会光顾韩剧中出现的标志性景点，还会购买韩国化妆品，品尝当地美食，这在多方面对韩国经济起了提振作用。

我国很多景点也开始仿照韩国：或是将景点通过电影植入来拉动旅游，如西溪湿地植入电影《非诚勿扰》；或是根据影视作品重建文化旅游景点，如乔家大院。影视DVD光盘也出现在我国国家领导人出访的国礼名单中，内容就是三部中国电视剧。本文希望通过研究韩国影视文化产品的"走出去"和韩国入境旅游之间的关系，梳理影视文化产品"走出去"和入境旅游之间内在的影响机理，期望能从中学习韩国成功的经验，为我国文化影视产品“走出去”以及入境旅游业的大力发展提供借鉴作用。

二、文献回顾

国际贸易和入境旅游之间的关系研究始于 Kulenderan 和 Wilson(2000)，他俩提出了“马可波罗假说”和“兴趣关注假说”，试图解释国际货物贸易和入境旅游之间的相互促进关系；他们认为国际商务旅游促进了国际贸易的发展，同时贸易的发展又引起了境外游客对目的国的兴趣，从而促进了非商务目的的入境旅游，而非商务目的的入境旅游反过来也促进了国际贸易的发展。而后，一些学者基于这两个假说，利用回归分析的方法，验证了货物贸易和入境旅游之间的互为因果的关系(Kadir N, Karim M Z A, 2012；江金波等，2018；王洁洁，2012；孙根年等，2012；苏建军等，2013；陈乔等，2017)。大部分的研究都认为进口和出口分别对入境旅游的影响是不一样的，但是结论各异：有的认为进口贸易对入境旅游的影响大(陈乔等2017)，而有的研究结果表明出口贸易对入境客流量增长的贡献度要高于进口贸易(苏建军等，2013)。

关于影视作品和旅游之间的关系，Riley R(1998)率先提出了“电影引致旅游”(movie induced tourism)的现象，他认为“电影引致旅游”指的是游客会造访那些呈现在电视、录像或者电影银幕上的拍摄地点。当游客找寻他们在大银幕上看到的风景或地点时，他们就成为被电影吸引旅游的游客。“电影引致旅游”的现象引发了许多学者对该问题的关注。从市场营销的角度来看，Jones(2005)发现，电影对旅游目的地的宣传效果比一般广告活动更为有效。Iwashita(2003)的研究发现，影视文化作品通过向观众展示旅游目的地的特点和魅力来影响个体的旅游喜好和目的地选择。还有些学者运用实证的方法来检验来影视与旅游之间的关系。Riley(1998)在数据分析的基础上发现美国电影对拍摄地的旅游影响可至少达到四年以上，游客量可增长40%到50%。Tooke 和 Baker(1996)通过对英国的电视剧对旅游业的影响调查，发现拍摄地的客流量在电视剧播出后的确有大幅度上升。Riley 和 Van Doren(1992)则认为电影是非常好的旅游促销手段，极大地推动了对拍摄地的旅游量。

我国对影视旅游的相关研究起步较晚，且文献大多是定性研究。周晶(1999)认为是电影的放映使得影视拍摄地对游客产生了吸引。潘丽丽(2005)的研究表明影视作品是通过构筑、普及和巩固旅游目的地的形象来吸引游客的。吴丽云

(2006)通过旅游动机分析,认为影视剧的播出引发了游客前往目的地的动机。

通过对以上文献的回顾可以发现,在国际贸易领域,关于贸易与入境旅游之间的相互关系已经有一些学者关注,但已有文献集中于一般货物贸易,鲜有研究把重点放在服务出口贸易(影视文化出口)和服务进口贸易(入境旅游)之间的关系研究上。此外,在关于影视旅游的研究中,大部分的研究都是从市场营销的角度出发,定性说明影视作品中出现的景点会激发旅游者的兴趣,从而促进旅游的发展。但是,影视文化产品的出口对于入境旅游而言仅仅只是由于景点的曝光而产生广告效应吗?影视产品中蕴含的文化元素会不会也对入境旅游者产生吸引力?消费者行为理论认为,文化对消费者行为的影响应该是更加深远的存在。本文以国际贸易研究中的引力模型为理论基础,希望能深入系统地梳理影视文化产品的出口和入境旅游之间的作用机理,并通过实证研究验证两者之间的关系。

三、影视文化产品出口与入境旅游:理论分析与假设的提出

文化产品对旅游的影响可以从两个角度来展开分析:一方面从国际贸易的角度来看,文化距离是影响两国贸易的主要因素之一,入境旅游实际上也是服务贸易的出口,而影视文化产品的出口可以促进文化亲近,缩小文化距离,从而拉动入境旅游发展;另一方面,从市场营销的角度来看,产生动机是消费者发生购买行为的最重要的环节,文化是影响消费者行为的重要因素。已有的研究表明,文化在消费者选择跨境旅游的时候起着重要的作用(Calogero 等,2017; Kim 和 Chalip,2004)。消费者直观或非直观的对于目的地的知识或感受可以被很多因素所激励,从而产生旅游的动机并实施旅游的行为(Kim S S, Prideaux B. 2005; Baloglu 和 McCleary,1999)。Schooler(1969)从国家品牌形象角度出发,认为良好的国际形象代表着较高的产品信誉,对一国文化的接受和认同会带来消费者对该国产品产生特殊偏好。所以,通过影视文化产品出口,可以形成目的地意象,产生文化吸引,刺激国外旅游者动机,从而推动入境旅游的发展。

(一) 影视文化产品的出口可以产生文化亲近,促进入境旅游贸易

Tinbergen(1962)首先将两国之间的地理距离纳入双边贸易流量的计量模型,此后,引力模型在国际贸易领域的应用研究一直被延续到现在。无论是把距离看作阻抗因素还是代表运输成本,基于引力模型的研究结果基本上是:两国之间的距离会影响两国之间的贸易流量,一般情况下,距离越大,贸易流量越小。随着引力模型的发展,很多学者提出文化距离也是两国距离的一种,也会影响两国的贸易

(Paul D. Ellis, 2007; Dow 和 Karunaratna, 2006;吕延方、王冬,2017)。大部分研究证明,文化距离是影响双边贸易的一个显著障碍因素,对贸易存在抑制作用(Bedassa 和 Roger White, 2008;许陈生,程娟,2013);Bedassa 和 Roger White(2010)的进一步研究发现,不同产品的贸易受文化距离的影响是明显不一样的。Gabriel 和 Farid(2010)则用了文化相近性的概念来代替文化距离,同样认为文化相近性影响了两国贸易量。田晖和蒋辰春(2012)的研究结果表明,中国的进口贸易比出口贸易更易受国家文化距离的负面影响。因此,缩短文化距离成为促进贸易的重要因素之一。在如何缩短文化距离、推动文化认同方面,一些学者也试图给出答案。谢孟军(2017)研究发现,文化出口是削弱文化差异、推动资本跨国流动的重要方式。Hoskins、McFadyen 和 Finn(1997)则发现影视作品贸易贡献了很大部分的文化产品贸易量。Fu(2006)认为影视作品的贸易可以推动国家间文化交流。Maystre 等(2014)研究发现,电影、音乐和书等具有文化因素的产品的出口可以带来文化趋同(cultural convergence),从而拉近文化距离。根据以上研究,文化产品出口是缩短文化距离,带来文化趋同的重要途径。而影视文化产品从方方面面表现了一个国家的生活,蕴含国家的核心价值观,是国家文化软实力的重要组成部分。电视、电影等视听产品是向外国传递国家文化的重要途径之一,尤其在现今的网络时代,影视产品的传播范围大,受众范围广,传播成本低,所以,通过影视文化出口来拉近文化距离从而促进国际贸易是可行的。

(二)影视文化的出口能形成目的地意象,产生文化吸引,推动入境旅游

正如文献回顾中所说的,影视文化出口对入境旅游的影响首先是具有广告效应。一般来说,旅游广告可以使得潜在消费者对旅游目的地拼起一个大致的印象,而影视剧作为旅游营销的一种廉价且受众范围大的手段,比起传统旅游促销手段如广告有更长的曝光期、更长的曝光时间,使得观看者和该景点有更长时间的共鸣联系,也能加深观看者对目的地的印象。

但是除了广告之外,笔者认为,影视文化产品出口对消费者的影响还有更加深远的意义。Crompton(1979)将旅游者为了感知异国文化而旅游的两个主要动机归于新奇和教育。Urry(1990)则认为游客是基于对娱乐、实现梦想以及参与的愿望来选择旅游目的地的,而这种愿望很有可能来自他们看到的电影、电视和文学作品。影视文化产品出口完全可以满足新奇和教育的要求,从而影响消费者的旅游目的地选择。从新奇的角度来说,影视剧的出口可以形成出口国的意象,消费者通过影视剧的观看,可能产生想要离开日常工作的生活环境,去旅游目的地寻求短期

的新鲜感,影视剧中有趣的故事情节、激动人心的事件和某国独特的历史文化景观,也可以刺激观看者的潜在动机,让他们产生想要身临其境的动机,甚至让本来短期内没有旅游计划的人产生旅游的念头。从教育的角度来看,影视产品可以很方便地将出口国的价值观、历史景点、风俗习惯、饮食文化等出口到其他国家,从而使进口国增加对出口文化的了解,加强文化意义的沟通(Busby 和 Klug, 2001),使得目标消费者能够产生对他国文化探究的兴趣,推动入境旅游。

综上,我们可以得出假设:影视文化产品出口对入境旅游有显著的促进作用。

同时,我们关注到,根据文化折扣理论(Hoskins 和 Mirus, 1988),影视文化产品在文化不同的国家或地区的进口国市场中的价值会被折价,文化差异越大,影视文化产品的出口效果的折扣就会越大,因此,影视文化产品所能产生的新奇和教育的作用也会跟着打折。刘欢、冯帆(2015)的研究发现,文化特性对文化产品的出口也有影响。因此我们进一步假设:在不同的文化特性的国家和地区(儒家文化圈和非儒家文化圈),影视产品的出口对入境旅游的影响力是不一样的;儒家文化圈中,影视产品的出口对入境旅游的影响会被增强。

四、研究设计

(一)模型的建立

引力模型是由 Tinbergen(1962)和 Poyhoen(1963)提出的,在国际贸易中被广泛运用的模型。Karemera 和 Davis(2000)等学者将其扩展,引入新的变量解释更广泛的问题。其传统的基本形式为 $T_{ij}=AY_iY_j/D_{ij}$,该公式中,T_{ij} 是 i 国和 j 国的贸易流量,A 为比例常数,Y_i、Y_j 分别是 i、j 两国的 GDP,D_{ij} 是两国的地理距离。本文在传统贸易模型的基础上引入解释变量和控制变量,定义如下方程:

$$\ln(CT_{it})=\beta_0+\beta_1\ln(CO_{i,t})+\beta_2\ln(POP_{i,t})+\beta_3\ln(RGDP_{i,t})+\beta_4\ln edis_i+\beta_5 EXR_{i,t}+\mu \quad (1)$$

其中,i 代表进口国家或地区,t 代表年份。CT 是赴韩文化旅游的人数;CO 是韩国广播电视节目出口额;POP 是国家人口总数;$RGDP$ 是人均国内生产总值;$edis$ 代表进口国家或地区到韩国的经济距离;EXR 是直接标价法下韩元对 i 国货币的实际汇率;μ 是随机误差项。对 CT、CO、POP、$RGDP$、$EDIS$ 取对数进行回归来降低模型的异方差性。

根据韩国旅游发展局公布的历年海外游客入境韩国旅游人数及韩国文化振兴院数据库中的韩国广播电视节目出口额数据,剔除掉韩国广播电视节目出口额有效数据年份少于四年的国家以色列、荷兰、墨西哥，以及旅游人数数据缺失的国家匈牙利、柬埔寨，最终选取研究海外赴韩旅游的 20 个样本国家或地区为：俄罗斯、法国、菲律宾、马来西亚、美国、日本、泰国、西班牙、新加坡、意大利、印度尼西亚、英国、越南、中国、哈萨克斯坦、蒙古、缅甸、罗马尼亚以及中国台湾、中国香港。

为了考察进口国或地区的文化特性，本文借鉴刘欢等(2015)的研究方法，引入儒家文化圈作为虚拟变量，将 20 个进口国或地区分为儒家文化圈国家或地区和非儒家文化圈国家或地区两组，引入相应的虚拟变量并构建模型得到(2)式：

$$\ln(CT_{it})=\beta_0+\beta_1\ln(CO_{i,t})+\beta_2\ln(POP_{i,t})+\beta_3\ln(RGDP_{i,t})+\beta_4\ln edis_i+\beta_5 EXR_{i,t}+\beta_6\ln(CO_{i,t})*RJ+\mu \tag{2}$$

其中，RJ 是虚拟变量，$RJ=1$ 表示该地区属于儒家文化圈国家或地区，$RJ=0$ 表示一国属于非儒家文化圈国家或地区，引入交互项 $\ln CO*RJ$ 以反映在不同文化圈背景下，韩国向某国出口广播电视节目对海外赴韩旅游人数的影响。

当 $RJ=1$ 时，(2)式变成：

$$\ln(CT_{it})=\beta_0+(\beta_1+\beta_6)\ln(CO_{i,t})+\beta_2\ln(POP_{i,t})+\beta_3\ln(RGDP_{i,t})+\beta_4\ln edis_i+\beta_5 EXR_{i,t}+\mu \tag{3}$$

当 $RJ=0$ 时，(2)式变成：

$$\ln(CT_{it})=\beta_0+\beta_1\ln(CO_{i,t})+\beta_2\ln(POP_{i,t})+\beta_3\ln(RGDP_{i,t})+\beta_4\ln edis_i+\beta_5 EXR_{i,t}+\mu \tag{4}$$

本文主要探讨韩国电视节目出口对海外赴韩旅游产生的影响。根据构建的模型，被解释变量为海外赴韩国旅游人数，核心解释变量为 2006—2015 年韩国广播电视节目出口额，并从经济、文化等方面选取了控制变量。

(1) 被解释变量：历年海外赴韩国旅游人数(CT)。电影电视剧的播出使观众对一国的文化产生兴趣，继而会想在旅游的过程中感受、体验、学习异地文化。通过探寻丰富的历史文化景点和人文景观，旅游者感受旅游目的地的历史文化、语言、风俗，获得内心的满足。随着历年韩国电视节目的出口额增大，韩国的旅游人数逐年递增，本文收集了 2006—2016 年 20 个国家或地区赴韩国旅游人数，数据来源于韩国旅游发展局。

(2) 核心解释变量：韩国广播电视节目出口额(CO)。20 世纪 90 年代以来，韩国的文化产业从亚洲地区开始快速壮大，“韩流”包含了一系列韩国电影电视剧以及综艺等韩国流行文化因素，在东亚地区乃至世界范围内韩国广播电视节目的出口都得到了增长。本文收集 2006—2015 年韩国对各国家和地区的广播电视节目出口额,数据来源于韩国文化振兴院数据库。

(3) 控制变量。① 人口总数(*POP*)。人口总数可以衡量一国旅游市场规模的大小,也可以表明一国居民旅游需求的多样性。一般说来,一国人口总数越多,该国旅游市场规模越大,居民的旅游需求就越多样,赴海外旅游人数也越多。因此,本文预期,人口总数越多的国家或地区,赴韩国旅游人数越多。进口国或地区人口总数数据来自世界银行数据库。② 人均国民收入(*RGDP*)。人均国民收入比起总体国内生产总值来说,能更好地衡量居民的生活水平。一般说来,国民收入较高的国家,居民可自由支配的收入越高。随着收入提升,居民在物质生活上得到满足,会更加注重精神消费带来的精神满足,对海外旅游有较高的需求。因此,本文预期人均国民收入高的国家或地区,其赴韩国旅游人数也较多。人均国民收入以 2010 年不变价美元表示,数据来源于世界银行数据库。③ 经济距离(*edis*)。经济距离衡量了两个国家或地区之间运输费用、运输时间和便利程度,一般用两国之间人均收入或人均国内生产总值的比值来衡量。一般来说,经济距离越长,两国居民的文化距离、文化差异越大,对旅游者的吸引力也越大,因此本文预期跟韩国经济距离越远的国家或地区,赴韩国旅游人数越多。经济距离参考 Pelrtault 和 Venet(2005)建立的指标,该指标数字越大,i 国和 j 国的经济距离越大。④ 汇率(*EXR*)。汇率对旅游的影响因素是不可忽视的,一般来说,一国货币升值,该国居民更愿意赴海外旅游,而一国货币贬值则会抑制居民海外出行的意愿。本文采取直接标价法,取十种主要货币对韩元的汇率,这十种货币分别是:美元、英镑、欧元、人民币、日元、港币、新加坡元、泰铢、马来西亚林吉特、印度尼西亚卢比。韩国对其余国家的名义汇率用美元或者欧元的汇率来代替。剔除掉通货膨胀的影响,得到实际汇率。公式为 $s=(S\times P*)/P$,其中 s 表示实际汇率,S 表示直接标价法下的名义汇率,$P*$ 表示外国消费者价格指数,P 表示韩国消费者价格指数。年平均名义汇率数据来自万得数据库,消费者价格指数是以 2010 年为 100 基准,数据来自世界银行。

本文相关变量的数据描述性统计见表 1,*EXR* 采用直接标价法下的实际汇率,是 1 单位其他货币所能兑换的韩元的比值,汇率降低,代表韩元升值。

表 1　变量数据描述性统计

变量	均值	标准差	最小值	最大值
CT	466 385	1 012 683	550	8 067 722
CO	8 382.7	19 966.2	1.5	138 687
RGDP	21 851.9	31 614.3	677.7	409 827.6
POP	13 836.1	28 769.9	2	137 867
edis	12.5	29.7	1.1	165
EXR	891.4	590.1	8.8	2 016.2

(二) 实证检验与结果分析

1. 韩国广播电视节目出口对赴韩旅游人数的影响效应

本文建立了 20 个国家或地区的 2006—2015 年的面板数据，经过豪斯曼检验，选择采用随机效应分析，表 2 是根据方程(1)进行的回归结果。

模型 1 是基础贸易引力模型，包含韩国广播电视节目出口额、进口国家或地区人口总数、经济距离。模型 2、3 在模型 1 的基础上加入控制变量，模型 2 在模型 1 的基础上加入进口国家或地区人均国内生产总值，模型 3 在模型 2 的基础上加入汇率变量。

表 2　面板数据回归结果

变量	方程		
	模型 1	模型 2	模型 3
ln*CO*	0.16*** 3.38	0.136*** 3.76	0.13*** 3.58
ln*POP*	0.628*** 10.71	0.647*** 8.94	0.661*** 8.37
ln*EDIS*	−0.255* (−1.9)	−0.471* (−1.81)	−0.503* (−1.79)
ln*RGDP*		0.467** 2.3	0.48** 2.16
EXR			−0.000 056 4 (−0.26)
constant	4.41*** 5.9	0.343 0.15	0.200 0.08
观测值	183	183	173

（续表）

变量	方程		
	模型 1	模型 2	模型 3
R-sq	0.642 2	0.553 4	0.554 9
Wald chi2 检验(P)	142.6 0.000 0	94.83 0.000 0	84.95 0.000 0

注：*、**、*** 分别表示符合 10%、5%和 1%的显著性水平，括号内为系数相应的 z 值

模型全部通过了 Wald chi2 模型设定检验，模型整体显著。

CO 的系数为正，并且通过 1%的显著性检验，说明总体上韩国广播电视节目出口越多的国家，其赴韩旅游的人数越多。*POP* 的系数为正且通过 1%的显著性检验，说明进口国家或地区的人口越多，赴韩国旅游的人数越多。*edis* 的系数为正且在 10%的水平上显著，说明经济距离越远，更会吸引外国游客，赴韩国旅游人数越多。*RGDP* 的系数为正，且通过 1%的显著性检验，说明进口韩国广播电视节目的国家或地区的居民人均 GDP 越高，赴韩国旅游人数越多。*EXR* 系数趋近于 0 且不显著，说明汇率因素在旅游方面所起的作用不大，原因可能是因为年平均汇率并不能很好体现短时间内汇率的变化：汇率是每日更新的，从较长的时期看虽然有大致的趋势，但是旅游是一个短期行为，在短期内如果碰到较好的汇率，游客便会选择出游，而年平均汇率没办法体现短期汇率的上浮与下降。

2. 韩国广播电视节目出口和儒家文化圈对赴韩旅游人数的交互影响

儒家思想文化影响了中国社会的方方面面，同时儒家文化自引入东南亚、东亚各国后，其思想也熏陶、影响了各国居民。时至今日，儒教在韩国仍占据主导地位，对韩国的文化、广播电视节目有着影响。儒家文化圈内的国家或地区由于文化相通，游客会更愿意去文化相似的地方旅游抑或相反。我们考察在不同文化圈的国家或地区，韩国广播电视节目对旅游人数的影响差异，实证结果见表 3。

首先看总的韩国广播电视节目出口这一解释变量的回归结果，其回归系数为 0.061，引入交互项 $RJ*\ln CO$，当 $RJ=1$ 时，即在儒家文化圈的国家和地区，$\ln CO$ 的系数为 0.182+(0.061)即 0.243，且在 1%以内显著；当 $RJ=0$ 时，即在非儒家文化圈的国家和地区，$\ln CO$ 的系数为 0.061，且在 5%的水平检验下显著。这说明在儒家文化圈的国家和地区内，韩国广播电视节目出口对进口国赴韩旅游人数的促进作用更加明显，相近的文化圈可以增强广播电视节目出口对入境旅游的促进作用。

表 3　不同文化圈和广播电视节目出口对赴韩旅游人数的交互影响

变量	回归 4		
	系数	标准误差	z
$\ln CO$	0.061**	0.020	−2.07
$\ln POP$	0.55***	0.078	6.59
$\ln EDIS$	−0.058	0.228	1.49
$\ln RGDP$	0.508**	0.000 2	−1.71
EXR	0.000 03	0.113	0.33
$RJ * \ln CO$	0.182***	0.045	4.91
调整后的 R^2	0.688		
Wald chi2(9)	141.58***		

注：***、** 和 * 分别表示符合 1%、5%和 10%的显著性水平，括号内为相应的标准误差

五、结　论

“文化走出去”已经成为许多国家经济体的共识，通过向世界输出中华文化，不仅获得了文化产品出口效益，还可以提高国家的文化软实力。党的十八大报告强调，要在扎实推进社会主义文化强国建设中，使中国文化走出去的步伐迈得更加稳健，提升中华文化国际影响力。党的十八届三中全会提出了我国提高文化开放水平、扩大对外文化交流、推动中华文化走向世界的目标。在“文化走出去”中，影视文化产品是重要的一环。

当今世界，旅游业的发展十分迅猛。海外旅游市场上，中国游客正快速增长。世界旅游组织称，中国游客的海外旅游消费占全世界 1/5 以上，在海外消费不仅体现在购买商品上，还推动了食、住、行等多方面的服务消费，许多国家和地区如泰国、韩国济州岛对中国开放了落地签，都是看准了中国游客强大的购买力。海外旅游所带来的经济收益成为世界的共识。面对中国游客的大量流出，来中国旅游的海外游客人数却少见增长，以来华游客最多的亚洲为例，2007 年来华休闲旅游人数为 759 万人次，到 2015 年，来华休闲旅游人数减少到 526 万人次。而与中国情况相反的是，近年来韩国不断增长的入境旅游人数给当地经济带来了强大的动力，结合韩国政府大力扶持韩国影视剧的拍摄及出口，两者之间的关联值得我们思考。本文认为影视的出口可以通过产生文化吸引和促进文化亲近来促进入境旅游，实证结果显示，韩国广播电视节目出口的确促进了海外赴韩旅游，而且在儒家文化圈的国家和地区内，韩国广播电视节目出口对进口国赴韩旅游人数的促进作用更加

明显，相近的文化圈可以增强影视出口对入境旅游的促进作用。

参考文献

[1] Organization of Economic Co-Operation and Development (OECD). Roles and Impact of Culture and Tourism[M]. Paris: OECD Publishing, 2009.

[2] 影视出口是国家文化真正走出去的标准[EB/OL]. 中国新闻网，http://www.chinanews.com/cul/2014/07-26/6428861.shtml. 2014-07-26.

[3] 谢东山，刘一梅，毕华. 影视作品对旅游目的地的效应分析[J]. 科技信息(学术研究)，2008(15):337—338.

[4] N Kulenderan, Kenneth Wilson. Is there a relationship between international trade and international travel? [J]. Applied Economics, 2000(32): 1001—1009.

[5] Kadir N, Karim M Z A. Tourism and Economic Growth in Malaysia: Evidence from Tourist Arrivals from Asean—S Countries[J]. Economic Research-Ekonomska Istra? ivanja, 2012, 25(4): 1089—1100.

[6] 江金波，郭祎. 中国与"一带一路"沿线国家间出入境旅游与国际贸易互动关系研究[J]. 旅游导刊，2018，2(05):93—97.

[7] 王洁洁. 入境旅游与进出口贸易关系的实证分析[J]. 经济问题，2012(11):99—103.

[8] 孙根年，周露. 日韩东盟8国入境我国旅游与进出口贸易关系的研究[J]. 人文地理，2012(6):87—94.

[9] 苏建军，徐璋勇，赵多平. 国际货物贸易与入境旅游的关系及其溢出效应[J]. 旅游学刊，2013，28(5):43—52.

[10] 陈乔，程成，宋建林. 中国—东盟旅游与贸易互动关系研究[J]. 广西社会科学，2017(10):78—83.

[11] Riley R, Baker D, Doren C S V. Movie Induced Tourism[J]. Annals of Tourism Research, 1998, 25(4): 919—935.

[12] Jones D, Smith K. Middle-earth Meets New Zealand: Authenticity and Location in the Making of "The Lord of the Rings"[J]. Journal of Management Studies, 2005, 42(5): 923—945.

[13] Iwashita C, Media construction of Britain as a destination for Japanese tourists: Social constructionism and tourism[J]. Tourism and Hospitality Research, 2003, 4(4): 331—340.

[14] Riley R, Baker D, Doren C S V. Movie Induced Tourism [J]. Annals of Tourism Research, 1998, 25(4): 919—935.

[15] Tooke N, Baker M. Seeing is believing: the effect of film on visitor numbers in

screened locations [J]. Tourism Management, 1996(17): 87—94.

[16] Riley, Van Doren. Movies as tourism promotion: A push factor in a pull location [J]. Tourism Management, 1992(13): 267—274.

[17] 周晶.电影外景地的旅游吸引[J].陕西师范大学学报(自然科学版),1999,27(5):143—146.

[18] 潘丽丽.影视拍摄对外景地旅游发展的影响分析——以浙江新昌、横店为例[J].经济地理,2005,25(6):928—932.

[19] 吴丽云,侯晓丽.影视旅游者旅游动机研究——铁岭龙泉山庄旅游者实证研究[J].人文地理,2006(2):24—27.

[20] Guccio C, Lisi D, Martorana M, et al. On the role of cultural participation in tourism destination performance: an assessment using robust conditional efficiency approach[J]. Journal of Cultural Economics, 2017, 41(2): 129—154.

[21] Kim N S, Chalip L. Why travel to the FIFA World Cup? Effects of motives, background, interest, and constraints[J]. Tourism Management, 2004, 25(6): 695—707.

[22] Kim S S, Prideaux B. Marketing implications arising from a comparative study of international pleasure tourist motivations and other travel-related characteristics of visitors to Korea [J]. Tourism Management, 2005, 26(3): 347—357.

[23] Baloglu S, Mccleary K W. U. S. International Pleasure Travelers "Images of Four Mediterranean Destinations: A Comparison of Visitors and Nonvisitors"[J]. Journal of Travel Research, 1999, 38(2): 144—152.

[24] Schooler Robert D, Don H Sunoo. "Consumer Perception of International Products: Regional versus National Labeling." Social Science Quarterly, 1969: 868—890.

[25] Tinbergen J. "Shaping the world economy", Twentieth Century Fund, 1962. New York, NY.

[26] Ellis P D. Distance, Dependence and Diversity of Markets: Effects on Market Orientation[J]. Journal of International Business Studies, 2007, 38(3): 374—386.

[27] Dow D, A Karunaratna. Developing a multidimentional instrument to measure psychic distance stimuli [J]. Journal of International Business Studies, 37(5): 578—602.

[28] 吕延方,王冬."一带一路"有效实施:经济规模、地理与文化距离[J].经济学动态,2017(04):32—42.

[29] Tadesse B, White R. Do immigrants counter the effect of cultural distance on trade? Evidence from US state-level exports[J]. The Journal of Socio-Economics, 2008, 37(6): 2304—2318.

[30] 许陈生，程娟. 文化距离与中国文化创意产品出口[J]. 国际经贸探索，2013，29(11)：25—38.

[31] Tadesse B，White R. Cultural distance as a determinant of bilateral trade flows：do immigrants counter the effect of cultural differences? [J]. Applied Economics Letters，2010，17(2)：147—152.

[32] Felbermayr G J，Toubal F. Cultural proximity and trade[J]. European Economic Review，2010，54(2)：0—293.

[33] 田晖，蒋辰春. 国家文化距离对中国对外贸易的影响——基于 31 个国家和地区贸易数据的引力模型分析[J]. 国际贸易问题，2012(3)：45—52.

[34] 谢孟军. 文化"走出去"的投资效应研究：全球 1326 所孔子学院的数据[J]. 国际贸易问题，2017(01)：39—49.

[35] Hoskins C，Mcfadyen S，Finn A，et al. Evidence on the Performance of Canada/Europe Co-productions in Television and Film [J]. Journal of Cultural Economics，1997，21(2)：129—138.

[36] Fu W W. "Concentration and Homogenization of International Movie Sources：Examining Foreign Film Import Profiles"[J]. Journal of Communication 2006，56(4)：813—835.

[37] Maystre N，Olivier J，Thoenig M，et al. Product-based cultural change：Is the village global? [J]. Journal of International Economics，2014，92(2)：212—230.

[38] Crompton，John L. Motivations for Pleasure Vacations. Annals of Tourism Research，October/December，1979，VI(4)：408—424.

[39] Urry John. The "Consumption" of Tourism[J]. Sociology，1990，24(1)：23—35.

[40] Busby G，Klug J. Movie-induced tourism：The challenge of measurement and other issues[J]. Journal of Vacation Marketing，2001，7(4)：316—332.

[41] 蒋殿春，张庆昌. 美国在华直接投资的引力模型分析[J]. 世界经济，2011(5)：26—41.

[42] 刘欢，冯帆. 文化距离对韩国广播电视节目出口的影响[J]. 国际贸易问题，2015(7)：77—86.

作者简介

冯　帆(1976—　)，江苏南通人，南京大学经济学院副教授，博士，研究方向为国际贸易理论与实务。

殷　音(1994—　)，河南安阳人，南京大学经济学院硕士研究生，研究方向为国际贸易理论与实务。

Does Export of Film and Television Products Promote Inbound Tourism? —Evidence from Korea

Feng Fan　Yin Yin

Abstract: Tourism development can bring about local consumption of tourists and create employment opportunities for local residents, thus promoting local economic development. As one of the important industries of service trade, inbound tourism is also an important means to balance the balance of payments and promote the green development of social economy. This paper focuses on the impact of the export of film and television cultural products on inbound tourism. Empirical tests are made by using Korean data. The research shows that the export of film and television cultural products can promote inbound tourism by promoting cultural intimacy and generating cultural attraction. Further research shows that in countries and regions with different cultural characteristics, the export of film and television products has different influence on inbound tourism. The closer the culture is, the greater the impact of film and television products on inbound tourism is.

Key words: Broadcasting and TV programs export; Movie induced tourism; Inbound tourism

数字化贫困阻碍了产业结构升级吗？
——基于中国省域空间面板杜宾模型分析

陶旭辉

摘　要：从产业效应、劳动力禀赋效应和后发优势角度梳理了数字化贫困对产业结构升级的作用机理，并利用2006—2017年中国省域面板数据构建空间杜宾模型进行了实证研究。研究结果表明，中国数字化减贫整体呈健康发展态势，但是随着数字化进程的推进，数字化贫困逐渐出现固化，减贫工作进入攻坚阶段，并且开始面临效益和成本的选择问题。此外，就全国而言，数字化贫困对产业结构升级有阻碍作用；但分地区发现，部分地区数字化贫困非但未阻碍产业结构升级，反而通过数字化“代偿”——将资源从第一产业集中配置至第二产业的方式，弥补了数字化不足，推动了产业结构向更高级演进。最后，提出中国在推进数字化的进程中，应该分地区、分阶段和分模式地逐步实施数字化战略，而不应违背经济发展客观规律盲目跟风的政策建议。

关键词：数字化；文化扶贫；代偿机制；空间竞争效应

一、引　言

21世纪以来，中国经济得到迅猛发展。然而，日益严峻的资源环境约束，使中国现有经济增长模式的可持续性受到质疑。即便学者间结论不一，但否定以GDP增速为单一发展目标，转而通过将产业结构升级作为经济发展主线的论断几乎一致。2014年7月28日，在国务院下发《关于加快发展生产性服务业促进产业结构调整升级的指导意见》之后，政府逐渐将重心转向产业结构布局调整，且更加重视发展服务业。《产业结构调整指导目录(2019年本，征求意见稿)》更进一步反映了产业结构升级和优化的要求和部署。这意味着中国经济已经由高速增长向高质量发展转变。在十三届全国人大二次会议上，李克强总理就对推动经济高质量发展提出了新要求，即着力深化供给侧结构性改革，推动产业转型升级。

伴随中国经济发展，人民生活水平不断提高，对更高水平的物质消费意愿也更强。在此背景下，2019 年 4 月 8 日，国家发改委对《产业结构调整指导目录（2011 年本）（修正）》进行了修订，形成了《产业结构调整指导目录（2019 年本，征求意见稿）》（以下简称《征求意见稿》），《征求意见稿》旨在鼓励、限制或淘汰一些产业，优化产业结构，促进制造业数字化、网络化、智能化升级，推动先进制造业和现代服务业深度融合。其中，工业设计、数字文化创意设计服务被列为“对经济社会发展有重要促进作用，有利于满足人民美好生活需要和推动高质量发展”的鼓励类项目。

然而，在中国实际的社会情境中，部分地区无法获得数字化的文化创意产品、知识、信息带来的“数字红利”。这些地区因缺乏这种数字化信息技术，从而被剥夺了获得先进知识和文化的机会，不能够参与创造和分享以知识为基础的社会文明成果，最终与现代化隔离，与对外开放无缘，与经济全球化无关，继而形成知识、文化社会的“落伍者”或“边缘化”地区，最终呈现出一种新形态的贫困——数字化贫困。

在 2000 年，中国西部农村固定电话普及率仅为 1%，移动电话几近为 0%。在青海，有 21%的乡镇和 65%的行政村未通电话；而这一数据到 2016 年，青海每百人拥有固定电话 17.3 部，移动电话 91.7 部。据此看出，中国数字化脱贫的进程在近 20 年取得显著成效。但与此同时，截止到 2018 年中国北京互联网普及率为 75%，云南则为 35.6%；全国平均数字化减贫指数由 2006 年的 21.43%，下降至 2017 年 7.63%，西部地区由 22.22%则急剧下降至 2.5%。通过上述数据可以看出，数字化在不同地区之间发展极不均衡，且数字化贫困在经济迅速增长的时下却产生结构性问题，减贫指数骤降意味着脱贫的工作开始进入攻坚的阶段。因此，本文试图探究数字化贫困是否阻碍了产业结构升级，二者存在怎样的联系，在数字化贫困逐渐固化及产业结构亟待转型升级的双重压力下，分析二者的互动机理和实证关系具有重要的理论和现实指导意义。

二、相关文献回顾

数字化推进，促进了经济发展和知识、文化传播，但也不可避免地因数字接入和运用方面的差异而产生贫富分化。Roxana（2007）结合传统贫困的概念对数字化贫困加以解释，认为数字化贫困不仅是对于那些没有能力购买信息通信技术的群体或个体，还指那些缺乏对信息技术拥有或使用基本需求的地区。闫慧（2012、2017）从社会分层的角度，提出数字结构性贫困和阶层固化的概念，并将数字化不平等群体划分为五个阶层。限于指标体系构建，闫慧未对五个阶层严格区分，也没能描述中国数字化阶层分布状况及其特征。周向红(2016)将数字贫困的归因于能力上的缺失，这些能力包括：数字信息获取能力、数字信息供给能力、数字信息应用能力，并对上述能力进行影响因素分析。周向红的研究搭建了数字化贫困指标体系的框架，但个人数字能力的缺失只是导致地区数字贫困的部分原因，数字化贫困受社会、文化、政策等诸多因素影响。彭继增和陶旭辉(2019)则在闫慧和周向红研究基础上构建了数字化贫困指标体系，并测度了我国 31 省区市 2006—2015 年数字化贫困指数，剖析其时间和空间层面的演变及原因。

除上述研究外，国内外关于数字化的文献大都采用数字二分法的表述，诸如“数字鸿沟”“信息落差”“数字不平等”“知识分割”“知识差距和文化距离”以及“信息差距”等。他们或探究数字技术接入和使用差别对经济、生活的影响。如 Childers(1975)以及 Gibbs(1995)提出信息技术接入鸿沟的缩小能够带来连通性的增强，个人和企业能够通过互联网平台接收信息资源，并通过汲取信息意义将资本进行有差别的组合，进而从中获益。或描述信息落后产生的收入差别，如 Boyd (2013)论述了信息落差、信息检索以及收入之间的关系，并进一步阐释产生差异化的信息掌握者和经济上贫富分化的原因。还有表述，诸如信息分化[Information gap(Teske, Fitzpatrick, Kaplan 等, 2006)]或[Information divide(Weibao, 2005)]、知识差距[Knowledge gap(Leo 等, 2011)]、文化差距(阎大颖，2009)、信息穷人与信息富人的差距[Information rich vs. Information poor(Wilson, 2013)]。

随着数字时代的到来，信息技术逐渐成为一种推动生产的全新生产要素，并成为生产的核心驱动力。因此，关于“信息化”“互联网发展”等与产业结构升级关系的文献较多，且大多数学者均认为数字化这种正向的推进是有利于产业结构升级的。如 20 世纪 90 年代开始学者 Oliner and Sichel(2000)就通过对美国 1947—1991 年电脑生产数据与经济增长数据检验了 Stiroh(1998)提出的二者具有正相关性的事实。Freund(2002、2004)、Choi(2005、2010、2012)也分别从企业、产业、国家层面分析信息化对经济增长的作用机制发现，信息化不仅创造了新的企业模式、产品流通渠道、企业管理方式，而且减少了产业链间的中间商，降低了交易成本，缩短了交易时间，提高了生产效率等，并能够加快商品和资本在国家之间流动。我国学者尹海洁(2002)从信息化可以通过增加劳动者技能以改变职业结构，打通求职信息渠道以改变劳动者就业结构方面阐述了其对产业结构升级的正向促进作用。郑英隆(2001)论证了信息产业的发展与产业结构升级之间存在交互关系,二者不可割裂。尹海洁(2002)、赵昕等(2015)也都从不同的角度提出和验证了信息化、互联网发展对经济和产业结构升级的正向促进作用,并揭示了其传导机制。但上述观点并非所有学者都持赞成态度,Dedrick 和 Kramer(2001)就提出了 IT 生产率悖论,认为非理性投资者和管理者并没有因为信息技术影响他们投资,他们对信息技术进行巨额投资时,并未得到相应回报,从而未能影响经济。而数字化贫困话语研究中,Britz(2001、2004)提出信息贫困群体缺乏信息搜索能力、信息含义攫取能力和信息价值衡量能力,从而使人力资本素质低、文化创新能力差。Chatterjee(2010)指出信息贫困会因为阻碍农村企业走向信息化道路从而阻碍城市化进程。邱泽奇等(2016)将互联网定义为一种资本,缺乏这种资本的群体信息素养低,在劳动力市场很难受欢迎,继而固化其自身职业结构。

现有文献存在以下不足:一是文献研究数字化对产业结构的关系中,多停留于信息化技术而忽略数字化人力资本要素的重要性;且只研究信息化程度越高对产业结构的正向促进作用,而忽略现阶段的数字化推进是否成本、效益相当,及数字化贫困是否阻碍产业结构升级以及系统探讨二者理论机制。二是对数字化贫困仍基于社会学、认知学的概念阐述和测度阶段,研究数字化贫困对经济影响实证较少。有鉴于此,本文从产业效应、劳动力禀赋效应和后发优势角度梳理了数字化贫困对产业结构升级的作用机理;并利用中国 2006—2017 年省级面板数据,构建空间面板模型进行实证分析,以期对数字化减贫政策区域差异提供科学依据。

三、数字化贫困影响产业结构升级的理论机制探讨

(一)数字化贫困与产业效应

数字化贫困存在三方面的产业效应:一是基于数字化平台、高新技术产业园区等条件,许多创业公司被催生,增加了更高级形态的产业体量,产品和服务由低附加值向高附加值转变。而数字贫困地区高新技术企业少,政府供给的信息化公共产品不足、设备接入短缺等"硬障碍",导致难以提供催生创新型企业的温床。二是基于产业融合(陶长琪等,2015),数字化富裕地区随着信息化行业体量增大,大量信息化行业携资本、劳动力、技术等要素向其他地区、行业进一步拓展,从而以渗透、交叉、重组(胡汉辉,2003)的形式与传统行业嵌入和转化,进而提升传统行业的生产效率。而数字贫困地区以传统农业和工业为主,文化受限,数字化思维僵化,信息化技术应用受限,以致不能通过与高技术产业关联和交叉的方式改变原有市

场需求和特征。三是基于产业集聚效应，信息化高新技术行业入驻，会进一步吸引其他配套行业集聚，并且相应挤出以原材料等为重心的低技术行业。然而，数字贫困地区通常以农业和原材料制成品等粗放式生产的行业为主，传统的企业也多属效率低下的国有企业，垄断了当地资源和要素，从而很大程度上产生了对高新技术产业的“挤出效应”。

（二）数字化贫困与劳动力禀赋效应

克拉克指出，产业结构升级是指伴随经济的增长，资源和劳动力等要素逐渐向更高阶产业转移的过程，地区间人力资本动态优化配置是产业结构升级的客观要求。而数字化贫困则通过三个方面影响劳动力禀赋进而影响产业结构升级：第一，数字贫困地区的产业主要以第一、二产业为主，大多行业属于劳动力密集型，信息化本可以将大批劳动力从第一、二产业解放出来，但这些地区因技术接入水平低，农民和低素质工人不愿意离开现有的土地和工厂，从而阻碍产业结构升级。第二，数字贫困地区教育水平低、数字化应用能力薄弱因而无法胜任技术水平更高的工作，最终形成职业结构固化；数字贫困地区的群体还在接入和使用信息存在多样化的差距，从而成为数字化“弱势群体”，这造成他们与外部世界产生信息交流“屏障”。求职信息不充分和信息整合能力低的情境下，他们在寻找和转换工作过程中通常依靠亲戚和熟人等社会资本，而不是招聘网站，进一步造成低素质工人集聚某单一职业。美国作家芭芭拉在《我在底层的生活》就谈及信息贫困的应征者没有掌上型导航器、有线电视或者网络可以给他们忠告，他们只有征人广告和看板。第三，信息和人才具有流动性和聚集效应，而数字贫富差距一定程度上会加速这种流动和集聚。数字富裕的地区对人才的需求更大，对数字贫困地区的人力资本产生“虹吸效应”。数字贫困地区因无法提供及支付与劳动力素质相匹配的待遇和条件，必然导致文化素质高的人才离职。

（三）数字化贫困与后发优势

地区数字化贫困也并不必然阻碍本地区产业结构升级。在数字化程度较高的数字中产和数字富裕地区，工业化进程已经到达中后期的工业化实现阶段，他们由于地区资源和空间受限，必须实现信息化和工业化的融合方能保持经济长足发展和产业结构转型。然而，在部分中、西部数字贫困地区并不会因数字化贫困阻碍产业结构升级。一方面，因这些地区信息化产业的 GDP 占比不大，仍处于工业化初期阶段。信息化程度低，反而有利于该地区通过数字化“代偿”的方式，弥补数字化不足的劣势，将资源和要素重心从第一产业配置至第二产业，也在一定程度上促进了产业结构升级。而对于数字贫困地区促进产业结构升级的后发优势表现在两方面:第一,人力资本效应和承接沿海产业的转移。数字贫困地区因在第一产业和劳动密集型的制造业中沉淀了大量的剩余劳动力,一旦工业化进程加深,将极大释放这一部分劳动力并向更高级产业转移。第二,从数字贫困地区离开的劳动力智力回流将对数字贫困地区产生溢出效应,提高劳动力禀赋的同时,带动了数字贫困地区的产业结构相对变动。数字贫困地区因数字化进程慢,从而可承接大体量的东部沿海转移产业,在"干中学"、技术创新溢出、产业素质改善中促进产业结构升级。

四、研究方法和数据来源

(一) 实证模型设定

本文为了进一步研究数字化贫困对产业结构升级的影响,构建了空间面板模型,以考察数字化贫困对产业结构升级的空间效应,模型构建如下:

(1) 空间面板滞后模型(Spatial Lag Model, SLM)

$$CJS_{it}=\delta\sum_{j=1}^{n}W_{ij}*CJS_{ij}+\alpha+SZP_{it}*\beta_1+CONTROL_{it}*\beta_2+u_i+\lambda_t+\varepsilon_{it}$$

(2) 空间面板误差模型(Spatial Error Model, SEM)

$$CJS_{it}=\alpha+SZP_{it}*\beta_1+CONTROL_{it}*\beta_2+u_i+\lambda_t+\phi_{it}$$

$$\phi_{it}=\rho*\sum_{j=1}^{n}W_{ij}*\phi_{it}+\varepsilon_{it}$$

(3) 空间面板杜宾模型(Spatial Durbin Model, SDM)

$$CJS_{it}=\delta\sum_{j=1}^{n}W_{ij}*CJS_{ij}+\alpha+SZP_{it}*\beta_1+CONTROL_{it}*\beta_2+$$

$$\sum_{j=1}^{n}W_{it}*SCP_{ijt}*\theta_1+\sum_{j=1}^{n}W_{it}*CONTROL_{ijt}*\theta_2+u_i+\lambda_t+\varepsilon_{it}$$

其中 CJS_{it} 表示第 i 地区 t 时刻产业结构升级;SZP_{it} 表示数字化贫困指数;$CONTROL_{it}$ 指控制变量;j 指相邻地区;δ 是邻近地区对本地区产业结构升级影响的相关系数,用以解释产业结构升级的空间溢出效应;W_{ij} 是 31 省(市、区)空间权值矩阵,此处采用邻接空间权重矩阵;α 是常数项,β_1,β_2 分别指本地区数字化贫困水平、控制变量对本地区产业结构升级的影响方向和程度;u_i 指地区固定;λ_t 指时间固定;ε_{it} 指随机误差项;ϕ_{it} 表示随机误差项向量;ρ 是误差系数,指误差冲击对产业结构升级的影响方向和程度;θ_1,θ_2 分别指相邻地区的数字贫困、控制变量对本地区产业结构升级的影响方向和程度。

(二) 主要变量与数据来源

具体变量设定为:① 被解释变量——产业结构升级(*CJS*)。采用蓝庆新(2013)提出的方法,通过对三次产业与*GDP*比值赋予不同权重,既能反映产业结构升级内容,也可更为突出第二、三产业地位。数据来源于各省市统计公报(2006—2017年)。② 主要解释变量——数字化贫困(*SZP*)。参考彭继增和陶旭辉(2019)构建多指标熵权法赋权求得数字化贫困指数。数据来源于《中国信息产业年鉴》(2007—2017年)、《中国信息社会测评报告》或《中国信息社会发展报告》(2010—2018年)及《各省市统计年鉴》(2007—2018年)、《中国互联网发展报告》(第19次—第43次),以及中国软件测评中心中国政府网站绩效评估统计数据。③ 控制变量——金融发展规模(*JRF*)、金融资源配置效率(*JRX*)、金融存贷比(*JRC*)。其中金融发展规模用金融增加值占GDP比重;金融资源配置效率采用超效率DEA方法,以金融机构从业人数、金融机构数、金融机构人民币贷款余额为投入指标,以金融业增加值和金融机构人民币存款余额为产出指标,求出最终值;金融存贷比采用金融机构贷款与存款余额之比;*JRF*、*JRX*与*FDU*数据来源于Wind资讯金融终端。④ 经济发展水平(*AGDP*)、对外开放度(*OPEN*)、人力资本(*RLZ*)。经济发展水平采用人均GDP;对外开放度采用进出口贸易额;人力资本采用第三产业劳动力数量和三产业总劳动力数量之比。数据根据各省(市、区)统计年鉴(2007—2018年)、各省(市、区)统计公报整理而得。

因本文研究的指标较多,并且中国香港、台湾及澳门数据较难获得,所以研究没有将其纳入。此外,本文《中国信息产业年鉴2007》由2006年与2008年均值获得,较多指标数据只更新至2017年,故本文在实证中选取2006—2017年全国和省(市、区)数据进行分析。

五、实证检验和分析

文章通过Moran指数和集聚图发现数字化贫困与产业结构升级存在空间依赖。此外,本文同样试图探究数字化贫困的地区差异和空间效应,因此构建空间面板模型。为进一步判定加入空间因素的合理性,文章运用非空间普通面板模型进行LM检验。如表1,发现检验均在1%显著性水平下拒绝了没有空间滞后和空间误差影响的原假设,因此选择包含空间因素的模型更为合理。另外,对比Robust LM检验发现,无论是空间滞后还是空间误差模型均未通过检验,则根据Aselin、Elhorst选择空间杜宾模型作为主要分析模型最优。在表2中,报告的wald和LR

检验结果也都在1%显著性水平下拒绝了空间杜宾模型可以简化为空间滞后和空间误差模型的原假设，再次证明在模型选择上，空间杜宾模型适合作为文章分析的主要模型。

表1　非空间普通面板回归结果

变量	估计值	t 值/统计量	p 值
常数	0.596***	16.012	0.000
数字化贫困	−0.072***	−2.991	0.002
金融发展规模	0.499***	4.216	0.000
金融资源配置效率	0.101***	7.965	0.000
金融存贷比	0.034*	1.698	0.562
经济发展水平	0.011	0.574	0.392
对外开放度	0.041	0.912	0.129
人力资本水平	−0.023 8	−1.321	0.152
R-squared	0.824		
对数似然值	799.2		
LM test no spatial lag		13.234***	0.000
Robust LM test no spatial lag		2.354	0.110
LM test no spatialerror		10.671***	0.001
Robust LM test no spatial error		0.003 9	0.951

注：***，* *，*分别表示在1%、5%、10%的水平下统计显著，下同。

从表2可以看出，空间杜宾模型、空间滞后模型和空间误差模型的 R^2 和对数似然值都很高，其中空间杜宾模型 R^2 和对数似然值分别为0.836和1 238.4，均大于空间滞后模型和空间误差模型，这说明空间杜宾模型更优。除此之外，本文亦试图研究邻近地区数字化贫困对本地区产业结构升级的影响，而空间杜宾模型可以分析邻近地区自变量对本地区因变量的空间效应，即溢出效应或者极化效应。进一步，通过Hausman检验，统计值35.66，p 值为0.000，即拒绝了随机效应系数与固定效应系数无差别的假设，因此选择固定效应模型。与此同时，运用全国样本分析，固定效应往往更优于随机效应。因此本文最终选择时间和空间双固定的空间面板杜宾模型作为主要分析模型。

表 2　空间面板模型估计结果

变量	空间杜宾模型(SDM)(双固定)		空间滞后模型(SLM)(双固定)		空间误差模型(SEM)(双固定)	
	系数	*p* 值	系数	*t* 值	系数	*t* 值
数字化贫困	**−0.113*****	**0.000**	−0.103***	0.000	−0.092***	0.000
金融发展规模	0.611***	0.000	0.497***	0.001	0.422***	0.000
金融资源配置效率	0.09***	0.006	0.080**	0.013	0.072**	0.015 5
金融存贷比	0.059***	0.003	0.043 4**	0.028	0.071***	0.009 9
经济发展水平	−0.019***	0.000	−0.009 6**	0.016	−0.007 5**	0.025
对外开放度	0.042	0.108	0.049	0.122	0.0571	0.221
人力资本	0.099**	0.037	0.082 *	0.049	0.069 *	0.038
W * 数字化贫困	**0.135***	**0.065 3**				
W * 金融发展规模	0.457	0.186				
W * 金融资源配置效率	−0.061	0.171				
W * 金融存贷比	−0.352**	0.021				
W * 经济发展水平	0.012 9*	0.052				
W * 对外开放度	−0.041*	0.079				
W * 人力资本水平	**0.092**	**0.722**				
W * 人力资本水平 * 数字化贫困	**1.221*****	**0.000**				
R-squared	0.836		0.821		0.802	
对数似然值	1 238.4		1 114.6		1 103.9	
检验方法	估计值	*p* 值				
Wald_spatial_lag	60.511***	0.000				
LR_spatial_lag	53.960***	0.000				
Wald_spatial_error	63.623***	0.000				
LR_spatial_error	59.024***	0.000				
δ	0.289 6**	0.046	0.257 7**	0.035 3		
ρ					0.225**	0.013/

如表 2,可以得出以下结论:

第一,各解释变量中,除地区开放水平外,都通过了 10%显著性水平检验。这一方面说明中国产业结构升级由外需推动模式已经开始向内需转变。另一方面，在数字化迅速推进的时下，促进产业结构升级所需要素除资金和劳动力外，以信息、文化和知识为内容数字化已经作为一种全新的生产要素而变得至关重要。

第二，从全国范围看，数字化推进进程滞后会显著阻碍本地区产业结构向更高级演进的步伐；而相邻地区数字化贫困对本地区产业结构升级有明显的正向促进。从表 2 的空间杜宾模型可以看出，数字化贫困系数为－0.113，说明在其他条件不变的情况下，数字化贫困每加深 1%，阻碍产业结构升级 0.113%。而 W＊数字化贫困系数为 0.135，且在 10%的水平下显著，这意味着相邻地区数字化越贫困对本地区产业结构升级越有利。这从侧面反映数字富裕地区会因为数字化优势而对数字贫困地区生产要素产生“掠夺”。

第三，人力资本对本地区产业结构升级有明显促进作用，邻近地区人力资本提升未对相邻地区产生溢出效应，但若相邻地区是数字贫困地区，人力资本提升会对相邻数字富裕地区产业结构产生显著的正向影响。尤其值得注意的是，W＊人力资本水平系数为正，且不显著。这说明高素质人才并未产生明显的智力回流，即人力资本溢出效应。相反，从 W＊人力资本水平＊数字化贫困（系数：1.221，p 值：0.000）可以看出人力资本的溢出效应是逆向的，即由数字贫困地区向数字富裕地区流动。本文通过研究数据发现，中国内陆高校毕业生的跨省就业流向通常是东部沿海省份，而东部沿海省份的学生倾向选择在本地进行就业，由此产生“人力资本虹吸”现象。

本文参考闫慧（2012），将数字化贫困指数分为数字赤贫（0.15 以下）、数字贫困（0.15—0.3）、数字中产（0.3—0.6）、数字富裕（0.6—0.75）、数字精英（0.75 以上）三个阶段五个层级。根据数字化贫困指数计算，到 2015 年数字化减贫速率，即数字化推进普遍下降为 0，个别数字贫困的西部省份，如西藏，减贫速率呈现负增长。而相比较数字富裕、数字精英层级的省（市、区）减贫速率仍处于较高水平，数字富裕的省份减贫速率不减反增。这一变化，从一定程度上“巩固和固化”了数字地区分化，形成贫者越贫、富者越富的“马太效应”。到 2015 年数字化贫困的呈现“正偏态分布”的稳态，处于数字贫困和数字中产的省（市、区）都是 14 个，两个层级涵地区数量占全国 90.32%，仅有北京、上海、广州达到数字富裕。2017 年相比 2015 年，地理数字贫困鸿沟省份（即河北、河南、江西、安徽、湖南、广西、贵州）基本无变化，仅仅只有湖南省进入数字中产。为保持数字贫困地区分析的一致性，研究是否存在数字化贫困对产业结构升级在地区内的挤出效应和地区间竞争效应，依然采用2015年数字贫困地区省份作为数字贫困地区进行分析。

文章采用2015年数据将全国31省(市、区)分为两组:数字贫困地区组(包含内蒙古、湖南、黑龙江、河北、河南、新疆、安徽、广西、江西、宁夏、云南、甘肃、贵州、西藏)与非数字贫困地区组(包含北京、广东、上海、江苏、浙江、天津、福建、辽宁、山东、湖北、四川、山西、青海、吉林、海南、重庆、陕西)。此外,为进一步探究"地理数字贫困鸿沟"产生的成因,以及数字贫困与非数字贫困地区之间的空间效应,设置了一组实验组和一组对照组:实验组(即鸿沟地带邻近经济发达省份地区)包括河北、河南、安徽、江西、湖南、广西、北京、天津、山东、江苏、浙江、福建、广东、上海;对照组(即鸿沟地带邻近经济欠发达省份)包括河北、河南、安徽、江西、湖南、广西、山西、陕西、湖北、重庆、四川、青海。并得出估计结果如下:

通过表3中model-1可知,数字化贫困(系数:-0.123,p值:0.153),在数字贫困地区数字化贫困对产业结构升级的阻碍作用并不显著。而对比model-2中数字化贫困(系数:-0.11,p值:0.031)以及model-4中数字化贫困(系数:0.167,p值:0.056),表明在数字贫困、经济欠发达地区数字化贫困并没有阻碍作用,反而在一定程度上有促进作用。原因是在数字化贫困地区自身数字产业在GDP中占比不大,仍处于工业化初期阶段,数字化程度低反而有利于该地区将资源和要素重心从第一产业集中配置至第二产业,也在一定程度上促进产业结构升级。这是资源的一种"代偿效应",即当数字化推进受阻,则通过所拥有的资源发展其他产业也能够发挥其自身优势。

从model-1、model-2与model-3的W*数字化贫困会发现,当工业化和数字化程度更高地区与数字化程度低的地区相邻时,这种促进作用会进一步凸显。原因是数字化贫困地区经济贫富差异较大,人口和资金流动快,部分富裕地区更善于利用信息化资源优势吸收相邻地区的劳动力和资本;而非数字贫困地区之间人力资本和资金流动并不频繁。非数字贫困地区大多也属于发达地区,身处发达地区的劳动力很少离开本辖区而迁移到其他同类发达省份。因此,地区之间竞争效应并不明显。但当他们与数字化程度相对较低的地区相邻时,他们便会充分利用自身优势吸收邻近地区的资源,以促进自身经济发展。

表 3 数字贫困地区差异的双固定空间杜宾模型分析

变量	数字贫困地区 Model－1		非数字贫困地区 Model－2		邻发达省份地区 Model－3		邻欠发达省份地区 Model－4	
	系数	p 值	系数	p 值	系数	p 值	系数	p 值
数字化贫困	**－0.123**	0.153	**－0.110****	0.031	**－0.141*****	0.000	**0.167***	0.056
W＊数字化贫困	**0.280***	0.076	**－0.012***	0.061	**0.310****	0.012	**0.31**	0.541
控制变量	YES		YES		YES		YES	
W＊控制变量	YES		YES		YES		YES	
R-squared	0.359		0.329		0.441		0.326	
对数似然值	281.46		268.11		299.31		241.33	
δ	0.005	0.953	－0.19***	0.006 1	－0.12	0.26	0.246**	0.014

对比 model－3 和 model－4，发现“数字化和产业鸿沟”地带邻近经济发达地区，数字化贫困对产业结构升级呈显著的负效应，而相邻经济欠发达的省份呈显著正效应，且前者更为显著。与此同时，W＊数字化贫困对产业结构升级影响在邻近发达省份地区影响显著，而邻近经济欠发达地区相反。这说明地区间数字化程度和经济发展程度都是影响人才、资金流向的重要因素，而经济因素有助于强化数字化优势，从而进一步导致地区间产业结构层次差异。

表 4 中东西部差异的双固定空间杜宾模型分析

变量	东部		中部		西部	
	系数	p 值	系数	p 值	系数	p 值
数字化贫困	**－0.156*****	0.000	**－0.007**	0.333	**0.013**	0.243
W＊数字化贫困	**－0.048****	0.034	**0.513*****	0.002 6	**－0.069**	0.625
控制变量	YES		YES		YES	
W＊控制变量	YES		YES		YES	
R-squared	0.374		0.356		0.324	
对数似然值	412.6		406.3		391.2	
δ	0.113	0.236	0.162**	0.036	0.263***	0.003

为了进一步检验前文观点，本文将 31 省（市、区）按照东、中、西部分组，结果如表 4。从表 4 中可以进一步看出，数字化贫困只对东部经济发达、工业化程度高的地区产业结构升级有显著影响，对于数字贫困及工业化程度不高的中部和西部影响并不显著。而且随着东部、中部、西部工业化及经济梯度递延，数字化贫困系数由负转正，这意味着数字化贫困对经济滞后地区产业结构升级不仅没有阻碍作用，相反还一定程度上有促进作用。这进一步验证了前文的观点。另外，相邻地区数字化贫困只在中部地区显著，东部和西部地区均不显著。其中很重要的原因是中部作为人口和资源大省，又邻近东部沿海地区，人口流动最为活跃，地区之间工业化和信息化差异比较明显，从而加快了彼此之间资源流动，从而促进或抑制本地区产业结构升级，进一步验证了前文的论点。

六、结论与建议

本文从产业效应、劳动力禀赋效应和后发优势角度梳理了数字化贫困对产业结构升级间的互动机理，利用 2006—2017 年面板数据构建了空间滞后、空间误差和空间杜宾模型，考察了数字化贫困对产业结构升级的影响，探究了数字化贫困对产业结构升级的空间效应，得出如下结论：

理论上，数字化贫困会通过产业效应和劳动力禀赋效应阻碍产业结构升级，但是数字化贫困地区同样会通过数字化“代偿”的方式，将资源和要素重心从第一产业集中配置至第二产业，弥补数字化不足的劣势，也一定程度上促进产业结构升级。此外，数字化和工业化进程慢的地区同样会因为后发优势，通过智力回流和产业承接影响劳动力结构和产业结构进而促进产业结构升级。

另外，本文还发现，在数字化迅速推进的时下，促进产业结构升级所需要素除资金和劳动力外，以信息、文化和知识为载体的数字化已经作为一种全新的生产要素而变得至关重要。从全国范围看，数字化推进进程滞后会显著阻碍本地区产业结构向更高级演进的步伐；而相邻地区数字化越贫困对本地区产业结构升级越有利，数字富裕地区会因为数字化优势而对数字贫困地区生产要素产生“掠夺”。人才流动依然是逆向流动（由低向高），即高素质人才并未产生明显的智力回流现象，相反产生地区间人力资本的极化效应，即由数字贫困地区向数字富裕地区流动。数字贫困、经济欠发达地区数字化贫困并没有阻碍作用，反而在一定程度上有促进作用，数字化程度低反而有利于该地区将资源和要素重心从第一产业集中配置至第二产业，也在一定程度上促进产业结构升级，这是资源的一种“代偿效应”，即当数字化推进受阻,则通过所拥有的资源发展其他产业也能够发挥其自身优势。

以上结论得出,数字化贫困与产业结构升级二者并不完全背离,从某种程度上讲,数字化贫困地区数字贫困会成为一种优势,关键是找到一条符合地区发展规律的路径。因此,提出如下建议:

第一,分地区加大信息基础设施建设。实证表明,在数字化相对富裕的地区,数字化贫困会严重阻碍产业结构升级。因此,“要致富,先修路”,对于数字化程度高的地区,须进一步拓宽信息化高速公路,搭建数字化平台,促进信息化产业集聚;使用“商业孵化器”的方式来助推诸如文化创意产业发展,建立资金融通平台,将更多资金优惠给予具有潜力的公司;推动和联络传统行业和现代高新技术行业间的联系和合作,促进产业融合;加强人力资源的开发以及培养企业家精神;建立与高校之间的合作,并促进成果转化和鼓励高校教授创业,以加强核心技术的研发。

第二,分阶段将文化、知识、信息纳入公共产品性质,破除数字化阶层固化。我国30年经济高速发展,同时也伴随着数字化进程迅猛推进,以及信息通用技术的广泛普及。但是随着数字化存量的增加,数字化脱贫也逐渐进入攻坚阶段,群体和地区随着收入的增加在一定程度上能够助解数字贫困,但是并不能完全消弭数字贫困。这是由区域之间教育水准、经济状况、种族文化差别共同决定的。这些数字贫困群体和区域通常来自离政治中心较远的国界边缘,或是以农、牧、林、渔业为主的资源丰裕地带等。他们往往没有机会接触数字化信息技术,更没有消费知识、信息的经济能力,从而被排斥在数字化进程之外。知识、文化贫困是导致数字贫困的主要因素,而脱贫是一场攻坚战和持久战。现阶段中国无法实现所有知识和信息免费,但政府应可以分阶段将部分知识、信息纳入公共产品性质,尽可能提高数字贫困地区及群体认知水平以及教育水准。通过增设图书馆,鼓励学术文献数据对外开放,以及加大教育系统的计算机普及和因特网接入,从观念和生活方式上改变数字贫困者,使处于数字贫困固化阶层的贫困者有意识地通过自身努力突破阶层固化束缚。

第三,分模式完善知识、信息产品供给机制,加快文化产业发展。知识和文化产品和其他商品一样,在生产和分配上都需要各种人、财、物的支持。所以在信息供给时,应该分层次、分对象、按不同方式进行。在面对思维僵化的数字化贫困群体时,应该推进数字化培训工程,提升数字化贫困群体自身对数字化接受的意愿,而非一味地“送”设施,“给”产品。要对数字文化层面进行“造血”,而不是“输血”,使处于数字贫困固化的阶层在生活方式和观念上能够有所改变。与此同时,还应根据贫困地区及群体的实际问题和需要确定数字化产品和服务供给，提供精准化、定制化的数字服务。对农村提供生产技术信息，对学校提供师资人才建设及财政拨款，对工人提供数字化培训和求职信息平台等，增强信息匹配。

参考文献

[1] Roxana B. Digital Poverty：Concept and Measurement，with an Application to Peru[J]. Eastern Economic Journal，2007，37(3)：431—433.

[2] 闫慧. 社群数字不平等的理论模型及其在中国情境中的应用[J]. 图书情报工作，2012，56(6)：90—94.

[3] 闫慧. 数字贫困社群实现信息社会流动的影响因素研究——一项京津晋沪粤五地调研的实证分析[J]. 情报资料工作，2013(4)：92—97.

[4] 周向红. 从数字鸿沟到数字贫困：基本概念和研究框架[J]. 学海，2016(4)：154—157.

[5] 彭继增，陶旭辉，徐丽. 我国数字化贫困地理集聚特征及时空演化机制[J]. 经济地理，2019，39(02)：169—179.

[6] Childers T，Post J A. The Information-Poor in America[J]. Library Quarterly Information Community Policy，1975：182.

[7] Gibbs W W. Information Have-Nots[J]. Scientific American，1995(5)：12—14.

[8] Boyd A. Information Disparity：Research and Measurement Challenges in an Interconnected World[J]. Aslib Proceedings，2013(5)：269—271.

[9] Teske P，Fitzpatrick J，Kaplan G，et al. The Information Gap[J]. Review of Policy Research，2006(5)：969—981.

[10] Weibao Y. Information Divide：Aggravation，Reason and Countermeasure[J]. Information Sciences，2005(7)：32—56.

[11] Leo W，Jeffres，David Atkin，Hanlong F. Knowledge and the Knowledge Gap：Time to Reconceptualize the "Content"[J]. The Open Communication Journal，2011(5)：30—37.

[12] 阎大颖. 国际经验、文化距离与中国企业海外并购的经营绩效[J]. 经济评论，2009(01)：83—92.

[13] Wilson A. The Tnformation Rich and the Information Poor[J]. Aslib Proceedings，2013(1)：1—6.

[14] Oliner S D，Sichel D E. The Resurgence of Growth in the Late 1990s：Is Information Technology the Story? [J]. Working Papers，Federal Reserve Board's Finance & Economic，2000，14(4)：3—22.

[15] Stiroh K J. Computers, Productivity, and Input Substitution[J]. Economic Inquiry, 1998, 36(2): 175—191.

[16] Freund C L, Weinhold D. The Effect of the Internet on International Trade[J]. International Finance Discussion Papers, 2004, 62(1): 171—189.

[17] Choi H, Lee B. Re-examining Network Market Strategies from the Perspective of the Local Network: Market Competition Between Incompatible Technologies [J]. Information Technology & Management, 2005, 5(2): 18—39.

[18] Choi H, Kim S H, Lee J. Role of Network Structure and Network Effects in Diffusion of Innovations[J]. Industrial Marketing Management, 2010(3): 170—177.

[19] Choi H, Lee B. Examining network externalities and network structure for new product introduction[J]. Information Technology & Management, 2012, 13(3): 183—199.

[20] 尹海洁.中国劳动力结构的变迁与第三部门的发展[J].哈尔滨工业大学学报(社会科学版),2002,4(3):85—88.

[21] 郑英隆.信息产业加速发展与产业结构升级的交互关系研究[J].经济评论,2001(1):48—53.

[22] 尹海洁.信息化的发展与中国产业结构及劳动力结构的变迁[J].中国软科学,2002(6):116—118.

[23] 赵昕,茶洪旺.信息化发展水平与产业结构变迁的相关性分析[J].中国人口·资源与环境,2015,25(7):84—88.

[24] Kramer K, Dedrick. Dell Computer: Organization of a Global Production Network, Irvine[Z]. CA: CRITO. Working Paper, 2001(1): 1—17.

[25] Britz J J, Blignant J N. Information Poverty and Social Justice[J]. South African Journal of Library & Information Science, 2001, 67(2): 63—69.

[26] Britz J J. To Know or Not to Know: a Moral Reflection on Information Poverty[J]. Journal of Information Science, 2004, 30(3): 192—204.

[27] Chatterjee K. Bridging The Rural Digital Divide in India: an Emergence of E-agricultrue[J]. IASLIC. Bulltin, 2010, 55(1): 51—57.

[28] 邱泽奇,张樹沁,刘世定,等.从数字鸿沟到红利差异——互联网资本的视角[J].中国社会科学,2016(10):93—115.

[29] 胡鞍钢,李春波.新世纪的新贫困:知识贫困[J].中国社会科学,2001(03).

[30] 陶长琪,周璇.产业融合下的产业结构优化升级效应分析——基于信息产业与制造业耦联的实证研究[J].产业经济研究,2015(03).

[31] 胡汉辉,邢华.产业融合理论以及对我国发展信息产业的启示[J].中国工业经济,

2003(02).

作者简介

陶旭辉(1992—),江西南昌人,上海财经大学公共经济与管理学院博士研究生,研究方向为区域经济、公共政策与社会发展。

Does Digital Poverty Block the Upgrading of Industrial Structure? —the Analysis Basing on the China's Provincial Spatial Panel Durbin Model

Tao Xuhui

Abstract: This paper combs the mechanism of digital poverty on the upgrading of industrial structure from the angle of industrial effect, labor endowment effect and post-hair advantage, and makes an empirical study by using the Space Durbin Model of China's provincial panel data from 2006 to 2017. The results show that China's digital poverty reduction as a whole shows a healthy development trend, but with the advancement of digital process, digital poverty gradually solidified, poverty reduction work went into a critical stage, and began to face the choice of benefits and costs. In addition, as far as the whole country is concerned, digital poverty is an obstacle to the upgrading of industrial structure. However, the sub-region found that, far from hindering the upgrading of industrial structure, digital poverty in some regions has made up for the lack of digitalization and promoted the evolution of industrial structure to a higher level through "the Digital Complementary and Alternative Mechanism"—the way in which resources are centrally allocated from primary industry to secondary industries. Finally, it is suggested that in the process of promoting digitalization, China should gradually implement the digital strategy in a regional, phased and sub-model way, instead of violating the objective laws of economic development and blindly following the policy.

Key words: Digitalization; Cultural Poverty Alleviation; Complementary and Alternative Mechanism; Spatial Competitive Effect

文化消费

新媒体时代艺术院线观众养成模式研究*

李　静　潘可武

摘　要：在艺术院线的生态环境中，新媒体技术日益成为其中的重要一环。新媒介从各个方面影响了艺术院线观众的养成模式。本文以新媒体时代艺术院线观众养成模式为切入点，探讨在新媒体环境下艺术院线观众文化与电影艺术、电影产业、社会文化之间的互动关系，研究粉丝创造力转换成产业生产力、文化创造力的可能性。

关键词：艺术院线；新媒体；观众养成

一、引　言

在新媒体时代，艺术院线的观众常常被称为"迷影群体"。迷影群体作为一种特殊的消费群体和特殊的媒介内容受众，他们既是积极主动的受众，又是重度的媒介使用者。可以说，随着新媒体使用的不断深入，迷影已然成为一种特殊的粉丝群体。他们的观影行为，不仅仅是个人行为，还是复杂的社会文化现象。因而，迷影群体作为一种特殊的消费群体，应受到研究者的重点关注。

迅猛发展的新媒体技术是业界与学界关注的重点。但目前国内的相关文化、媒介研究中，尚缺乏此类较全面的研究。在艺术、文化与技术相融合的背景下，艺术电影的观众对于新媒体的接触与使用行为，对艺术电影的消费、体验、创造、表达与传播行为，呈现出复杂性、多面性。研究艺术电影观众在新媒体环境下的养成模式，探讨其在文化产业下的能动性，能够为新媒体环境下受众研究提供微观事实和基础研究。

在研究方法上，本文主要采用了理论建构、问卷调查、深度访谈等方法。通过对北京市艺术影院进行实地观察、问卷调查、文本分析、个案描绘等，对艺术影院呈

*　本文受中国传媒大学中央高校基本科研业务费专项资金资助。

现出的观众养成模式进行研究。

二、细分市场中的艺术院线

(一) 文化创造力:观众参与电影价值的完成

艺术影院并不仅仅是一种电影消费场所,它更是一种文化再生产的重要领地。如德国的第一家艺术影院——"军火库"(Arsenal)艺术影院。其创办者艾丽卡和乌里奇·格里格夫妇就表示,他们创办"军火库"的宗旨不仅仅是为了为艺术电影提供放映场所,更是为了传播电影文化。相对于其他的商业院线,"军火库"艺术影院着力于放映存有挑战和抱负的精彩电影作品,从而传播电影文化的美学价值和意义。

艺术院线的观众是一种具有生产性的受众。艺术院线为观众营造了一种电影文化的氛围,向电影爱好者传承了电影艺术的"迷影文化"。迷影们在观看艺术电影的过程也完成了电影的价值创作。马克思提出过:"艺术对象创造出懂得艺术和具体审美能力的大众——任何其他产品也都是这样,因此,生产不仅为主体生产对象,而且也为对象生产主体。"①受众在观看艺术电影,既是一个感知电影的过程,也是一个以想象方式参与的过程。如美国学者亨利·詹金斯(Henry Jenkins)在其著作《文本盗猎者:电视迷和参与性文化》一书中提出了"参与式文化"一词。在他看来,"粉丝不光拥有从大众文化攫取、借用的残留物(remnants),还拥有一个用媒介提供的符号性原材料打造的自己的文化"。② 艺术电影的观众对于艺术电影的消费也不是一种被动的消费,而是一种主动参与性的文化再生产。迷影群体是一种主动的文化消费者。他们不仅能够消费艺术电影文化,而且在消费过程中有其主观能动性。法国是全球最早以资料馆的形式对艺术电影进行保存和推广的国家,也是最早出现艺术影院的国家。法国电影资料馆主要承担搜集与整理及保存电影资料、整理与研究电影史料和电影理论的、举办电影欣赏活动及电影展等。从法国电影资料馆的职责范围也可以看出其对于电影文化的重视,各种活动注重对电影的文化交流,从而促进了法国独特电影文化的传承与保留。

新媒体加速了观众对电影价值的完成。新媒体一方面更加贴近人自身,更加

---

① [德]马克思. 马克思恩格斯选集(第2卷)[M]. 人民出版社,1995:10.

② [美]亨利·詹金斯. 文本盗猎者:电视粉丝与参与性文化//粉丝文化读本[M]. 陶东风,编. 北京大学出版社,2009:54.

人性化；另一方面则使得人人成为参与者，人人可以参与文化的再生产过程。这种参与方式使得观众作用于电影的价值生产，由此实现了电影文化的再生产。可以说，在新媒体时代，迷影群体可以通过自我对其感兴趣的信息或话题积极地、尽可能大规模地加以接受或传输，因而参与电影价值的生产过程。

（二）产业生产力：观众融入艺术电影的创作

院线是连接作品与观众的重要环节。艺术院线能够为电影培养新一代的观众。欧洲的许多艺术院线就十分注重对新一代观众的培养。如在英国电影协会（BFI）指导下成立的网络组织“电影中心”（film hub），其目标之一就是扩大看电影的观众群。该组织通过培训及网络宣传、主题展映、捆绑发行及露天放映活动、数据调研与信息共享、各种全国性观众拓展活动等方式来培养新一代电影观众，尤其是英国独立电影及其他“非好莱坞”电影的观众群体。比利时的格瑞戈诺斯院线也非常重视培养新一代观众。该院线专门为学生推出了“黑板上的大银幕”项目，每年为满足学生看电影需求而专门为各个学校提供50部左右的影片。此外，格瑞戈诺斯院线还为15—25岁的年轻人推出“电影护照”项目，为年轻电影观众提供观影优惠政策。斯洛文尼亚的卢布尔雅那市的金德福影院积极为11—18岁的学生组织与电影有关的活动，活动范围覆盖了当地40%的儿童。此举还获得了欧罗巴影院联盟颁发的“最佳青少年观众活动奖”。德国柏林的沃克电影院重视学生这部分潜在观众，为其开展了多项针对性活动。意大利北部弗留利的“电影快车”院线针对学校的教学要求，参与当地学校的很多电影教育项目。

艺术院线对于整个电影艺术的发展举足轻重。艺术院线可以为电影创作培养后备人才力量。青少年不仅是艺术电影的重要观众组成部分，也是未来的电影创作的中坚力量。他们对电影的兴趣与口味将会影响国家电影的未来走向。具有丰富艺术电影观片经历的观众能够融入艺术电影的创作，成为电影产业的新生产力。如法国电影资料馆功勋馆长、电影事业保护先驱亨利·朗格卢瓦（Henri Langlois）就将艺术院线视为“培养未来优秀的电影工作者”。艺术院线为艺术电影培养了创作人才，从而有利于电影产业的长久健康发展。

除了对未来电影生产力的培养，艺术院线也注重对新人导演的培养与宣传。如尤伦斯当代艺术中心（UCCA）的艺术电影放映并不迎合观众。它并不是观众喜欢什么就做什么，而是力求在行业的领域里能够有一定的先锋性、艺术性。尤伦斯当代艺术中心公共项目部负责人林立在课题组的采访中也曾表示过：“我们做电影并不是以迎合观众的口味为主。其实，我们更希望的是可以引导他们。就像是，尤伦斯做的展览一样的，我们是以学术为主，更加注重对新人导演影片的放映。”尤伦斯先后联合徐童导演开展《中华 HB》的首映，放映了陆屹庆执导的《四个春天》、万玛才旦执导的《塔洛》、毕赣执导的《路边野餐》、王一淳执导的《黑处有什么》、王学博执导的《清水里的刀子》、耿军执导的《轻松＋愉快》、刘健执导的《刺痛我》等新锐艺术导演的作品。

20 世纪 80 年代，托夫勒在《第三次浪潮》中提出了“产消者”(prosumer)(生产者 producer 和消费者 consumer 糅合)的概念。2005 年澳大利亚学者布朗兹(Alex Bruns)提出了“产用者”(producer)(生产者 producer 与使用者 user 糅合)。艺术院线的观众就是这种“产消者”或“产用者”。艺术院线虽然市场规模小，但其观众作为一种“产消者”或“产用者”，其对电影文化的创造力、电影产业的生产力不可小觑。

三、新媒体时代艺术院线观众的构成与变化

(一) 艺术院线观众的构成

媒体技术是艺术发展的重要推动力。新媒体技术的参与式性，使得迷影们的观影习惯被改变。课题组在“首都艺术影院观众调查”①中着重研究了在互联网新媒体背景下，艺术院线观众的构成与喜好。

如图 1 所示②，在该题的 574 份有效调查结果中，除选择去电影院观看艺术电影外，倾向于选择网络方式进行观看的有 532 人次，占总数的 96.39％；倾向于选择电视方式进行观看的有 123 人次，占总数的 25.26％；倾向于选择 DVD 碟片方式进行观看的有 84 人次，占总数的 10.82％；倾向于选择咖啡馆或俱乐部方式进行观看的有 119 人次，占总数的 19.07％；倾向于选择高校/研究机构放映厅方式进行观看的有 239 人次，占总数的 48.45％；选择其他方式的有 21 人次，占总数的 2.06％。综上所述，目前观看艺术电影的方式相对多元化，观众可以通过多种渠道观看艺术电影。除电影院外，受访者看艺术电影的主要途径是网络和高校/研究机

---

① 课题组专门设置“媒介生态视野中的首都艺术影院发展策略研究”调查问卷，并在 2017 年 11 月—2018 年 2 月，先后走访中国电影资料馆艺术影院、尤伦斯当代艺术中心(UCCA)、北京 MOMA 百老汇电影中心、北京万达(CBD 店)、卢米埃北京芳草地影城、保利国际影城、中影国际影城北京千禧街店、中间影院、卢米埃北京长楹天街 IMAX 影城等影院进行实地问卷发放和问卷星(www. sojump. com)网上问卷调查。通过实地调研与网上自由填报的形式发放近 750 份调查问卷，最终收回有效调查问卷共 620 份(回收率为 82.67％、有效率为 98.71％)。本文所涉及的相关调查数据均来自此份调查问卷。

② 该题目为多选题(至多三项)，因而本题百分比为样本百分比(percent of cases)。

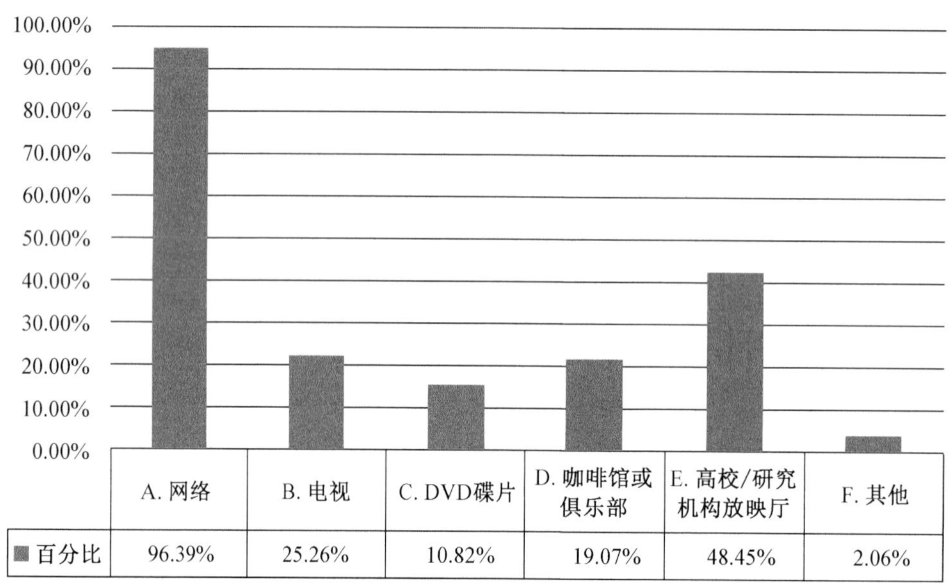

图 1　观众观看艺术电影方式调查数据统计表(除电影院外)

构放映厅。其中有近一半的受访者采用网络的途径进行观看。

如图 2 所示,在该题的 504 份有效调查中,有 87 位受访者表示主要在视频门户网站(如爱奇艺)艺术电影频道付费观看艺术电影,占总数的17.26%;有 101 位

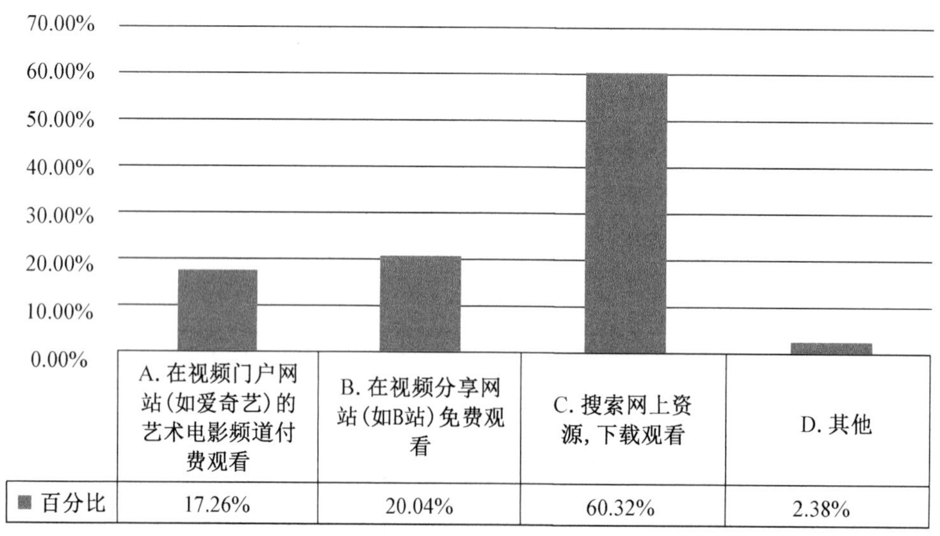

图 2　观众观看艺术电影的网络方式调查数据统计表

受访者表示主要通过在视频分享网站(如 B 站)免费观看艺术电影,占总数的 20.04%;有 304 位受访者表示主要通过搜索网上资源、下载观看艺术电影,占总数的 60.32%;有 12 位受访者表示采用其他的途径观看艺术电影,占总数的 2.38%。综上所述,过半数人主要采用自己搜索、下载方式进行观看,由此也可看出,相关视频网站、门户网站等艺术电影资源不足。

如图 3 所示,在该题的 502 份有效调查结果中,对于选择在网络上观看艺术电影的原因,有 456 人次的受访者表示因为网络方便,资源众多,占总数的 31.49%;有 217 人次的受访者表示因为网络便宜,只需几元钱甚至是免费,占总数的 14.99%;有 420 人次的受访者表示因为网络随时随地,观看没有时间限制,占总数的 29.01%;有 267 人次的受访者表示因为网络次数不限,可以下载至电脑无限次观看,占总数的 18.44%;有 73 人次的受访者表示因为网络可以随时发表评论,占总数的 5.04%;有 15 人次的受访者表示因为其他原因,占总数的 1.04%。综上所述,网络媒介的海量性、即时性、随时性、低成本等特性是观众选择网络作为观看艺术电影渠道的重要原因。

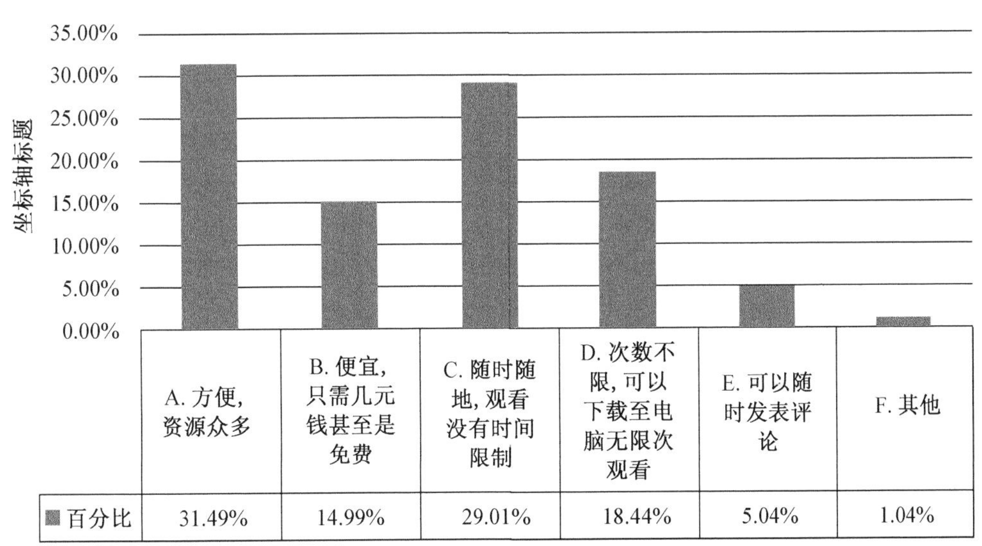

图 3　选择在网络上观看艺术电影的原因调查数据统计表

如图 4 所示,在该题的 446 份有效调查结果中,有 382 人次的受访者表示主要通过豆瓣、时光网等电影论坛的渠道了解艺术电影的相关信息,占总数的 41.89%;有 339 人次的受访者表示主要通过微博、微信等社交媒体的渠道了解艺术电影的相关信息,占总数的 37.17%;有 73 人次的受访者表示主要通过搜狐、新浪等门户网站的渠道了解艺术电影的相关信息，占总数的 8.00%；有 104 人次的受访者表示主要通过艺术影院官网的渠道了解艺术电影的相关信息，占总数的 11.00%；有 14 人次的受访者表示主要通过其他渠道了解艺术电影的相关信息，占总数的 41.54%。综上所述，豆瓣、微博、微信等社交媒体是关注了解艺术电影相关信息的主要平台。由于网络的便利性，网络传播的作用已成为第一大艺术电影传播途径，成为艺术电影重要的宣传阵地。

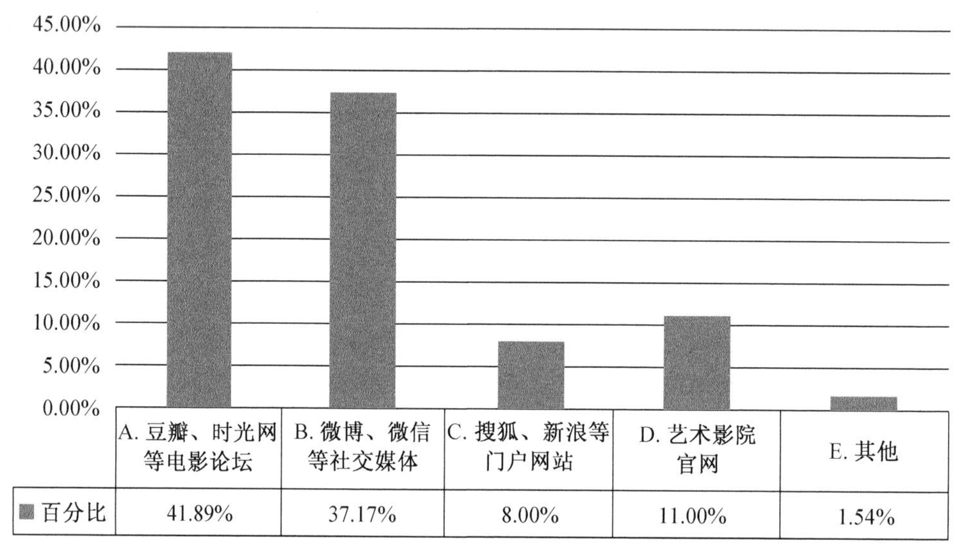

	A. 豆瓣、时光网等电影论坛	B. 微博、微信等社交媒体	C. 搜狐、新浪等门户网站	D. 艺术影院官网	E. 其他
■百分比	41.89%	37.17%	8.00%	11.00%	1.54%

图 4　了解艺术电影相关信息的网络渠道调查数据统计表

（二）艺术院线观众变化

新媒体为迷影们提供了免费艺术电影资源和自由表达的可能性。虽艺术影院仍是观看艺术电影的主要场所，但随着观看方式的多元化，艺术影院并非是观看艺术电影的唯一方式。观众可以通过多种渠道观看艺术电影。亨利·詹金斯就提出过："以数字为驱动的新媒介与传统的广播、电视、平面媒介的相互碰撞，草根媒介和公司媒介的相互交叉，媒介生产者的权力和媒介消费者的权力以无法预测的方式互动，媒介内容在多个媒介平台中流动，各种媒介工业相互合作，媒介消费者为了寻求娱乐体验不断迁移。"①可以说，新媒体改变了艺术院线观众的观看方式。电影资源获取的便利，使得艺术电影观众可以足不出户即可遍览各种电影。相较

① Henry Jenkins. Convergence Culture: Where Old and New Media Collide [M]. New York University Press, 2006: 2.

于以前只能在院线观看电影来说，网络资源的出现为电影受众的培养提供了便利，也为潜在观影群体提供了观影途径。而这一影响对艺术电影受众的培养尤为重要。网络已经成为受众观看艺术电影的最为重要的渠道。新媒体海量性、即时性、随时性、低成本等特性是观众选择其作为观看艺术电影渠道的重要原因。它为国产艺术电影和众多海外佳片提供了观看的可能。爱奇艺于2016年设立了文艺院线进行艺术电影线上放映，打造文艺片“精品库”，以单片付费点播等形式为艺术电影增加了曝光量和热度。这种方式以自身的平台优势开拓了艺术电影新的发展模式，增加了艺术电影的红利收入。同时，也为热爱艺术佳片而苦觅不得的迷影们打开了一扇窗。

艺术电影的重点在于影像语言的探索、新技术手段的运用、社会话题的挖掘等方面，其艺术内涵和思想内核的分量就远远高于其外在形式的表现。不同于商业电影在影片放映时才能发挥其最大的效果，对于艺术电影观众来说，即使在电脑、手机上观看艺术影片也同样能领略其艺术魅力。因此，网络资源的便利为艺术电影观众提供了方便的观影渠道，并且在同等条件下，使得他们更容易发现艺术电影而非商业电影的价值，逐渐成为艺术电影的粉丝。

与培养观影受众相对立的，网站资源控制不利也带来了资源泛滥、版权侵犯等问题，进而给艺术院线的发展带来了挑战。网站资源的丰富、多屏时代的到来，使得电影观影空间出现了重大位移。院线观影的优势在于它丰富的独有资源、独有的集体观影共鸣和良好的视听观影体验。而对于艺术电影观众来说，这其中的前两者独有资源和共鸣体验是最为重要的，这是因为艺术电影的受众具有冷静旁观、思考审视的普遍特点，他们并不像商业电影的受众那样追求视听震撼、啸聚狂欢，31.49%的受访者选择网上观看仅仅是由于网络方便，资源众多，而放弃了相对费力的影院观看。因此，在网络资源的出现能够更好地提供资源、分享体验的情况下，艺术院线的发展便遭遇了更大压力。艺术院线为了适应新媒介时代也需作出调整和改变，以适应和利用新的传播生态。

四、艺术院线观众的养成

(一) 会员制

新媒体使得个性、互动性成为可能。美国新媒体研究专家凡·克劳斯贝(Vin Crosbie)亦有言：“新媒体就是能对大众同时提供个性化内容的媒体，使传播者和接受者融会成为对等的交流者，而无数的交流者相互间可以同时进行个性化交流的媒体。”①艺术院线积极进行新媒介使用，建构迷影们的自我身份认同。会员制、网络购票、开发客户端、运行微博、运行微信公众号等方式来维护观众黏性已经是艺术院线纷纷采取的模式。通过调动观众积极的媒介使用，完成其迷影的自我身份认同。这种会员制的建立，不仅有助于影片资讯的传递、粉丝的维护，还能够为艺术影院的发展完善建言献策。观影结束后，会员通过虚拟社区进行的反馈搜集能够为艺术电影的后续排片提供最直接而有力的支持，会员的反馈建议也能够为影院的会员制度改善、影院内部运营的修整改进贡献力量。而新媒体的出现为会员维护提供了捷径，提升了会员的稳定性。MOMA 百老汇电影中心策展负责人杨洋在接受课题组提问时说：“我们会建立会员群。因为，我们会在会员群给一些福利，比方说一些资讯等等，有的时候我们也会说，跟一个活动方去合作，然后他包场，发给 30 张票，我们就会把这种福利发到会员群里面，还是有一定的吸引力的。”但目前，会员制的发展也面临一定的困境，杨洋表示：“有效会员没有那么多，因为会员卡一年就过期了，然后你必须过来延期才能重新办会员，而且线上售票票补比较狠，所以会员的优惠力度没有那么吸引人。”

新媒体为迷影提供了创造、表达的平台。通过这种身份认同，观众可以以消费艺术电影的方式，参与文本内容、传播媒介内容，从而在媒介使用过程中进行身份认同的建构。艺术院线的会员制就使得观众自身的体验与意义不断强化，其“迷影”身份这在这种消费中得以认同。

（二）虚拟社区

“粉丝文本，不管它是粉丝写作、艺术、歌曲还是录像，都是由更大的粉丝社群的社会规范、美学惯例、阐释规则、技术资源和技巧能力所塑造的。”②艺术电影的虚拟社区就是由这种共同的社会规范、美学惯例、阐释规则、技术资源和技巧能力决定的。

新媒体所提供的虚拟环境和人际交流方式为迷影群体提供了可能。马克·波斯特在《第二媒介时代》中写道：“技术正在打破那种以少对多的交流观念，有些交流者总是比其他人更有权力。但是网络故事背后隐藏着这样一个重要观念，即人们首次能够实现多人对多人的交谈。”③新媒体全方位融合了传统的人际传播、组

---

① 宫承波. 新媒体概论[M]. 中国广播电视出版社，2009：2.

② [美]亨利·詹金斯. 文本盗猎者：电视粉丝与参与性文化//粉丝文化读本[M]. 陶东风，编. 北京大学出版社，2009：54.

③ [美]马克·波斯特. 第二媒介时代[M]. 范静晔，译. 南京大学出版社，2000：49.

织传播、大众传播方式，实现了单向传播向双向互动性传播的归回。一方面，新媒体使得人人可以实现参与性传播；另一方面，它更加贴近人性化。中国社会科学院信息化研究中心秘书长姜奇平曾说过："一个人在网络进行交流和探讨时，他提供意见时是在进行知识生产，而在倾听反馈时，就是在进行知识消费。反过来说，一个人在共享知识时，由于始终伴随着意见的发表，从而成为知识生产；而在发表意见中，由于旨在赢得人们的回应，又成为一个知识消费过程。"①可以说，新媒体将不同时空的迷影个体、迷影群体之间加以联结、共享、碰撞、放大、创新，从而实现了观众这一身份的转型，从被动受众转变为主动用户、从消费者转变为生产者、从少量另类群体转变为庞大的超人气集合。

对于艺术院线来说，线上社群的出现也使得影院的会员维护有了新的突破。艺术电影与网络社区的结合，既能够为艺术电影的传播交流带来便利，又能够为艺术院线的会员维护提供保障。通过在新媒体，如 QQ、微信等平台建立会员群组，艺术影院可以更便捷、更迅速、更精准地对艺术电影的爱好者们传播影片资讯，闲暇时刻还可以时不时地发起艺术电影话题，引起粉丝讨论，维护粉丝黏性。艺术院线借助虚拟社区、平台进行多渠道沟通与分享，从而搭建更广阔、更灵活的粉丝社群关系。虚拟粉丝团体与线下粉丝团体相互补充，辅助发展。以豆瓣为例，豆瓣网是艺术电影爱好者的一大聚集地。作为一个社区型网站，它聚集了大量有共同爱好的文艺青年，为大家的沟通交流、信息互惠提供了平台。在豆瓣 App 搜索"艺术电影"，能够发现 44 个相关小组；搜索"文艺片"，则又能发现近 40 个相关小组。而点开与艺术电影相关的小组讨论，便会涌出大量的信息资讯，包括约片信息、同好招募信息、佳片推荐信息、展映消息、电影知识推送等。这些线上小组的建立，为艺术电影爱好者提供了交流学习的空间，也方便了艺术电影片方、宣传方对受众需求反馈的获取，对影片宣传渠道的拓展。

五、结　论

新媒体超越时空的互动，使得信息得以汇聚，资源实现融合。在新媒体背景下，艺术院线观众个体的智慧彼此整合、相互叠加，形成了更大的集体创造能量。从而使观众突破了单纯的消费角色，通过广泛、深度参与，成为电影艺术的文化创造者和产业生产者。

---

① 鲍宗豪. 网络与当代社会文化[M]. 三联书店，2001：310.

艺术院线的观众作为一个粉丝群体也成为近年来大众文化与传播受众研究的新兴领域。在新媒体的生产技术和传播平台下，迷影群体呈现出了与其他受众群体不同的身份差异，从消费体验到再生产、从凝神观看到自我展示、从个体情感投射与隐秘体验到虚拟社群的交往生活，艺术院线的观众既有一般粉丝群体的普遍性，又有自身特有的属性。将艺术电影的观众置于新媒体技术的环境下，考察新媒体技术对艺术电影消费和媒介接受的改变与影响，研究新媒体环境中观众群体必备的媒介素养和多元文化中的文化自觉，为如何在多元文化中构建文化认同与文化自信提供了启示。

作者简介

李　静(1990—　)，山东滨州人，中国传媒大学广播电视艺术学博士研究生，研究方向为广播电视艺术美学。

潘可武(1970—　)，广西宾阳人，中国传媒大学研究员，博士生导师，《现代传播》责任编辑，研究方向为影像美学、视觉传播。

Research on the Audience Development of Art Theatres in the New Media Era

Li Jing Pan Kewu

Abstract: In the ecological environment of the art theater, new media technologies are increasingly becoming an important part. The new media has influences the development mode of the audience of art theaters in various aspects. Taking the audience development of the art theater in the new media era as the starting point, this article explores the interaction between the audience culture of art theaters and the film art, film industry, and social culture in the new media environment and studies the possibility that fan creativity is transformed into industrial productivity and cultural creativity.

Key words: Art Theaters; new media; audience development

电影演员年龄、性别与片酬的关系
——以好莱坞电影明星为例

孙丽君　吕梦佳

摘　要:女性员工在劳动力市场是否处于弱势一直是社会学和经济学领域里的重要议题。为了检验收入差异到底是否存在,并且排除其他可能影响收入情况的要素的干扰,本次研究仅观察了性别和年龄对好莱坞电影明星片酬的综合影响,利用回归模型对1975年至2015年253位好莱坞电影明星的片酬进行研究。研究结果表明:好莱坞电影明星的片酬随着年龄的增长而提高,但是在到达一定年龄后停止增长;女影星的平均片酬在35岁时达到最高,之后片酬逐年下降,而男影星则是在52岁时片酬达到最高,之后片酬保持稳定。

关键词:年龄;性别;片酬;好莱坞电影明星

20世纪开始盛行的妇女解放运动促使女性积极参与到社会生活当中,其中,美国妇女解放运动的效果最为显著。然而,美国劳工部2016年的研究显示,2016年美国全职女性的周收入仍然只有同职位男性员工周收入的81%,尽管16岁至24岁的青年女性和男性的薪酬水平相差不大,但在中老年群体中,女性薪酬仍明显低于男性。目前国内外已有很多学者研究了员工的性别对薪酬的影响,但少有学者研究年龄和性别对薪酬造成的共同影响。本文采用详细微观层面的回归分析方法,以好莱坞电影明星为样本,探讨电影演员的年龄、性别与片酬之间的关系。

一、电影演员的片酬差

好莱坞电影明星(以下简称影星)的收入通常包括电影片酬、票房分成、广告代言、房地产、股票及其他收入,本文所探讨的电影明星的收入主要是指片酬收入。

(一) 收入性别差

收入性别差也称性别薪酬差,是指在同一组织中,从事相同工作的男女职员之间的收入差距。尽管大多数学者承认收入性别差的存在,但对于差距大小仍未达成一致共识。对性别收入差异的不同推测源于研究者不同的分析方法和考虑到的变量的差异。

目前，对于收入性别差的研究，学者们集中于研究收入性别差的表现形式及其形成原因。学者们认为收入性别差的表现形式主要包括：劳动力市场的隔离和性别偏见。前者表现为女性群体通常比男性群体的收入低、工作环境恶劣、岗位变动大；后者则表现为女性在收入与谈判、升职机会和职位谈判中弱于男性。正如 Gauchat，Kelly 和 Wallace（2012）说："女性群体通常从事社会地位低、报酬少、稳定性较差的工作。"任志敏（2018）也认为："造成性别收入差距的大部分原因是出于性别歧视，职位性别隔离因素对性别收入差的影响很大。"Filippi 和 Ichino（2004）也认为："由于职场中存在性别歧视的现象，女职员倾向于认为自己难以争取到好职位，进而导致女性群体改变职业选择，放弃竞争高职位的机会和权利，最终缺少对职业生涯的规划和投入。"

上述性别收入差的表现通常也被归因为性别歧视。Jarrell 和 Stanley（2004）说："大多数行业中都存在一定的性别歧视，孕妇及哺乳期女性是最大的受害者，即便是在科学技术领域，也有 50％的受访女性表示在职业生涯中经历过性别歧视。"目前，对性别收入差主要有两种评估方式：直接评估与间接评估法。其中，直接评估法难以证明性别对收入水平的直接影响。典型的如 Jacobsen（1994），其通过直接评估测算后，认为"决定员工收入水平的因素通常包括工作时长、工作年限、教育水平和其他生产力因素，如果将所有相关因素考虑在内，则性别差异对收入的影响可以忽略不计"。而间接评估法将收入差异与员工个人禀赋建立关系，性别作为一种重要的个人禀赋，直接影响了收入。比如苏华山、吕文慧和段继红（2018）发现："性别收入差中的 60％以及性别工资差中的 40％是由性别歧视所导致的。"

以上关于收入性别差的研究，大多集中于较为传统制造业为主的职场环境，鲜有学者研究好莱坞电影明星的性别和片酬之间的关系。许多人认为，在好莱坞电影行业中，由于电影生产与消费的特殊性，性别片酬差并不存在，甚至于女性性别有可能高于男性。这就需要对电影好莱坞电影明星的性别片酬差异进行科学的、综合的测评。本文选择好莱坞电影明星作为样本，主要基于如下原因：第一，好莱坞电影产业具有历史悠久、高知名度、高收益的特点，老牌电影公司曾对不同性别的电影明星一视同仁，支付相同的片酬，目前好莱坞电影行业在制度安排中已经较好实现了性别无差异化模式；第二，由于好莱坞大制片厂制度的衰落和明星制度的兴起，电影明星与制片公司签订长期合同的片酬模式不复存在，好莱坞电影明星不再单独签订长期劳动合同，片酬直接反映好莱坞电影明星的市场价值；第三，好莱坞电影明星具有同质性，该群体在行业内从事着类似的拍摄工作，在拍摄电影上花费的时间和精力大致相等，因此可以排除工作时长、工作年限、教育水平和其他生产力因素的影响；第四，电影产业以追求经济利益为目的，因此，男女影星同样对电影的成功起着关键性作用，其片酬都遵循着同样的市场法则，对其片酬的评估反映了好莱坞电影明星真实的市场价值。

正如以上原因，本文通过在同质样本中检验不同性别电影明星的片酬差异，提出假设1：男影星的平均片酬高于女影星。

（二）收入年龄差

收入年龄差是指，随着年龄的增长，由于认可程度的提升、从业经验的积累、行业地位的提高，收入水平也会随之产生改变。另外，人们经常根据年龄对不同人群产生不同印象，而这种基于年龄的分类意识会形成对他人的歧视，其中对老年群体的偏见包括疾病、抑郁和效率低下等。

关于收入年龄差的研究，学者们集中研究老年群体的歧视现象、年龄对于不同性别员工的社会意义以及电影行业中年龄和获奖情况的关系。首先，学者认为：针对不同性别的老龄群体，外界具有截然不同的包容度，女性的社会评价标准比男性更加苛刻。Cruikshank(2003)说："女职员比男职员更早到达事业巅峰……但不可否认的是，老年女性的容貌比男性更容易苍老。"Deutsch 和 Zalenski(1986)也认为："尽管男性和女性的吸引力都会随着年龄的增长而下降，但女性衰老的速度远远大于男性，她们的吸引力也会随之消失。"另外，学者们推测，外貌对人们的工作和生活起着重要作用，Hosoda 和 Stone-Romero(2003)说："相貌平平的人在劳动力市场上劣于外貌出众的求职者……女性的外貌标准比男性苛刻得多，人们往往认为面容沧桑的男性更加成熟稳重，而女性则必须维持青春靓丽的外表才会显得更有价值。"

其次，学者们认为年龄对不同性别的员工有着不同的社会意义，Goldberge(2004)测试了232名MBA校友的年龄、性别以及这对职业生涯的影响："结果显示，女生的收入水平随着年龄增长变化不大，男生的收入不仅高于女生，并且收入水平也会随着年龄的增长而上升，到35岁时，男性职员的收入明显高于女性。"

另外，有学者表示，在电影行业中，年龄、性别和荣誉存在一定关系。例如，Lincoln 和 Allen(2007)说："好莱坞女影星进入电影行业时，平均比男影星年轻六岁，并且在获奖时，女影星的平均年龄也要小于男影星。"此外，Simonton(2004)也认为:“大龄女性角色的吸引力往往低于男性,因此老年女影星获得主演的机会通常少于男影星。”

虽然学界已有学者研究年龄和收入之间的关系,但鲜有学者研究电影行业内年龄与片酬的关系。本文选择好莱坞电影明星的年龄片酬差作为样本的原因主要有三点:首先,好莱坞电影明星属于公众人物,不同于其他行业,好莱坞影星的年龄和片酬通常属于公开状态,研究者可以从官方获取较为全面的相关信息。其次,不同于其他行业的年龄限制,上至白发老人,下至学龄儿童都可以从事电影表演工作。好莱坞电影产业不仅孕育了大量的童星,也有类似摩根、弗里曼这样的老牌影星仍然活跃在银幕上。本文选取好莱坞电影明星为样本,正是由于好莱坞明星的年龄跨度大,具有较高研究价值。最后,好莱坞电影行业内,片酬水平通常会随着演员的表演经验、口碑地位和获奖次数的累计而不断提高。

正是由于以上原因,本文推测好莱坞电影明星的平均片酬会随着年龄的增长而提高,提出假设2:每位影星的年龄与其平均片酬呈正相关关系。

此外,“对于女影星而言,年龄是成功的关键因素,获得奥斯卡奖的女影星小于男影星的平均年龄”。(Markson, Taylor, 2000)因此,本文提出假设3:女影星在达到最高片酬年龄后,片酬开始下降;而男影星达到最高片酬年龄后,片酬逐步稳定。

二、样本、变量和模型

(一)样本

尽管媒体热衷于报道好莱坞电影明星(下文简称影星)的日常生活和最新动向,但在现实生活中越来越难以获得最新的片酬数据,加上好莱坞每年产出大量的电影,所以本次研究的样本局限于1975年到2015年公布的好莱坞影星片酬。本次研究的调查对象包括253位好莱坞电影明星,其中男影星161位,女影星92位。这些影星在1975年到2015年内都至少担任过一部电影的主角,并且可以查到片酬情况。为了建立统一的数据库,以上影星出演的都是由美国制作的登上过大银幕的电影。这些影星的平均年龄为39.51岁(标准差SD为12.01),每位影星平均出演过23.79部电影(标准差SD为14.12)。

(二)数据来源

本文收集到的好莱坞影星片酬信息,主要来自互联网电影数据库(www.IMDb.com),这是一个娱乐行业的专业数据库,涵盖了电影票房、制作安排、影片预算和演员片酬等信息。此外,本文还参考了其他数据来源,包括《福布斯》、Variety(《综艺》)、Entertainment Weekly(《娱乐周刊》)、People(《人物》)、Premiere(《首映》)以及其他报道演员片酬的数据来源。

(三) 变量和模型

测量性别收入差异大小的标准做法是:采用普通劳动力样本,将数据来源分解成各生产力要素部分,进而归因于禀赋差异或其他潜在因素,比如收入歧视。本次研究采用了详细微观层面的方法,利用回归模型研究好莱坞电影行业内片酬差异,剔除了人力资本中其他生产力因素,重点分析电影演员的年龄、性别和片酬的关系。

变量一:年龄

关于好莱坞电影明星的出生年月可在 www. variety. com 上进行查询,本次研究中,电影演员的年龄是由他们的出生年减去收入年所决定的。针对样本中没有出现在 Variety 网站上的电影演员,则尽量从 www. imdb. com 数据库上获取相关信息。

变量二:性别

通过 Variety 网站,本文确定了样本中所有好莱坞电影明星的性别,并相应地输入了数据(1=男性,0=女性)。

变量三:片酬

如果某好莱坞影星在一年内出现在多部影片中,本文便转而计算该影星近一年内有数据支持的平均片酬。另外,本文通过取自然对数来转换收入变量。

变量四:演员的重要性

决定电影演员片酬的一个重要因素是所担纲角色的重要性:主角还是配角。检测角色重要性的主要方法就是:查询影星在出演名单中的排名。本次研究目的是观察好莱坞电影明星片酬的性别差异以及年龄对片酬产生的共同作用,片酬是一个电影明星市场价值的重要体现,而影星角色的重要性可以展示其行业地位和市场价值,因此有必要考虑到角色的重要性。本文将角色的重要性替换为演职员名单中出场序数的倒数,能够更精准地确定影星的地位。计算如下:

$$cr_i=\frac{1}{r_i}$$

其中 r_i 是给定电影的影星在演职员表中的排名,cr_i 是影星在全片中产生作用的所占比例。

变量五:影片数量及主演人数

为了统计样本中电影演员的从业经历,本次研究计算了好莱坞电影明星在数据库中包含的某部电影之前已出演过电影的数量，以及该时期内每位影星出演的主角数量。由于在指定时期前出演过主演的次数和出演次数之间的相关性较高（相关系数 r 为 0.79，$p<0.001$，具有显著统计学意义），而结果显示数据库统计时期前，所参演电影的总数量与主演角色所占比例 cr_i 的相关性为 0.28($p<0.001$)，所以决定将前期担任主演的次数与担任主演角色的重要性 cr_i 作为控制变量。

变量六：提名和获得的奖项

本文还统计了在将电影纳入数据库前，每位影星各自在最佳男女演员、最佳男女配角奖项中获得的奥斯卡和金球奖提名以及奖项的次数。统计包括：获得奥斯卡金像奖的次数；仅获得奥斯卡提名而未获奖的次数；赢得金球奖的次数；仅获金球奖提名但未获奖的次数。随后将四类数据汇总，分析总体奖项提名和获奖情况。结果显示以上四个得分之间的相关性从 $r=0.52$ 到 $r=0.75$（p 均<0.001，具有显著统计学意义），一致性信度系数 Cronbach's alpha 的值为 0.81，信度高可以接受。

三、实证分析

平均值(M)、标准差(SD)、零阶相关如表 1 所示。本文以每部电影的平均片酬为因变量的自然对数（平均值 M 为 14.97，标准差 SD 为 1.56）进行曲线回归分析，以检验假设。

表 1　研究变量的平均值、标准差和相互关系($N=265$)

变量	均值	标准差	1	2	3	4	5	6	7	8
年龄	39.51	12.01	—							
性别[a]	0.62	0.49	0.26	—						
重要性	0.73	0.33	0.12	0.13	—					
提名次数和获奖次数	3.02	4.51	0.49	−0.08	0.14	—				
出演角色次数	23.79	14.12	0.61	0.18	0.08	0.44	—			
主演在全片的比例	33.65	20.12	0.29	0.29	0.34	0.39	0.31	—		
年数	1 999.89	8.14	−0.07	0.03	0.04	−0.01	0.29	0.02	—	
平均每部电影片酬[b]	9 591 032.96	7 698 589.65	0.29	0.30	0.28	0.25	0.34	0.51	0.42	—

注：a. 1=男性，0=女性

b. 片酬统计单位为美元，数值均大于 0.12，$p<0.05$，有显著差异，拒绝无效假设

在第一步中，本文统计了电影的制作年份、影星担任主角的次数、担任主演在全片所占的比例、奖项提名和获奖情况、角色的重要性以及自变量(性别、年龄和年龄^2)，带入回归方程中。在第二步中，在回归方程中加入了交互作用项：性别×年龄和性别×年龄^2。为避免多重共线性，将所有连续自变量中心化以消除多重共线性。非标准化回归系数、标准差、标准化系数见表 2。

表 2　每部电影片酬回归预测分析

变量	平均每部电影的片酬		
	$\hat{B}$	SE $\hat{\beta}$	$\hat{\beta}$
Step1			
年数	0.104	0.011	0.469*
出演角色次数	0.019	0.008	0.139*
主演在全片的比例	0.019	0.004	0.259**
提名和获奖次数	0.021	0.031	0.066
角色的重要性	0.634	0.246	0.121*
性别[a]	0.162	0.165	0.052
年龄[b]	0.016	0.008	0.122
年龄^2	−0.002	0.000	−0.179**
Step2			
年数	0.104	0.011	0.472**
出演角色次数	0.015	0.007	0.112
主演在全片的比例	0.019	0.004	0.251**
提名和获奖次数	0.047	0.031	0.139*
重要性	0.529	0.239	0.099*
性别[a]	0.069	0.189	0.025
年龄[b]	−0.039	0.025	−0.303**
年龄^2	−0.006	0.001	−0.629**
年龄×性别	0.071	0.018	0.404**
年龄^2×性别	0.004	0.001	0.429**

注：双边检测概率 *、** 分别指统计值在 5%和 1%水平下显著

Step1：$R^2=0.491$，$F(8,255)=31.449$，$p<0.001$

Step2:$R^2=0.531$,$F(10,253)=27.989$,$p<0.001$

$\Delta R^2=0.04$,$F_{change}(2,253)=11.251$,$p<0.001$

a. 性别:1=男性,0=女性

b. $\hat{B}$=非标准化回归系数 ln(片酬),$\hat{\beta}$=标准化回归系数 ln(片酬)

如表 2 所示(步骤 1),控制变量年份($\beta=0.47$,$p<0.001$),主演次数($\beta=0.14$,$p<0.05$),比例的主要角色($\beta=0.26$,$p<0.001$),角色的重要性($\beta=0.12$,$p<0.05$)都与每部电影的平均片酬显著相关,而性别与片酬不相关($\beta=0.05$,$p=0.32$)。因此,假设 1 不成立。影星的年龄和片酬的线性关系不显著($\beta=0.12$,$p=0.08$),但年龄^2 和影星片酬呈负相关($\beta=-0.18$,$p<0.001$),说明年龄与平均每部电影片酬呈倒 U 型曲线关系。因此,假设 2 不成立。

在第二步分析中添加的交互作用项:性别×年龄和性别×年龄^2 在模型拟合方面有显著优化[$\Delta R^2=0.04$,$F_{change}(2,253)=11.251$,$p<0.001$]。总体而言,完整的模型解释了每部电影平均片酬 53.1%的变化情况($R^2=0.531$)。性别调节了年龄对每部电影平均片酬的线性($\beta=0.42$,$p<0.001$)和曲线效应($\beta=0.44$,$p=0.001$)。简单的斜率计算表明,女影星的年龄与平均每部片酬呈显著的负线性关系($t=-2.71$,$p<0.01$),男影星的年龄与平均每部片酬呈显著的正线性关系($t=2.38$,$p<0.05$)。曲线相互作用效应的简单斜率分析(见图 1)显示,女影星的平均年龄曲线趋势为:低于 SD 为正($t=3.51$,$p<0.001$),高于 SD 为负($t=-4.69$,$p<0.001$)。男影星的曲线趋势为:低于 SD 为正($t=2.89$,$p<0.001$),但是高于 SD($t=0.19$,$p=ns$)时不显著。

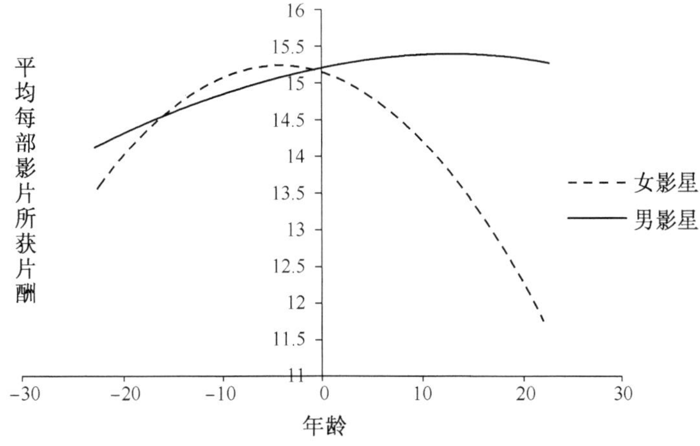

图 1　性别、年龄对平均每部电影片酬的交互作用

进一步的分析显示，女影星在35.21岁时平均每部电影片酬达到最高水平，男影星在52.43岁时平均每部电影片酬达到最高水平。当曲线的切线斜率为0时，达到曲线函数的最大值。由于男影星的获得最高片酬时与平均年龄相差1 SD以上，所以研究又进行了一次简单斜率分析与平均年龄相差2 SD以上时的情况，以探究男影星的片酬是否会在其最高收入年龄之后下降。然而，研究结果表明($t=-1.03, p=ns$)：对于男影星来说，他们在达到片酬最高的年龄后，片酬并不会下降。

以上结果共同证实了假设3：女影星的平均片酬在达到最高片酬年龄后显著下降。具体来说，年龄对不同性别电影演员的片酬有着截然相反的影响。女影星平均每部电影的片酬在35.21岁以前一直处于增长阶段，但在35.21岁后片酬水平迅速下降。相反对于男影星来说，平均每部电影片酬在52.43岁时达到最高，但是过了52.43岁后其片酬并不会随着年龄的增长而下降。研究结果还表明，男女影星在电影生涯初期的片酬水平基本一致，这与美国劳工部2016年关于普通劳动力市场的研究结果一致。

四、结　论

本文使用了详细微观层面的回归分析研究了好莱坞电影明星的性别以及年龄对影星片酬增长情况的影响。研究结果显示，在好莱坞电影明星的职业生涯中，年龄、性别与片酬差异确实存在着一定的关系，具体分析如下：

首先，随着年龄的增长，好莱坞电影明星会在从业过程中不断积累表演经验，其行业地位和社会认可程度也会随着口碑的累积而不断提高，进而有利于平均片酬随着年龄的增长而提高。对于男影星而言，在52岁以前他们的片酬水平会随着年龄的增长而上升；而对于女影星而言，她们的平均片酬会在35岁以前保持稳定增长。

其次，由于人们通常会对老年人带有一定的成见和歧视，认为老年人无法创造和年轻人等量的社会价值，具体到好莱坞电影行业，制片公司往往认为高龄影星的容颜老去、精力衰弱、反应力和记忆力也会下降，因此会选择年轻有活力的影星担纲主演。研究结果发现，片酬随着年龄的增长是具有一定时限的，这种涨幅会在他们衰老前停止。具体而言，男影星在52岁后其片酬不再随着年龄的增长而继续提高；女影星的平均片酬在35岁后迅速下降。

最后，年龄对于不同性别的电影明星具有不同的社会意义。由于电影明星的片酬反映了他们的市场价值，而针对不同性别的高龄影星，其市场价值呈现不同的发展态势。对于男影星而言，随着年龄的增长，其市场价值会一直增长至 52 岁，随后趋于稳定；女影星的市场价值则在她们 35 岁后就开始下降。因此，针对高龄影星群体的片酬差异可以进一步得出结论：好莱坞电影市场对于高龄女影星的要求更加苛刻，在选角时制片公司更倾向于选择青年女影星担纲主演，同时，高龄女影星获得主演的机会少于男性，推测高龄女性角色的吸引力低于男性角色，高龄男影星比女影星更受好莱坞电影市场欢迎。

好莱坞电影行业中存在片酬差距的原因可能有以下几点：第一，随着年龄的增长，女影星可以选择的角色类型和范围也会逐渐缩小，在竞争角色时女影星往往面临着不同年龄层的对手，因此片酬也会低于男性。第二，即使以同样的工作效率坚守在相同的岗位，不同性别的高龄职员也有可能具有不同的评判标准。体现到好莱坞电影产业，公司高层在制定片酬计划时带有主观意识，这种对于高龄女影星的表演能力和市场价值的偏见，会导致高层更倾向于选择青年影星担纲主演。第三，男影星通常会比女影星更加渴望财富和名声，因此男影星会在片酬谈判上注入更多的精力，或者和律师、经纪人多次沟通表达对于片酬的看法。第四，部分女影星认为自己难以获得巨额片酬，所以女影星在片酬谈判时不会对片酬提出过高要求。正是由于以上原因，在好莱坞电影行业中男女影星、青年影星和高龄影星的片酬分配难以达到平等状态，除非影片中的高龄女影星和高龄男影星所担任角色的重要性更加一致，否则这种片酬差距将会长期存在。所以通过以上回归模型分析认识到电影行业中的片酬差距是非常必要的。

虽然收入差异在近年来广受社会关注，但是少有学者研究性别和年龄对收入产生的共同影响。本文探索了在男女样本高度同质化的好莱坞电影行业内，有关性别收入差异和年龄收入差异的研究。但是，本次研究结果所显示出的片酬差异无法用行业、岗位、工作效率等生产力因素来解释，因此未来应该尝试在其他行业样本中检验、拓展本次研究的结果，深入观察性别和年龄对其他产业收入的影响。

参考文献

[1] Jacobsen J P. The economics of gender. Cambridge, MA: Blackwell Publishers, 1994.

[2] Giacobbe-Miller J K, Miller D J, Victorov V I. A comparison of Russian and U.S. pay allocation decisions, distributive justice judgments, and productivity under different payment

conditions. [J]. Personnel Psychology, 1998, 51(1).

[3] 苏华山,吕文慧,段继红. 江苏省性别收入和性别工资差异:禀赋差异还是性别歧视[J]. 经济研究导刊,2018(23):49—53.

[4] Gauchat G, Kelly M, Wallace M. Occupational gender segregation, globalization, and gender earnings inequality in U. S. metropolitan areas[J]. Gender & Society, 2012, 26: 718—747.

[5] 任志敏. 中国男女收入差距的分析[D]. 首都经济贸易大学,2018.

[6] Antonio Filippin, Andrea Ichino. Gender wage gap in expectations and realizations[J]. Labour Economics, 2004, 12(1).

[7] Jarrell S B, Stanley T D. Declining bias and gender wage discrimination? A meta-regression analysis[J]. Journal of Human Resources, 2004, 39: 828—838.

[8] Ana Suárez-Vázquez. Critic power or star power? The influence of hallmarks of quality of motion pictures: an experimental approach[J]. Journal of Cultural Economics, 2011, 35(2).

[9] Julianne Treme, Lee A Craig. Celebrity star power: Do age and gender effects influence box office performance? [J]. Applied Economics Letters, 2013, 20(5).

[10] Anne E Lincoln. Cultural Honours and Career Promotions: Re-conceptualizing Prizes in the Field of Cultural Production[J]. Cultural Trends, 2007, 16(1).

[11] Simonton, D K. The "Best Actress" paradox: Outstanding feature films versus exceptional women's performances[J]. Sex Roles, 2004, 50: 781—794.

[12] Barnum P, Liden R C, Ditomaso N. Double jeopardy for women and minorities: Pay differences with age[J]. Academy of Management Journal, 1995, 38: 863—880.

[13] Goldberg C B, Finkelstein L M, Perry E L, Konrad, A. M. Job and industry fit: The effects of age and gender matches on career progress outcomes[J]. Journal of Organizational Behavior, 2004, 25: 807—830.

[14] Deutsch F M, Zalenski C M, Clark M E. Is there a double standard of aging? [J] Journal of Applied Social Psychology, 1986, 16: 771—785.

[15] Hosoda M, Stone-Romero E F, Coats G. The effects of physical attractiveness on job-related outcomes: A metaanalysis of experimental studies[J]. Personnel Psychology, 2003, 56: 431—462.

[16] De Vany A S, Walls W D. Uncertainty in the movie industry: Does star power reduce the terror of the box office[J]. Journal of Cultural Economics, 1999, 23: 285—318.

[17] Ng T W H, Feldman D C. Human capital and objective indicators of career success: The mediating effects of cognitive ability and conscientiousness[J]. Journal of Occupational and

Organizational Psychology，2010，83：207—235.

[18] Markson E W，Taylor C A. The mirror has two faces[J]. Ageing & Society，2000，20：137—160.

[19] 蒙娜·玛尔斯. 好莱坞电影明星身价是这样铸成的[J]. 中国新时代，2003(01)：88—90.

[20] 范黎波，杨金海. 中国上市公司 CFO 薪酬的性别差异[J]. 现代管理科学，2016(12)：21—23.

作者简介

孙丽君(1969—)，山东宁阳人，山东财经大学文学与新闻传播学院教授、院长，博士，美国宾夕法尼亚州立大学自由艺术学院访问学者，研究方向为文化产业生产与消费。

吕梦佳(1994—)，山东东营人，山东财经大学文学与新闻传播学院研究生，研究方向为文化产业管理。

Age, Gender and Remuneration of Film Actors —Based on the Earnings of Hollywood Movie Stars

Sun Lijun　Lv Mengjia

Abstract: Whether female employees are in a disadvantaged position in the labor market has been an important issue in the fields of sociology and economics. Aiming to test the existence of income differences and to eliminate the interference of other factors that may affect the income situation, the research observes the comprehensive influence of gender and age on the remuneration of Hollywood movie stars. A regression model is adopted to explore the remuneration of 253 Hollywood movie stars from 1975 to 2015. The results reveal that the remuneration of Hollywood movie stars increases with age, but stops increasing after reaching a certain age. The average pay of female movie stars tends to peak at 35 and then declines year after year, while that of male movie stars generally peaks at 52 and remains stable afterwards.

Key words: Age; Gender; Remuneration; Hollywood Movie Stars

基于“互联网+”的传统手工艺产业化经营模式

——以朱仙镇木版年画为例

张　奎

摘　要:“互联网+”日益融入传统手工艺振兴发展之中,给其产业化经营带来更多的机遇与挑战。以朱仙镇木版年画为例,在互联网时代其产品内容和形态亟待创新,对新兴消费市场的把握有待加强,产业整体转型水平更需提升。通过互联网新思维、新技术、新内容和新平台构建朱仙镇木版年画产业化经营模式和路径体系,在根本上就要逐渐强化用户思维、融合思维、社群思维等,不断发挥数字化技术、融媒体技术、新兴互联网衍生性技术等的支撑作用,合理促进与图文、视频、音频等网络文化形态的跨界融合,加快以互联网为主导打造朱仙镇木版年画开发性、营销性、体验性等平台,由此促进传统手工艺社会效益优化和经济效益释放的统一。

关键词:“互联网+”;朱仙镇木版年画;产业化经营;传统手工艺

一、引　言

随着《关于实施中华优秀传统文化传承发展工程的意见》《中国传统工艺振兴计划》等国家政策深入实施,作为非物质文化遗产的传统手工艺的活态传承和综合利用更加紧密结合,传统手工艺创新性发展和创造性转化日益摆在重要位置。尤其是在“互联网+”主导的社会经济大变革境况下,文化与科技日趋共融共生,互联网渐成为传统文化产业创新发展的内生动力,据此更有必要深入思考传统手工艺产业化经营的模式和出路。作为传统手工艺的代表之一,开封朱仙镇木版年画同其他类型传统工艺一样具有重要的历史、文化、艺术和经济价值,也同样在现实发展中面临着新技术、新消费和新业态带来的机遇与挑战,网络在线平台、新媒体技术等促使其加快产业化经营的创新探索。

对于互联网与传统手工艺及其产业化经营的研究，当前国内外研究成果相对较少，主要探讨互联网、新媒体在传统手工艺及其产业发展中的影响作用和实际应用，大致包括了传统手工艺数字化、互联网环境下传统手工艺产品设计、传统手工艺的网络传播、传统手工艺与互联网经济融合等方面。其一，结合传统手工艺发展的困境，分析传统手工艺数字化保护的重要性，并提出一些发展举措，如 Marcello Carrozzino，Alessandra Scucces 等(2011)指出用多媒体平台来保护传统手工技艺的意义，并提到可通过 3D 虚拟交互平台对工艺制作过程和所在地点进行虚拟体验；其二，以某一类或某一项传统手工艺为例，从设计创新的角度探讨其产品发展方向和实践要求，如胡蕾(2017)在一系列扇子设计解构实验基础之上，结合现代年轻人生活、文化和情感需求特点，将传统手艺与当代新工艺、新技术相互融合，通过标签化方式设计出具有生活痕迹的系列产品；其三，从互联网传播视角分析传统手工艺文化传播存在的一些问题，并提出应用互联网手段进行传播推广的方法和路径，如张杰(2017)先分析了传统手工艺发展问题，后结合互联网、移动互联网传播的特点，提出了利用网络课程、社交媒体、自媒体平台等传播传统手工艺的路径；其四，个别研究从互联网新经济模式角度，较为宽泛地提出传统手工艺转型发展之路，如刘强(2018)提出可通过共享经济、互联网金融、网商平台、区块链等来促进“互联网＋”与传统手工艺产业的结合。整体来看，现有对互联网时代传统手工艺产业化的研究深度和广度不够，多数研究内容仅将互联网视为一种传播平台或销售渠道，忽视了“互联网＋”是包括思维理念、内容呈现、传播技术、平台渠道等在内的全方位变革，尚缺少对互联网时代传统手工艺产业化模式与路径的系统性探讨。

同时，当前针对互联网与朱仙镇木版年画及其产业发展的研究成果很有限，有的研究探讨了新媒体传播和营销在朱仙镇木版年画产业经营中的应用，如任璐(2017)主要结合新媒体传播的特性，从传播主体、传播渠道、传播内容等方面提出了朱仙镇木版年画市场推广策略；也有研究分析了朱仙镇木版年画在新媒体艺术创意中的应用，如丁慧君(2017)探究了朱仙镇年画如何与新媒体艺术结合，提出通过计算机图像处理、视听媒体、互动艺术等表现朱仙镇木版年画独特的艺术风格。亦可见，现有论著对“互联网＋朱仙镇木版年画”的研究成果较为单一，缺少有关互联网推动木版年画产业转化的研究，有必要加强对互联网时代朱仙镇木版年画经营创新的探究。基于此，本文立足于对朱仙镇木版年画经营的问题现状分析，从“互联网＋”的多个维度和产业化经营的多个层面出发，较为系统地提出互联网时代朱仙镇木版年画产业化的创新发展模式和路径，从而有助于完善“互联网＋传统手工艺”的理论体系，促进互联网、移动互联网语境下传统手工艺的有效保护、创新传播和合理利用。

二、互联网时代朱仙镇木版年画产业化经营现状及问题

朱仙镇木版年画生产经营以老店作坊、小型年画公司等为主，较为稳定地维持着传统木版年画的市场发展格局，近年来其产业整体规模有所扩大。在有关“互联网＋”“非遗”等政策举措推动下和互联网、移动互联网等网络新媒体技术驱动下，诸如朱仙镇木版年画等传统手工艺保护、传播和开发不断尝试利用“互联网＋”模式，这也使得木版年画产业发展的先天不足和融入互联网后的局限凸显出来。

（一）以传统木版年画经营为主，产品亟待创新性发展

作为非物质文化遗产，朱仙镇木版年画传统手工技艺虽然受到现代数码绘制、雕刻、印刷等技术冲击，但源于农耕社会文明的朱仙镇木版年画知识体系一直延续着，传统的技艺程式和刻制方法为木版年画传承人所自觉承继。尤其是老艺人往往依赖于古版年画内容和题材进行创作，生产出的神祇、吉祥祈福等类型年画尽管很少再被用于年节张贴，但由于其较高的历史文化、艺术审美等价值而成为收藏品或装饰物，诸如《五子登科》《大吉大利》等古版年画仍然受到一定群体的喜爱，从而在礼品市场或手工艺品市场中获取一定的经济收益。

在对传统年画技艺和原生态年画产品保护的同时，朱仙镇木版年画创作题材、内容和表现风格却显得缺乏流变性和创新性。老版年画反映出传统文化价值取向和民间审美艺术特色，其有些文化基因、载体或符号无法满足新时代大众文化审美需求，且现有年画创作和使用方式没有紧跟社会文化变迁而不断发展，特别是与网生一代的年轻消费者生活存在一定的脱节，这就有必要加快开发具有时代特色的原创刻版，来不断丰富年画产品体系。此外，木版年画多只是作为旅游纪念品服务于朱仙镇旅游市场，年画产业和旅游业在全产业链融合的新产品很少出现。

（二）木版年画衍生性开发起步，但对新市场把握能力不够

随着文化创意设计与木版年画产业的融合发展，朱仙镇木版年画衍生品开发日渐起步。近年来，当地政府和社会资本不断推动木版年画的创造性转化，如开封朱仙镇木版年画公司与动漫报社在影视动画打造、IP 孵化运营、知识产权服务等加强合作，并探索以“互联网＋年画”促进木版年画的衍生性扩展。同时，朱仙镇木版年画经营者、手艺人、传承人等通过与设计师、品牌企业等合作，逐渐开发诸如帆

布包、扑克牌、图书、手袋等文化创意产品，由此市场上销售的木版年画文化衍生品也不断增多，这在一定程度上提高了年画及相关商品经营者的收入。

但是，朱仙镇木版年画的衍生性产品在种类、数量、质量等方面均有所欠缺，对原有年画产业之外的新兴消费市场把握和洞察不够。一方面，木版年画文化衍生产品的同质化现象较为严重，兼具文化内涵、创意元素和生活实用的文创产品类型较少，而且对经济利益的追求致使衍生品品质良莠不齐，很难激发人们的购买热情；另一方面，缺乏对文化创意产品和服务市场的了解，很多朱仙镇木版年画经营者在年画及其衍生品开发和销售上受众意识和市场观念比较单薄，特别是对互联网时代的文化消费观念、消费形式、消费方式等认识不足，较少重视对衍生性的数字娱乐内容、多媒体体验产品的开发，这就使得年画产业的市场扩展受限。

（三）网络平台营销推广有所加快，但互联网化转型程度较低

在互联网日益融入社会各个方面的态势下，朱仙镇木版年画经营者主动或被动加强了对互联网、移动互联网平台的利用。在年画经营中使用微信支付、支付宝等移动支付平台较为普遍，利用电子商务平台销售木版年画逐渐实现，这既有以政府主导的木版年画与其他开封特色纪念品的联合展销平台，也有诸如曹家老店、万同老店等年画作坊和商店在淘宝上建设的专门网店，以促进年画产品销售和获得更多的客户资源。同时，新媒体平台、网络直播、数字出版等也逐渐被尝试应用于朱仙镇木版年画的宣传推广上，这对朱仙镇木版年画的文化传播和关注度提升起到了一定作用。

但从中也能看出，朱仙镇木版年画产业在整体上对互联网经营手段利用程度仍然很低。一是应用主体有限，很多的朱仙镇木版年画门店并没有开展网上销售业务，也没有建立官方的社交媒体账号；二是应用范围有限，现有经营主体在互联网上多是进行单向的销售或简单的消息沟通，朱仙镇木版年画资源的全面数字化和产业化经营的整体互联网化发展很是滞后；三是运营效果偏低，朱仙镇木版年画的网上商店在店面装饰、产品展示、消费服务等方面欠佳，总体销售量也不大，且新媒体传播、网络出版等实效并不理想，也不注重新媒体品牌形象的塑造。这些问题的出现往往与朱仙镇木版年画市场主体规模小、市场运营模式较为传统、人财物技要素支撑不足等有关，年画传承人和年画店铺经营者缺乏必要的互联网思维意识、互联网平台运作能力、新媒体产品运营素质等。

三、"互联网＋"朱仙镇木版年画产业化经营模式构建

"互联网＋"可以说是互联网思维在产业实践与社会发展中的深度应用，其以互联网信息技术和互联网平台为依托，促进社会资源的优化配置和传统产业的转型升级，并在产业跨界融合中创造出新业态和创建新关联，且互联网本身也是不同于传统的信息内容存在形态，促进形成了新的文化消费空间。由此，以朱仙镇木版年画为例，从实践模式和路径上系统性探讨传统手工艺产业转化的新思路，通过利用互联网新思维、新技术、新平台和新内容等构建朱仙镇木版年画产业化经营模式和路径体系。

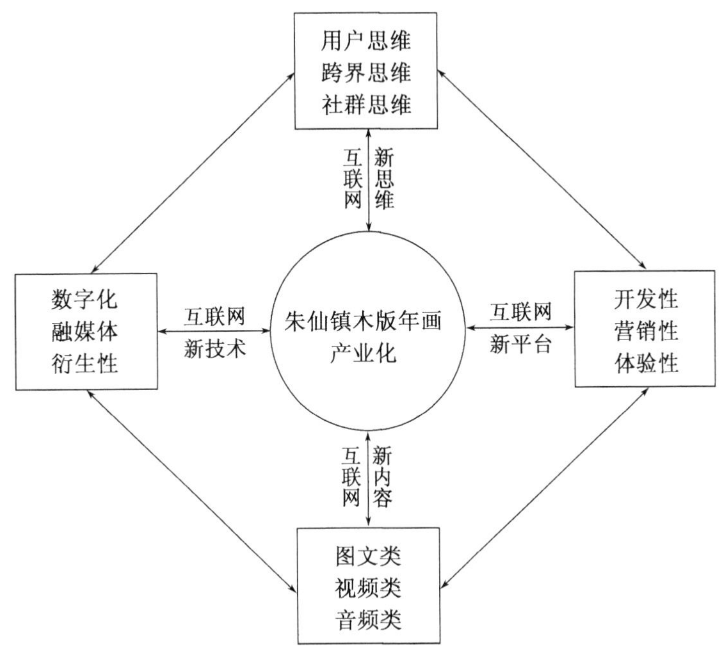

图 1 "互联网＋"朱仙镇木版年画产业化经营模式

(一) 基于互联网思维树立

互联网增强了消费者话语的分量，促使着消费者主权时代的到来，而相应的互联网思维则更多地体现出人的本体价值，不论是用户思维、极致思维、简约思维，还是融合思维、平台思维、社会化思维等(赵大伟，2014)。朱仙镇木版年画传统行业的经营创新在根本上就要加快更新思维理念，将互联网思维融入产业化经营的各个层面之中。

1. 立足个性多样需求，增强用户思维意识

当下朱仙镇木版年画创作、生产与经营需要站在不同场景下的不同用户角度来考虑问题，突出木版年画的用户价值创新与创造。其一，要明确朱仙镇木版年画经典和新创产品的受众群体，对年画购买者、消费者和最终使用者做好区分，而不是只关注经销商和分销商的年画购买量和销售量，并且根据不同用户属性对互联网用户群进行市场细分，比如木版年画传承人联合“90后”追捧的“故宫淘宝”团队开发了“清风”卡通版木版年画。其二，市场中对朱仙镇木版年画相关产品需求具有多样性，不只是生活实用价值需求，还包括文化教育、艺术审美、休闲娱乐等价值需求，比如对于艺术收藏的年画，包括其装裱、外观包装等应尽可能精美；且应意识到消费者需求的变化性、潜在性和个性化，朱仙镇木版年画价值功能及其载体应根据生活方式的变化趋向而因时而变。其三，朱仙镇木版年画产业的用户价值创造应贯穿到经营全过程，在产品设计、购买体验、内容传播、市场营销、活动运营等众多环节上都应强调用户体验，不断将朱仙镇木版年画及其衍生产品的消费场景转变成一种生活情景。

2. 强化跨界融合理念，延展年画产业边界

无边界的互联网、移动互联网正促进文化生产力的新组合，其通过整合文化资源、创意、人才、技术、资本、信息等发展要素，不断形成具有高度联通性的文化创意产业新体系(花建，2015)。朱仙镇木版年画产业的跨界融合既包括了产品、要素、企业、产业等多个层面，比如朱仙镇木版年画企业与汴绣经营企业的相互融通；也表现在创作、生产、推广和销售等多个环节上，比如朱仙镇木版年画与年节用品的捆绑销售。以朱仙镇木版年画产业与文化旅游业融合模式构建来看，推动年画资源或元素融入旅游业的食、宿、行、游、购、娱六要素之中，以“年画+”在全链条上提升朱仙镇旅游业，打造具有朱仙镇木版年画特色的节庆活动项目、娱乐产品、特色餐馆、出行标识、公共文化景观等(王瑜，吴殿延，2011)。再以朱仙镇木版年画与创意设计产业融合模式来看，既可以现代时尚流行为导向，对朱仙镇木版年画的产品形式、载体、内容及功能进行创意设计；也可提取朱仙镇木版年画艺术元素，通过转化、置换、贴合、再造等方法，应用到服装设计、产品设计、建筑设计、工业设计、网页设计等，做大做强朱仙镇木版年画的衍生品产业。

3. 突出年画社群运营，促进产销自主协同

传统的朱仙镇木版年画社区往往是基于手艺人集聚形成的。手艺人与消费者、消费者与消费者之间很少主动地进行交流互动，而移动互联网改善了这种状

况，不同需求的用户彼此之间可能因为年画产品、传统手工艺、“非遗”文化等自由聚合，形成不同的产品、知识、兴趣等类型的社群。基于年画品牌与消费者关联，不断构建朱仙镇木版年画多层次的社群、圈子、兴趣部落等，这不只是推动木版年画技艺传播、产品销售等，形成年画内容及产品的忠诚用户群；还应突出社群的自组织、多互动、再生产特点，促进年画产品的共同创造、协同营销、体验消费，以群体力量激发对传统工艺价值、中国美学的认同感与创造力。此外，也要立足于线下的营销场景，促进年画产品及其文化内容的消费个体之间互动，并实现与线上手工艺社群的连接，推动年画社群的经济与文化价值转化。

（二）基于互联网技术主导

随着网络新媒体基础、应用和衍生性技术快速发展，推动着信息传播的数字化、多媒体化和移动化，这也加快改变着朱仙镇木版年画的存在形态和表现形式，增强了朱仙镇木版年画及相关产业的发展水平和科技含量。

1. 年画文化的数字化保存、展示和传播

其一，基于数字化的保护与存储技术，可建立朱仙镇木版年画数字资源库、数字文化图谱等，以使年画文化元素汇集更加系统和高效。其二，以数字展示技术促进朱仙镇木版年画传承人、技艺知识、年画作品等在线展示，以计算机参数设定和数字编程将木版年画从稿样设计到印刷晾晒的整个过程进行三维展示，还可基于朱仙镇木版年画制作场所打造实体性的数字体验馆、虚拟博物馆，实现年画文化空间的再造。其三，借助于数字信息传播的快速、保真和低成本优势，促进朱仙镇木版年画及其衍生内容的数字化传播，并以数字生产软件或工具改变传统年画及其创意衍生品的生成方式，如利用 3D 打印技术，通过在计算机上建立朱仙镇木版年画衍生品数字模型，实现快速打印成形。此外，还可提升朱仙镇木版年画产业信息获取、传递和利用的数字化水平，如建立朱仙镇木版年画及传统工艺信息交流平台，及时快速地了解市场需求信息、传统工艺品经营动态等。

2. 年画产品的沉浸化、丰富化和交互化

互联网加快促进传统媒体与新媒体的融合，以此将融媒体、多媒体技术应用到朱仙镇木版年画产业发展之中，增强朱仙镇木版年画及其衍生产品的交互性和表现力，满足大众视觉、听觉、触觉等多感官的沉浸体验需求。一方面，朱仙镇木版年画张贴本身具有很长的历史，且年画包含了很多的传说故事和人物形象，但用传统的年画载体很难充分展现出来，这就可利用 VR（虚拟现实技术）、AR（增强现实技术）、MR（混合现实技术）等虚拟仿真技术，在年画作品上添加年画制作工序、年画

文化、历史故事等交互内容，让消费者通过扫一扫二维码进行体验。另一方面，借助于全息投影、互动投影、电子翻书等多媒体展示技术，对朱仙镇木版年画立体化展示，以声、光、电等表现手段打造朱仙镇木版年画光影秀，可以是年画素材的设计与呈现，也可是手艺人生活的表现与展演。

3. 年画产业的数据化、移动化和智能化

朱仙镇木版年画产业通过利用新兴互联网衍生性技术，不仅能很好地改善商品经营条件，而且将大大促进年画相关产业竞争力的提升。其一，朱仙镇木版年画及其延伸产业的大数据技术应用，以互联网整合文化艺术领域的产品、用户、内容等大数据资源，以此指导朱仙镇木版年画及其衍生内容的创作、生产和市场开发，以大数据分析和预测功能精准地对接受众的相关消费需求，如朱仙镇木版年画根据传统手工艺的购买使用数据，提供年画产品或内容相关联的增值服务。其二，以移动互联网技术推动朱仙镇木版年画产业化发展，通过基于位置的服务促进实体店铺推广，并加快改善移动支付、移动电商等技术学习与应用情况。其三，针对朱仙镇木版年画及其衍生产品的常规性服务，不断尝试通过机器人的语音、图像、文字等智能识别技术来加强客户服务，通过用户在线自助等方式不断降低营销成本。其四，在朱仙镇木版年画保护和开发中尝试利用去中心化、匿名性、可编程的区块链技术，比如围绕传统工艺知识产权确立、衍生创意保护、工艺品交易等方面开发相应的区块链项目。

（三）基于互联网内容融入

促进互联网内容与朱仙镇木版年画深度融合，可构建“朱仙镇木版年画产业+数字内容产业”的经营新模式，包括了网络图文、网络动画视频、网络语音等多种内容形态，既符合虚拟网络中受众的求新、好奇、乐于参与表达等消费特点，又突出对网络内容的人文价值引导和社会宣教作用，从而不断培育和打造朱仙镇木版年画的优质 IP。

1. 朱仙镇木版年画+网络图文类内容

立足于新媒体图文传播的特点，将朱仙镇木版年画文化与数字出版物、网络流行语、表情包等相融合，突出形式上的新颖、情感上的共鸣和价值观上的契合。其一，木版年画本身就是绘画艺术门类的一种，在形式、内容或风格上将朱仙镇木版年画与网络绘画、新媒体艺术、先锋设计结合形成新艺术风尚，如朱仙镇木版年画里的儿童形象与漫画中的卡通人物置换，用朱仙镇木版年画“四美图”设计现代女性主题的海报，在平面设计中增添些风俗画的色彩和构图。其二，在朱仙镇木版年

画新创作品与衍生品开发中，汲取网络图文素材和资源，这也能使年画产品显得更有趣味和吸引力，比如将“官宣”“锦鲤”“土味情话”“佛系”等网络流行词语合理用到朱仙镇木版年画创作上，并可基于木版年画造型元素设计出嬉笑怒哀的表情包。其三，采取新媒体图文创作方式对朱仙镇木版年画进行内容创作，主打国风、小而美、奇幻性等特色，如以H5技术、条漫等形式展现朱仙镇木版年画技艺以及人、神、物等，还可以朱仙镇木版年画民俗文化开发出富有传奇色彩的网络文学作品或数字媒体艺术。

2. 朱仙镇木版年画＋网络视频类内容

着眼于网络长视频、移动短视频等内容消费的快速增长，朱仙镇木版年画以其内涵美、生活美、技艺美、造型美的故事挖掘为重点，开发出多种类型的网络视频内容。其一，以弘扬手工技艺为导向开发兼具文化性与娱乐性的年画网络综艺、真人秀，邀请明星、青少年与手艺人一起参与体验，打造品牌化的木版年画或传统手工艺文化体验类节目。其二，以年画文武神故事、年节文化等为素材开发兼具体验性和教育性的网络游戏、动画等，可借鉴由门神神荼和郁垒为角色原型创作的动画电影《小门神》，制作朱仙镇木版年画人物的动画片。其三，以彰显人文情怀和生活意义等主旨开发兼具观赏性和时尚性的年画网剧、网络大电影等，从传统年画中表现新故事和新形象。其四，借助移动直播、微纪录、短视频等方式全面推广朱仙镇木版年画文化故事，将传统手工艺包含的“工匠精神”“极简生活”“生活美学”传播出去，联合抖音、快手等短视频平台促进传统手艺的生活化和动感化分享传播，支持创作具有朱仙镇木版年画以及传统手工艺特色的Vlog。此外，网络影视内容或元素反过来也可为木版年画自身更新所用，如可与腾讯、优酷、爱奇艺等所拥有的影视综艺IP合作，开发定制的限量朱仙镇木版年画收藏品。

3. 朱仙镇木版年画＋网络音频类内容

网络音频内容在移动场景时代下愈来愈有广阔的市场前景，朱仙镇木版年画应不断与在线音频、网络音乐、网络广播等内容融合。其一，利用朱仙镇木版年画内容创作网络音乐作品，有如李宇春的歌曲《蜀绣》就是对特色刺绣工艺的音乐演绎，木版年画也可将其技艺或文化以音乐的方式表达出来。其二，可将朱仙镇木版年画包含的传统民俗、历史故事以及延伸出的年节知识、节日文化等做成系列音频，既可采取知名主播讲解或社会名人朗读的形式，也可联合喜马拉雅、酷狗等平台建立传统工艺频道或专区，以付费音频的经营模式促进年画及传统工艺知识的变现。其三，在实体或数字化的朱仙镇木版年画上，通过识别码、超链接等方式附加或链接衍生的音频内容，找到朱仙镇木版年画内容与流行音频元素的结合点，比如“武松打虎”的历史说书与对应的年画相匹配。其四，针对特定的产品或消费对象，也可利用网络广播进行朱仙镇木版年画及其衍生品的市场推广。

无论是朱仙镇木版年画音视频还是图文的网络内容创作和生产，可采取两大类型的运作方式：一是依靠专业公司、品牌机构、媒体企业等，提升木版年画相关内容产品经营的专业水平和运作能力；二是可借助 UGC(用户生成内容)、PGC(专业生产内容)、OGC(职业生产内容)以及 UGC＋PGC 相结合的 PUGC 等类型的自媒体创作和传播，并可依托于 KOL(关键意见领袖)、大 V、网红、优质自媒体等打造朱仙镇木版年画以及手工艺、中式美学、传统文化等的内容生产矩阵。这不仅有利于增强朱仙镇木版年画相关衍生内容的创作活力，也更能为长尾市场的受众所接受和认可。

(四) 基于互联网平台开发

互联网平台能整体实现信息内容服务、文化知识传播、资源聚集整合、产业组织管理、市场开发服务等功能，朱仙镇木版年画及其延伸产业可借助于综合性的或建立垂直性的电商、营销、设计、体验等平台，并逐步从网页层面向 App、小程序等端口上转变，不断创新在移动平台中的赢利模式和服务方式。

1. 开放性与共享性的年画创作平台构建

互联网平台能更好地促进朱仙镇木版年画的现代原创、衍生创意和故事转化，更便捷地利用社会资源、社会资本和社会力量，这需要合理地促进朱仙镇木版年画版权、知识产权面向大众的开放共享，推动朱仙镇木版年画创作创意的大众化。其一，互联网将世界各地的创意达人、工艺能手等连接在一起，为形形色色的普通人提供了信息获取和才华施展平台。由此朱仙镇木版年画开发可吸收全球化的智慧和创意，如在互联网平台中打造朱仙镇木版年画时尚创意设计大赛，不仅在线征集朱仙镇木版年画的物质产品设计方案与数字产品创意策划，而且，互联网为创客、设计者与手艺人搭建在线交流平台，并为创意设计参与者提供培训、开发授权、版权经营、收益分成等一体化在线服务，促进年画创意设计作品的产业化开发。其二，朱仙镇木版年画产业借助众筹、众包、众创等网络平台优势，不仅能有效利用互联网资金、技术等，而且有助于年画创意产品的市场销售。比如原创性的朱仙镇木版年画可在淘宝众筹平台上筹集资金，并通过多种方式进行回馈。其三，互联网促进了利基市场和长尾经济的发展，这也增强了朱仙镇木版年画工艺的市场开发潜力，由此立足于传统工艺与时尚元素的结合。可通过微信公众号、小程序以及在线定制平台等为消费者提供特定服务，根据年画大小、图样、主题、色彩以及衍生品的材质、样式、功能等属性差异进行个性设计与定制选择。

2. 综合性和垂直性的年画营销平台利用

在互联网时代，营销不只是把互联网定位为卖东西的渠道，而要视其为全面触达消费者的营销平台，通过店铺、微博、微信以及各种社交媒体等来实现“闭环式”全域营销(阿里研究院，2015)。对朱仙镇木版年画产业化经营来说，不仅通过建设特色的网店、微店等推动产品展示和营销，也要加快通过微博、微信、抖音等新媒体平台渠道进行整合传播和内容分销，以人格化促进年画相关商品及其背后的人文故事、精神情怀传播，还可进行手工艺、工匠精神、“非遗”等方面的话题设置，如在社会化媒体平台建立“我与年画有个约会”“发现手工艺之美”等 IP 话题，并将其扩展成系列化的主题活动，将线上与线下的流量、内容、产品整合起来运作。

朱仙镇木版年画可通过亚马逊、天猫、京东以及专注手工的 Etsy、东家、一门、拾翠等电商平台等开拓国内外市场，不断创新营销模式。以 Etsy 来看，其面向全球和本地市场汇聚了众多创意手工艺品手艺人、设计者、艺术家等，手艺人可在此开店销售工艺品，建立联系消费者的网络交流社区，并且 Etsy 在线下搭建临时店、集市、展览等，在供应链和销售链上不断创新，通过在线管理方式开辟制造市场平台和多种销售渠道，促进个体手工艺者与第三方制造商、零售商等合作。同时，可建设专门性的朱仙镇木版年画素材原料、衍生内容与产品的电商平台，各网上店铺建设要在界面风格、商品展示、价格设定、客户服务、订单处理、营销促销等方面不断优化与提升，凸显朱仙镇木版年画以及传统文化的典雅古朴和美好时代的融合氛围，并可适时打造网上木版年画或传统工艺营销节庆，或参与诸如淘宝“年货节”的电商活动、在线集市等。此外，还可借助艺术品营销平台进行在线拍卖年画，利用在线经纪服务、营销推广服务、品牌内容合作等专业平台增强网络市场开发能力。

3. 互动娱乐和特色服务的数字体验平台打造

依托于互联网、移动互联网建立朱仙镇木版年画体验性平台，促进包括木版年画传承人、手艺爱好者等双边或多边用户的深入互动，突出用户中心、体验为王、持续迭代、极致专注等竞争优势，努力构建平台运营者、参与者、支持者相互依存的文化体验生态系统(刘学，2017)。其一，以免费好学、简单好玩为市场定位，关注传统年画及传统工艺的在线教育和文化体验，通过联合大型互联网企业打造朱仙镇木版年画及传统技艺网络课程学习、文化体验等平台，如开发虚拟年画作坊 App，为年画制作流程、作画素材、工具等虚拟呈现提供平台，在整体上可包括素材选择、背景选择、样式选择、群族选择等框架（张梅逸，郑阳，覃京燕，2015），并可运用OMO模式来实现线上平台体验与线下的作坊参观、DIY等相结合。其二，逐渐打造包括文化传播、创意开发、店铺开设、粉丝运营、活动市集等多频道的年画服务平台，为朱仙镇木版年画和其他手工艺经营所涉及的相关主体提供针对性服务，并加入移动直播、资金众筹、公益赞助、工艺扶贫等特色项目。其三，可立足于木版年画或特色传统工艺打造全国性的体验平台，如与山东潍坊杨家埠年画、天津杨柳青年画、河北武强年画、苏州桃花坞年画等联合建设木版年画文化创意平台，与腾讯科技、雅昌艺术、洛可可设计等合作打造中式美学生活数字体验平台，不断实现平台内容的丰富化和经营服务版块的扩大化。

四、结　语

以“互联网＋”推动包括朱仙镇木版年画等在内的传统手工艺产业化经营创新，相应地就需要以互联网思维为根本，以互联网技术为支撑，以互联网内容为重点，以互联网平台为主导，将传统手工艺及其文化内容、产品作品、产业商业等真正融入互联网时代社会、经济和文化发展之中。而且，在互联网时代下的传统手工艺产业化进程中，互联网思维、互联网技术、互联网平台和互联网内容四个层面之间又是相互影响、相互促进和相互统一的，合力推进实现“传统工艺＋”的产业经营新模式，进而在市场化和生活化中实现传统手工艺及其产业的振兴。

参考文献

[1] Carrozzino M, Scucces A, Leonardi R, et al. VirtuallyPreserving the Intangible Heritage of Artistic Handicraft[J]. Journal of Cultural Heritage, 2011(1).

[2] 胡蕾. 移动互联网环境下的传统扇子活化设计研究与实践[D]. 中国美术学院，2017.

[3] 张杰. “互联网＋”时代传统手工艺的传播路径[J]. 青年记者，2017(23)：139—140.

[4] 刘强. 传统手工艺与“互联网＋”[J]. 三峡论坛（三峡文学·理论版），2018(6)：98—101.

[5] 任璐. 基于新媒体环境的朱仙镇木版年画艺术推广策略研究[D]. 陕西科技大学，2017.

[6] 丁慧君. 朱仙镇木版年画艺术风格在新媒体艺术中的表现研究[D]. 北京工业大学，2017.

[7] 赵大伟. 互联网思维独孤九剑[M]. 北京：机械工业出版社，2014.

[8] 花建. 移动互联背景下的文化产业融合创新[J]. 深圳大学学报（人文社会科学版），2015

(6):99—106.

[9] 王瑜,吴殿廷.基于旅游产业链视角的传统手工艺开发对策[J].经济问题探索,2011(4):168—172.

[10] 阿里研究院.互联网+:从 IT 到 DT[M].北京:机械工业出版社,2015.

[11] 刘学.重构平台与生态　谁能掌控未来[M].北京:北京大学出版社,2017.

[12] 张梅逸,郑阳,覃京燕."虚拟年画小铺"APP 用户体验设计[J].包装工程,2015(24):52—56.

作者简介

张　奎(1991—　),河南周口人,中国传媒大学文化产业管理学院博士生,研究方向为文化经济。

The Industrialization Management Mode of Traditional Handicrafts Based on "Internet+" —A Case Study of Zhuxianzhen Woodcut New Year Pictures

Zhang Kui

Abstract: Internet is increasingly integrated into the development and revitalization of traditionalhandicrafts, and brings more opportunities and challenges to their industrial operation. In terms of Zhuxianzhen woodcut New Year pictures, product content and forms still need innovation in the internet era, the emerging consumer markets need to be better grasped, and the industrial transformation needs improvement. Through new thinking, new technology, new content and new platform of Internet, constructing industrial management mode and path system of Zhuxianzhen woodcut New Year pictures, in essence, is to strengthen the user thinking, integration thinking, community thinking and so on. It is necessary to utilize the supporting role of digital technology, media technology and other Internet derivative technologies. Also, the cross-border integration of Zhuxianzhen woodcut New Year pictures with text, graphic, videos, audio and other Internet cultural forms should be promoted. To create the developmental, marketing and experiential platform of Zhuxianzhen woodcut New Year pictures, so that the unification of social and economic benefits of traditional handicrafts can be promoted.

Key words: "Internet +"; Zhuxianzhen woodcut New Year pictures; Industrialization management; Traditional handicrafts

产业创新

创意产业对传统文化资源的挪用与转化*

——兼论作为一种转化机制的创意产业

杨　光

摘　要：在创意产业的背景下对"传统文化的现代性转化"这一命题进行了研究，并从"机制"的角度对创意产业的运行机理进行了分析。研究表明：需要一种看待"传统文化"的新视角，它不应仅被视为有待开掘的资源，更是开放的体系，时刻处于生成的状态中。文化创意产业对传统的挪用与选择是转化的一种方式，也使得"当代"参与进"传统"的建构之中，并因其流行性与巨大传播力，使得新观念能够深入日常生活成为活的文化。由此，创意产业形成了一种机制，为传统文化提供了进入当代文化的路径。数字时代新的知识生产方式使得信息与知识的交换效率极大地提高了，从而借助大众的力量使得某种传统文化重新成为当代新文化变得可能。

关键词：传统文化；创意产业；挪用；转化机制；知识生产

一、引　言

多年以来，"中国传统文化的现代性转化"这一问题在学术界一直受到广泛的关注，并有着众多的相关成果。这一问题的产生最早可以追溯到晚清以来，面对西方文明的冲击，中国学者进而产生的对本土传统文化的怀疑和落后焦虑，以及相应地对西方文化的崇拜。那么，在这样的情况下，如何安置中国传统文化，如何处理传统文化与西方外来思想的关系便是一个不得不面对的问题。而近些年对"传统文化的现代性转化"的广泛关注与讨论，从某种意义上可以视为是这一问题的延续。而随着社会环境的变化，该问题也有了新的讨论背景和余地。那么，在创意产

* 本文为国家社科基金重大项目"20世纪西方文论中的中国问题"(16ZDA194)的阶段性成果。

业时代，其新的文化生产机制以及其所依托的数字信息技术是否能够为这一问题提供新的视野和启示呢？这便是本文所试图讨论的主要问题。

"传统文化"本身是一个庞大、复杂且抽象的概念，包含多个层面和维度。为便于把握，本文将从"文化形式"(cultural forms)这一角度切入。简单地说，文化形式是承载文化观念的具体的形式，它可以是一种机制、规则，用以规约、限定一种日常生活的方式；也可以是具体某一种文化、艺术乃至文化产品的形式，呈现出特有的文化和美学观念。相较于"文化"本身或"文化观念"而言，"文化形式"是一种更加具体而易于把握的对象，也是更为可行的讨论路径。具体来说，则包括具体某种文化产品的形式、叙事性作品中的角色和人物形象等等。

二、相关文献回顾

"中国传统的现代性转化"这一命题，在文艺理论界得到了较早的关注，不过更多是在"文论"这一范围内进行的。如早在 1987 年，陈平原讨论中国小说理论的时候，便指出"关键在于'转化'——古老的小说传统在现代文学系统中的创造性转化"。① 而进入 1990 年代之后，在中国文学理论界，曹顺庆、党圣元等学者更提出了中国古代文论的现代性转化的问题，而曹顺庆则提出了中国文论的"文化失语症"与"文化病态"的说法，在学术界引起了轩然大波②。当时有许多著名学者都参与了讨论，而后续此类的讨论更是络绎不绝。

文化创意产业的兴起及其背后所依托的数字媒介技术为这一问题提供了新的讨论空间。目前从文化创意产业或文化产业的角度讨论传统文化的现代性转化或二者之结合的成果主要集中在以下几个方面：

(1) 从局部学科或单一个案的角度讨论其对传统资源的"化用"、对传统资源的"汲取"。如管宁的文章便立足"造物文化"这一切入点，呼吁通过传统资源的引进来促进当代设计艺术的繁荣，不过本文更多的是一个宏观的视角，讨论的是某种"方式"背后的思维和文化。③ 一种更微观的角度则是从具体的元素出发展开的研究。如姜陈的文章中便讨论了"传统器物"因素如何应用在设计产业，研究尺度具

① 陈平原. 陈平原小说史论集(上)[M]. 石家庄：河北人民出版社，1997：223.

② 曹顺庆. 文论失语症与文化病态[J]. 文艺争鸣，1996(2).

③ 管宁. 融合现代设计　弘扬造物文化：中华传统造物文化的现代性转化[J]. 艺术百家，2016(6).

体到了某个素材、元素的层面[①];张祝平、汤志明的文章选择的角度则是陶瓷艺术以及新背景下的新对策,着重探讨的该种门类与创意产业的关系以及新时代的发展方略[②③];成曙霞则是从《虎啸龙吟》这一个案分析了剧中对传统文化资源的使用[④];贾磊磊则讨论了电影产业对传统文化资源的吸纳[⑤];等等。

(2) 立足于当代的新文化技术背景,讨论某种传统文化或地方传统文化在这种背景下的发展。如王鑫等的研究就是探讨传统音乐的产业化对策,相类似的还有各个传统艺术门类的产业化思考[⑥],这种研究方式与本文的研究也有一定的交集,但因其更倾向于一种较为具体的产业对策的研究,与本文研究的立意有所不同。还有一种取向在于,提出将现代价值灌注在传统门类中,使之具有现代性,如在"西湖 · 盛京戏曲论坛"(2017)上在座专家便提出了传统戏曲的现代性转化的命题。[⑦] 那么,在这样的情况下,其具体的方法论是什么呢? 这仍是一个值得探究的问题,也是文本所面对的重要问题之一。另还有罗添仁则讨论了云南少数民族文化在当代的转化等。[⑧]

(3) 还有一类研究则属于从较宏观的视角探讨"传统文化精神"与当代生活、当代文化的结合,是一种更为方向性的、高屋建瓴的描述。这一研究取向在许多个案研究中也有所出现。相较而言,本文则更倾向于"方式"层面的研究。

归结起来看,在"创意产业领域"这一范围内的既往文献中往往或多或少地存在以下两个问题:① 对传统文化的征用似乎成了一个不言自明的论题。然而,传统文化已经离开了其原初的思想、社会背景,在今日之适用性便需要重新论证,至少需要提供一个新视角。② 对该命题的讨论中:一方面,纲领性的外部对策、方向居多;另一方面则是具体在某一个局部领域的微观视角居多,而较少对内部性机制的研究。在本文看来,"创意产业"作为一个组织完备且庞大的体系,其对于传统文化因素的吸纳并重铸为新产品的过程,是一种"转化"的过程,同时也是使得传统文

---

① 姜陈. 传统器物元素的现代性转化与应用[J]. 包装印刷,2018(8).

② 张祝平. 互联网时代下传统文化产业传承与创新发展问题研究:以汝瓷为例[J]. 上海商学院学报,2018(6).

③ 汤志明. 试论中国陶瓷艺术与文化创意产业的关系[J]. 美与时代,2019(2).

④ 成曙霞. 电视剧《虎啸龙吟》中传统文化的现代性转化[J]. 当代电视,2018(11).

⑤ 贾磊磊. 中国电影产业的时代振兴与传统文化资源的现代转化[J]. 当代电影,2011(7).

⑥ 王鑫,等. 传统音乐文化资源产业化建议及其研究[J]. 北方音乐,2019(2).

⑦ 王臻青. 从四个方面实现传统戏曲的现代性转化[N]. 辽宁日报,2017-9-21.

⑧ 罗添仁. 云南少数民族优秀传统文化现代转化研究[J]. 曲靖师范学院学报,2019(1).

化资源重新进入现代生活的重要步骤，故而在此意义上，创意产业体系具有了一种“转化机制”的意味。本文尝试着就这一机制展开研究，并探索其运转方式。

三、传统文化的“生产性”与“未完成性”

(一) 传统文化作为“资源”

为什么要继承传统？继承传统的必要性何在？这一问题似乎不言自明，但在某种程度上而言仍然需要辨析。简要而言，如果传统文化具有活力，那么在当代一定存在其延续性，也就不需要特别讨论继承与转化；如果不具有活力，为什么还要特意去转化呢？

不少论者谈到传统文化时都会指出文化传统是一种文化资源，如最近一篇同样讨论创意时代传统文化转化的文章中指出：“中国拥有五千年的悠久历史和灿烂的民族文化，但是，在传统文化资源的开发和利用上，由于缺乏有效的现代转换机制，许多文化资源都处在闲置和浪费的状态，再加上文化创新意识的不足，使传统文化不断僵化，丧失了活力与竞争力。”①那么，这“资源”是何意？从经济学的角度来看，“生产的要素之一就是资源，它的价值并不在于其自身，而是在于生产其他具有内在价值的物品和服务时所发挥的功能”。② 当然，将这一概念移植到文化领域并不十分精确，文化资源本身有其价值，如作为一种艺术形式的传统文化，如昆曲、京剧、篆刻等，无不具有独特的审美与文化价值。不过定义后半段确实指出了“文化资源”的重要意义：它具有一定的生产性，从而可以生产出其他的文化产品。这也是众多研究者期待从“传统”中得到的东西：可服务于当代的有活力的思想或者文化产品的生产。在这个意义上谈论文化传统的“生产性”当然侧重的是其可继承性、延续性的一面，希望从传统文化资源中得到更多的可能性。

(二) 传统文化的“生产性”与“未完成性”

在探讨传统文化问题时，日本学者竹内好的视角很有启发性。他在评论鲁迅时说道：“鲁迅那里包含了很多前近代的东西，尽管如此，我们仍然只能说他的文学是以包含了前近代性的形式而存在着的近代性的东西。通过对鲁迅出现以后和那之前进行比较，这一点将清晰了然。在鲁迅之前，虽然产生过一些先驱性的开拓者

---

① 李佳. 文化创意视角下中华传统文化现代性转化探究[J]. 大庆社会科学. 2018(10).

② [英]安德鲁·埃德加，彼得·赛奇维克. 文化理论：关键概念[M]. 张喜华，祝晶，译. 郑州：河南大学出版社，2016：32.

典型，但他们都孤立于历史之外。因孤立于历史之外，他们作为开拓者未能得到历史性的评价。使得这些先驱有可能被视为开拓者，盖始于鲁迅出现以后。就是说，原因在于，鲁迅的出现具有改写历史的意义。”①在竹内好看来，所谓的进入“历史”的含义，在某种程度上说也就是得到延续，其可能性与生产性得到了发扬。也正是鲁迅“包含了很多前近代的东西”，但同时也将之发扬出新的高度，由此产生了新的思想，并开启了新的潮流，旧有的事物才在历史的角度上得到了定位。有了自己的位置，从而也就不再孤立于历史之外了。“不是旧的东西变成新的，而是旧的东西就以它旧的面貌而承担新的使命——只有在这样一种极限条件下才能产生这样的人格。”②这种对于延续性、继承性的重视，在他对日本文化自身的批判中进一步得到了彰显：“不断产生新的东西，又一个个陈旧下去。旧的东西以它旧的面貌承担新使命的情况，在日本是绝对没有的。”③而这种“旧”事物承担新使命的情况，被视为是一种生产性，因而“在日本文化中，新的东西一定会陈旧，而没有旧的东西之再生。日本文化在结构上不具有生产性”。④

在孙歌看来，竹内好对于鲁迅的评论，“意味着对于历史的另一种解释方式”，“他强调的是，各种意义上的先驱者，尤其是文化上的先驱者，都可能由于自己的先驱位置而孤立于历史之外，这使得他们无法与自己倡导的运动共始终；而他们的先驱位置得到承认的条件，在于后来的人物用自己的存在‘改写历史’，也就是改变对于以往历史的评价方式，改变对于历史人物的定位方式”。⑤ 当然，“一切历史都是当代史”，当代对于历史的重新定位也并不稀奇，而值得注意的是这一视角本身浮现出的动态视角。其论述中的重要之处在于：谁能确定未进入“历史”的过去的先驱者，其继承者在多么远的未来会出现呢？现在未曾出现，以后呢？所以，传统远未死去，或说永不会死去。传统只是有待于重新认识和继承，我们以为已然死去或者未曾得到发展的旧东西，或许会在未来“承担新使命”。王德威曾经在《被压抑的现代性》一书中讨论晚清时被五四传统压抑的另一种文学传统及其可能性。从进化论式的时间维度来说，历史无法重现，可能性也只是可能性。但用我们今天的视角来看，压抑也可能只是暂时的，某种可能性并没有死去，只是未曾长大。而其长

① [日]竹内好. 近代的超克[M]. 李冬木，等，译. 北京：生活·读书·新知三联书店，2016：255.
② [日]竹内好. 近代的超克[M]. 李冬木，等，译. 北京：生活·读书·新知三联书店，2016：283.
③ [日]竹内好. 近代的超克[M]. 李冬木，等，译. 北京：生活·读书·新知三联书店，2016：284.
④ [日]竹内好. 近代的超克[M]. 李冬木，等，译. 北京：生活·读书·新知三联书店，2016：287.
⑤ 参见孙歌为《近代的超克》所写的“代译序”，见序言 45—46 页。

大的时节倒有可能在未来。从这个意义上讲，传统一直都是当代的，是“未完成”的。或者更确切地说，在这种视角下，传统更多是处于一种被“悬置”（suspense）的状态，其虽是在过去的时间点中形成的事物，然而其对于今天的意义有待论证，其位置有待锚定：其虽源于过去，延续于今日，但既不真正属于过去，也尚未在当代确立。它还有待于遴选与开发。而今天的继承、延续正在于从中提取新的可能性，获得新的参照，以更好地检视自身来路，明白今日之文化何以如此，未来又何为。所以，今日对于“传统文化现代性转化”的讨论从某种意义上说，也正是从属于这一重新检视传统的过程之中。所以，传统文化的价值与生产性不在于明确地指明这一“生产性”是什么，而是这种传统的“未完成性”与“不确定性”正是其生产性的来源：传统在此更像一个机制，或者说与当代文化的对话对象，其价值为何不仅仅在于传统本身之所是，更在于我们采取何样的方式与传统对话。对话的质量如何，在于这种对话的互动性本身。

以上论述提供了一种视角，并从宏观角度论述了这种视角下传统文化的未完成性。不过具体看来，传统文化具有多重面向，每一种面向对于今天而言的可利用度与生产性或许都是不同的。而具体就本文而言，又有哪些面向是与创意产业比较契合或说是其较能够胜任的，其优点与劣势又分别是什么呢？

四、创意产业对传统文化的挪用、转化与更新

（一）创意产业对传统文化元素的“挪用”与“剥离”

传统文化是一个庞大的集合，它可以是一种思想观念；可以是某种生活方式；可以是某种传统的艺术形式等。而其可以被“使用”的层面也有许多，比如它可以提供某一种思想观念，如儒家、道家的思想；提供一种知识；提供一种视角；提供一种方法；等等。这些不同的层面在今天能够发挥什么样的作用，有哪些能够被今天所用，这并非本文的目标，这也不是一篇文章便能胜任的。不过在此可以指出的是，这些不同的面向共同构成了一个有机的、相互影响、渗透的系统。这一系统有其自身的社会背景、需要解决的问题与需求。面对这样一个庞大的集合体，在今天不可能完全将之复刻下来，也没有必要；并且若要完全照搬，讨论“转化”便没有意义了。所以，从这一集合体中抽取部分内容或者抽取部分元素或许是必要的。

另一个问题在于，创意产业自身也同样是一个完整的体系。它与文化产业不同，后者的技术背景更多的是大工业时代的机械生产，而创意产业的背景则是后工业时代的数字信息技术，而同时既有的基础工业设施也会为其所用。创意产业同

样也包含诸多门类，有本身便依托数字技术进行生产的产业门类，比如电子游戏；也有些则是既有的文化、艺术行业与数字技术进行结合的结果，比如网络文学，比如博物馆的虚拟化等等。创意产业的生产方式不同于由个体进行的艺术创作，每个个体或者说生产单位只是把握生产环节的一部分；而与此同时，还包含了诸多的生产要素，比如资本、技术、经营管理等各个层面。传统文化遭遇创意产业时，其实很难避免被拆解、改编以融入现有体系的命运。这一点不同于个体的研究者从思想角度对于传统文化脉络的梳理与延续。在这样的情况下，虽然也存在对于古代思想的改造，但这种改造是在其原有基础上的继承与创新，类似于在原有建筑上的添砖加瓦；而产业体系对于传统的使用更类似于从原有建筑中抽取梁木、砖石以构建新的建筑。有研究者在讨论设计行业对传统的继承时也讨论到了这一问题："传统器物元素在现代性转化过程中，是将这些有形和无形的元素进行解构和重组，用现代手段进行再造与构建，以适应现代人的使用需求和审美观念"，而这不是简单的照搬与排列组合，而是"将其从原来语境中剥离出来，进行重新的审视和改造，以适应新的语境需求"。① 对待传统不应过于教条，应用变化的眼光看待它。从此意义上而言，引文中的观点有其合理性，不过这其中也衍生出了一些问题。

比如说，这种真正的"剥离"是否真的可以实现呢？传统文化中的元素自身携带其特定的信息。它被从整个"系统"中拆除之后，虽然已是碎片化了，但其中依然包含特定语境下的信息。正如打碎的玻璃其断痕与材质依然透露出原来的形态。要将其从原来的语境下剥离又谈何容易？腾讯公司开发的游戏《王者荣耀》曾经试图做这样的工作，然而在他们将一些历史人物形象改造成了游戏人物之后，曾经因为某一些改动引起了轩然大波。本文无意对这一争议进行辨析，而是试图表明，这种针对历史人物真实形象的讨论以及对于历史真实的敏感性，恰恰说明了传统因素中所携带的信息的强大。而反过来说，之所以在现代文化产品中使用传统因素不恰恰是看中了它自身所携带的原来的信息吗？而对于传统元素的使用，以及在此过程中激发出的思想、观念的交流才是更重要的。如若不然，为何不试图使用新的材料，而是非要从传统中选材呢？还是以《王者荣耀》为例，最初对于历史人物的过多改造不能说明生产方对于历史语境的剥离，恰恰相反，生产者恰好是试图利用历史人物形象与游戏人物形象的部分重叠而又有所差别的中间这一"缝隙"地带来创作。比如游戏里原来的人物"荆轲"是个女性刺客角色，后来由于争议，名字被改

① 姜陈.传统器物元素的现代性转化与应用[J].包装印刷，2018(8).

成了阿轲，这当然是利用了史书中荆轲刺秦的典故。其实在人物角色设定上，阿轲本来也不是那个荆轲，而是那个“荆轲”的妹妹。而另一个刺客用的则是“李白”的形象，其设定来源当然是诗人李白的历史形象中击剑、游侠的一面。这样，游戏公司不必花费太多心力用在人物的塑造上，但同时游戏人物也与历史人物有了区别，而这种方式其实也是现代文化产品对于传统资源的常规改造方式。“挪用”“拼贴”的方式当然在文艺创作中也有很多，其目的在于借用原材料的意义以丰富新作品的意义，或者是在新的语境下与原作品进行对抗或对话。但是在商业背景下的创意产业领域，这种“挪用”当然还有其商业考量：借用一个本身有其知名度的形象可以减少受众与形象磨合的时间，使受众具有亲切感，这样可以减少新品的风险。这或者是传统体裁在当代数字文化产品中出现的频率如此之高的商业原因之一。

（二）创意产业对传统文化的“转化”与“更新”

那么，在这样的情况下，传统文化的元素并非完全被“剥离”，而是被遴选。传统的元素保留了其原来的部分内涵，原来的“意义”被部分“抽取”掉，而又注入了新的意义。如果这个被置换的新“传统元素”再次被放回其原来的传统文化体系中时，则有可能会对既有体系产生影响。这一现象本身不是数字创意产业本身所独有的，而是数字文化创意产业本身依托的数字技术极大地放大了这种现象。在古典时期，典型的例子是《三国演义》与《三国志》之间的一些龃龉。如赵云这一在“演义”中大放异彩的角色在《三国志》中并不出彩；关羽、诸葛亮、刘备的角色塑造及其民间形象更是在许多程度上源于“演义”，并在许多年里，极大程度上构成了民间文化精神的重要来源。他们已经不仅仅是历史上的那个人物角色本身，而成了一种“精神”的化身，如刘备所代表的仁德，关羽所代表的忠义，诸葛亮所代表的智慧、忠诚。而诸葛亮事迹中“鞠躬尽瘁，死而后已”的悲剧感更是形成了一种独特的美学效果（当然，这一点是历史真实和演义塑造的共同作用）。现代的“三国”题材的游戏在继承“三国”的事迹、“演义”中的人物形象的基础上，还进行了许多改造。如“演义”中采取的是“蜀汉”视角，而日本光荣公司制作的“三国无双”系列游戏风靡了中国多年，其采用的视角是多维的，游戏有不同国家、势力、角色的主传记，在传记中有经典的战役以及相应的故事。这会使玩家摆脱某一种单一的视角。当然，“无双”游戏以及许多“三国”题材游戏都继承的是“演义”的脉络，许多人物如貂蝉、孙尚香、黄月英这种在《三国志》里扑朔迷离的形象，都得到了加强，并进而成为一个具有独立性格、血肉的独立人物。数字创意文化产品使这种成果更加深入人心。同时，现代文化产品对于其所继承的“演义”脉络也有所修正，比如对于“蜀汉”视角的突破;对于曹操这一传统民间“反派”形象的突破等。这一点更应归功于电视形象,在书中,人物是没有具体形象的,而一个出色的演员往往可以通过更为复杂的表演语言体现人物的复杂性,真正做到让人物“如在目前”,从而获取更多观众的理解。1994 年版《三国演义》曹操的扮演者鲍国安、电影《赤壁》中的曹操扮演者张丰毅、最近《军师联盟》中曹操的扮演者于和伟都曾扮演过曹操,他们自身都是有实力、有魅力的演员,只是由于剧本的不同,发挥空间不同。鲍国安塑造的曹操早已成为电视史上的经典人物形象之一,而张版、于版也都演出了曹操不同的层面,或英武,或霸气,都突出了曹操极其有魅力的一面。这种塑造也最终会影响人们对于人物的认识,也可能促使一些人关注真正的人物历史形象。数字文化创意产品的重要之处在于,在既有基础上形成新的文化观念和精神,进而与传统文化精神进行交流和互动。

(三)“挪用”之利弊

对于“传统文化的现代性转化”的强调是为了服务于当代文化与当代语境,这无可厚非。不过从传统的角度而言,这种挪用其实是一种“积极的”或者说“有意识的”误读。或许这可以使得传统文化焕发新的生机,但是这种误读的后果或还需要慎重评估。剥离历史情境自然不是绝对的不可以,在许多时候,离开某一思想、传统、历史人物、事件的生成环境可以以一种反思的眼光来看待它,但这或许也会使得被抽取出来的元素失效。抽取某种传统因子是为了有助于今日,如果恰恰因为这种心理使得抽取出来的元素失去效用,便得不偿失了。比如说,今日对于儒家的思想多有批判,但如果知道当年儒家思想许多时候是针对古典时期的小共同体的生态所做的政治纲领,便能更清楚其局限与问题。这一问题涉及历史人物与事件时就更为明显,不了解这些很可能会使得从中汲取的知识、经验失效,乃至错误。而涉及艺术形式可能复杂一些,但仍有必要了解这一点,因为许多艺术形式在艺术的发展过程中有其位置,或许自身也是对某种既往形式反叛的结果,单拿出来而去掉语境,或许也就失去了许多的内涵。所以从意义上而言,对于“改编”的争论绝不是多余的,现代对于传统元素的挪用当然会为其注入新的意义,进而与传统的意义叠加产生一种丰富性。但是这种丰富性需要建立在充分的了解之上,否则丰富也有可能成为含混与不伦不类。另一个问题在于,这种“挪用”许多时候不是出于美学目的,而是商业目的,这其中有一种赚快钱的心理:不愿意花功夫和心力构建新的世界,而倾向于为了规避商业风险“吃老本”。而这种心理直接带来的后果就是“模仿”的盛行与创新能力的匮乏。澳大利亚理论家金迈克(Michael Keane)指出,

"模仿"是中国缺乏文化创新能力的具体表现之一,不仅仅模仿中国古代还模仿西方,唯独欠缺自己的创新能力。当然金迈克并非完全否定模仿的意义,他指出中国从对西方的模仿过程中积累了许多技术与知识,从而为中国的科技发展打下了基础。[①] 不过,仅仅获得了这种"基础"是不够的,重要的是通过这种"学习"与"模仿"获得创新能力。从一种商业的角度看,或许很难对这种"模仿"的行为进行过多的责难,毕竟企业需要生存。问题在于如何构建一个完善的市场和体制(包括对于创新行为的保护),使得企业愿意花更多的心力来树立自己的品牌,构建自己的世界,这是更需要思考的。

如果说创意产业对于传统文化元素的抽取是以创意产业为主体对于传统资源进行的遴选,那么或许还存在另外一种情况,即传统文化形式主动结合创意产业对自身进行改造的情况。如故宫博物院利用现代媒介与产业渠道将自身拥有的众多文化资源打造成文化产品便是著名的个案。但若仔细考虑一下,传统文化资源众多,也分为多种形式,每一种形式都可以说是一个系统。如每一种传统艺术形式都有着完整的演变历程、美学风格、形式要求。首先,任何一种文化形式相对于整个的传统文化而言都是局部的;其次,事实上也不可能存在传统文化作为一个整体完全被改造的情形,被改造、使用的只可能是局部。从根本上说,这仍然是一种形式的对传统文化的局部抽取。不过或许也只有这样才是合理的措施,并非是所有的文化资源都有被转化的必要。对传统进行遴选,正是实现有价值的转化的必要步骤。

五、作为一种转化机制的创意产业

(一)创意产业作为一种建构性力量

创意产业作为一个复杂的整体体系,首先有其固定的生产程式和系统。一种文化产品如果试图在这一平台上运行,必须符合其规则,甚至在某些时候会造成削足适履的效果。以网络文学为例,相较于纸媒的小说,网络小说往往非常长,动辄数百万字。这是因为,一般到数百万字时,一本书才可以盈利。这个时候另开新书往往不划算,只好尽量往长写。篇幅与更新的压力必然导致低质量的文本充斥网络,这种产业形态正是网络小说文本形态的重要形成原因。这样的案例如果在法兰克福学派的视野下,是典型的风格单一的程式化产品,是完美的被批判对象。不

① Michael Keane. Created in China[M]. New York and London:Routledge, 2007: 28.

过我们也可以将之视为一种艺术程式，其在本质上与唐诗的平仄是同一性质。如埃德加·莫兰(Edgar Morin)早在20世纪60年代讨论文化工业(或产业)时便指出了这一问题："艺术创作的规则、惯例、样式提供了作品的外部结构，而情景模式和角色模式提供了作品的内部结构。[……]文化产业以它的方式向我们示范着这一点，把重大的想象的主题标准化，再将这些原型制成铸模"，"标准化本身并不必然引起非个性化，它可能是艺术的古典'规则'(如规定戏剧创作的形式和主题的三一律)在产业化艺术中的对等物"。①

不过，在此详细辨析其中的争议不是本文的目标，本文想要着重指出的是，无论是"程式"也好，"格式"或"规则"也罢，重要的在于创意产业在其中体现出的一种建构性的力量，而这种力量已经慢慢形成了其文化产品中不同以往的秩序。这种新的秩序或许很糟糕，但或许其中会慢慢衍生出优秀的作品。而要想实现这一步，尚需要下一步骤：进一步完善与精练。而这其实不是创意产业自身能够完成的，文创企业及其生产者或许有生产优秀产品的欲望，可是设若优秀产品难以在市场上引起良好的反响和经济反馈，那么带来的损失或许是企业难以负担的。这需要整个市场、消费者给予生产者信心。然而，这一点不是企业自身能够左右的，它需要普遍的、优良的美学教育；民众有较为宽裕的经济条件；一种鼓励优秀的、创新产品的文化。

(二) 新的知识生产方式的形成

其中至关重要的一点，也是创意产业时代不同于以往之处在于，数字平台极大地方便了信息交流与知识交换。消费者、观众不再是原子化的个体；消费者群体与生产者之间的信息交流也方便很多，前者的声音能够更容易被听到。而这意味着一种新的知识生产方式。问答网站"知乎""豆瓣网"上给书籍、电影等打分的机制以及更早期的贴吧都是知识交换的平台。这一点约翰·哈特利(John Hartley)等学者已经有所论述。在他们的视野下，文化被视为一种系统，个体的学习与参与改变了系统，系统随之不停地演变着。文化不是任何一个人创造的，但又是每个人创造的。个体通过融入网络与系统进行学习，贡献知识并更新知识。而群落、组织则通过讲述故事(storytelling)，增强凝聚力，创造出内部与外部。② 不同组织间当然也有竞争、淘汰，而这种竞争正是交流、遴选并创造文化新形式的方式之一。在系

① [法]埃德加·莫兰.时代精神[M].陈一壮，译.北京：北京大学出版社，2011：19，26.

② John Hartley, Jason Potts. Cultural Science[M]. London: Bloomsbury, 2014: 71,77.

统内，每个人都是生产者，每个人都是消费者。但其实在过去也是如此。不同的是，在过去生产者/消费者分别面对不同的领域，而后交换自己的产品，而知识生产者则垄断了知识的生产。现在所言则是在知识领域生产者/消费者某种程度的融合，他们交换的是知识、信息与经验——事实上每个人都有自己独特的知识，正是数字网络使得每个人都有机会分享各自的知识并进行交换。

正是在这样的机制中，传统文化才有机会融入大众，成为一种当代性的、生生不息的文化和知识，成为活的东西，并不断演进。如网络小说中，玄幻、奇幻小说是常见的题材，东方修仙题材的小说往往以道家为背景，结合中国古典神话故事如《山海经》《淮南子》中的记载，加以改编，多个小说作者的创造已然形成了一个新的古典小说谱系，蔚为大观。这正是通过众多人的努力，对传统文化进行改造的鲜明例子，而这种体系已经形成了许多约定俗成的设定，成为一种新的“神话”体系。当然，细究其内容自然有许多劣作，但这不影响其未来巨大的潜力。

概而言之，传统一直处于流变之中，在今天看来，它是未定且有待选择的。它的意义不在于为当下提供某种确定的答案，而恰恰在于其未完成性及其中的“可能性”，其价值在传统与当代的对话、交流甚至斗争中体现出来。借用金迈克的视角，创意是一种文化基因(meme)，那么此时的传统文化便像一个基因库[①]。某种文化基因不一定会在当下发挥作用，但多样性的保留才有利于在未来提供更多的参照，提供更大的解决问题的能力。文化创意产业对传统的挪用是转化与选择的一种方式，其特别之处在于提供了一种机制，为传统文化提供了新的条件和背景，正如为种子提供了新的环境和土壤，在这种情况下有可能激发其潜力。更重要的是，数字时代新的知识生产方式使得信息与知识的交换方式极大地提高了，借助大众的力量使得某种传统文化重新成为当代新文化变得可能。

作者简介

杨　光(1989—　)，山东菏泽人，文艺学博士，深圳大学文化产业研究院博士后，研究方向为文艺理论、创意产业。

---

① Michael Keane. Creative Industries in China[M]. Cambridge: Polity Press, 2013: 51.

The Appropriation and Transformation of Traditional Cultural Resources by Creative Industries

—the Creative Industry as a Transformation Mechanism

Yang Guang

Abstract: Under the background of creative industry, this paper further studies the proposition of "transformation of modernity of traditional culture", and this paper analyzes the operation mechanism of creative industry from the perspective of "mechanism". The research shows that a new perspective of "traditional culture" is needed, which should not only be regarded as a resource to be explored, but also as an open system that is always in the state of generation. The appropriation and selection of tradition by the cultural and creative industry is a way of transformation, which also enables "contemporary" to participate in the construction of "tradition". Due to its popularity and great spreading power, new ideas can penetrate into daily life and become a living culture. So, creative industry becomes a mechanism for the traditional culture to provide a way that could go into contemporary live. The new mode of knowledge production in the digital age greatly improves the exchange efficiency of information and knowledge and makes it possible for some traditional culture to become a new culture again with the help of the mass.

Key words: Traditional Culture; The Creative Industry; Appropriation; Transformation Mechanism; Knowledge Production

“一带一路”倡议下北川羌族特色文化产业发展研究*

陈云萍

摘　要:特色文化产业对区域经济和社会的全面发展发挥着重要作用。羌族是我国川西北地区最重要的少数民族之一,北川是我国唯一的羌族自治县,北川羌族文化资源丰富,为羌族特色文化产业发展提供了基础和条件。近年来国家实施的“一带一路”倡议、藏羌彝文化产业走廊建设等为羌族特色文化产业的发展提供了新机遇。本文通过梳理羌族特色文化产业发展机遇、文化资源,分析现存困境及探讨发展路径,力图为其他民族地区特色文化产业发展提供借鉴,为新型城镇化建设、乡村振兴战略等提供启示。

关键词:“一带一路”;藏羌彝文化产业走廊;北川羌族;特色文化产业;乡村振兴

一、引　言

随着经济全球化趋势的加快,文化产业已被公认为是引领新经济发展、提升一个国家或地区国际竞争力的新兴支柱产业。进入21世纪以来,经济全球化、文化全球化已经成为一种趋势,世界各国纷纷实施“文化经济”政策,大力发展文化产业。

作为文化产业的重要组成部分,特色文化产业对区域社会经济和文化的全面发展发挥着重要的带动作用。羌族是我国川西北地区最重要的少数民族之一,北川羌族文化资源丰富,但目前北川羌族特色文化产业整体上仍处在“弱、小、散”状

* 基金项目:国家社科基金重大招标项目“丝绸之路经济带沿线国家文化产业合作共赢模式及路径研究”(17ZDA044)、跨学科研究创新基金“一带一路文化产业跨学科研究智库”(XKQKK04)、西南科技大学博士基金项目“中国科技城绵阳文化产业与科技融合发展研究”(18sx7101)的阶段性研究成果。

态，存在羌族演艺产业水平低和知名度低、羌绣产业规模小、销售渠道有限、羌族品牌知名度较低、缺乏设计和创意人才、缺乏产学研合作机制等问题。

在当前我国文化产业大发展、大繁荣的趋势下，国家大力发展特色文化产业以及实施“一带一路”倡议、建设藏羌彝文化产业走廊的背景下，发展和提升羌族特色文化产业，对于推动北川羌族地区经济和社会发展及推动新型城镇化建设、实现乡村振兴目标等具有重要的现实意义。

二、“一带一路”倡议与羌族特色文化产业发展的多重机遇

（一）国家推动特色文化产业发展及政策支持

特色文化产业是指“基于民族和区域传统文化遗产资源，从民间自发产生发展，其文化产品与服务在风格、品相、品种和工艺等方面都具有鲜明的民族和区域文化特点，拥有一定的产业规模、市场占有率和影响力的文化产业形态”①。特色文化产业是各地区依托当地独特的文化资源而发展的产业，对推动区域经济、文化和社会的全面发展发挥着重要的带动作用。

文化产业政策对文化产业影响很大，政府对产业的影响主要体现在政策方面。英国文化产业研究专家大卫·赫斯蒙德夫在其著作《文化产业》一书中阐释了国家政策和文化产业之间的关系：“政策变迁极大地影响了整个文化产业。”②由此可见政策对文化产业发展的重要影响。近年我国出台了一系列政策以推动特色文化产业的发展。2011 年党的十七届六中全会明确提出要“发掘城市文化资源，发展特色文化产业，建设特色文化城市”③。2012 年出台的《国家“十二五”时期文化改革发展规划纲要》进一步提出要“鼓励各地积极发展依托文化遗产的旅游及相关产业，发展特色文化服务，打造特色民族文化活动品牌”④。2014 年 8 月出台的《关于推动特色文化产业发展的意见》为特色文化产业提出了发展目标、总体思路、产业布局和政策措施。近年来系列文件的出台为特色文化产业的发展营造了良好的政策环境。

（二）“一带一路”倡议推动特色文化产业“走出去”

“一带一路”倡议是在近年我国提出并实施的一系列战略举措中的重大倡议，

---

① 齐勇锋，吴莉. 特色文化产业发展研究[J]. 中国特色社会主义研究，2013(5)：90.

② [英]大卫·赫斯蒙德夫. 文化产业[M]. 张菲娜，译. 北京：中国人民大学出版社，2011：132.

③ 孙若风. 我国文化产业发展的政策基础与取向[J]. 前线，2015(2)：36.

④ 孙若风. 我国文化产业发展的政策基础与取向[J]. 前线，2015(2)：37.

旨在推动经济贸易与文化发展并存。"一带一路"倡议推动了特色文化产品、特色文化项目走出去，例如在陆上"丝绸之路"——"丝绸之路经济带"的黄金段甘肃，由深圳华强文化科技集团运用高新技术自主研发、设计、完成的"方特"系列主题公园的嘉峪关站，自 2015 年投入运营后，便吸引了来自世界各地的众多游客。现嘉峪关市仅有约 23 万人口，而进园游客数量最多时能够达到一天约两万人次。①

(三) 藏羌彝文化产业走廊建设拓展特色文化产业区域合作空间

1978 年费孝通先生首次提出了"藏彝走廊"概念，"藏羌彝走廊"作为民族学概念概括了我国藏羌彝地区的多民族(族群)迁徙融合的历史，体现了民族在空间地理上的集聚分布和流变。② 为推动西部大开发战略、推进藏族、羌族、彝族等民族地区共同发展、促进政治、经济、文化、社会和生态五位一体的协调发展，近年来我国提出建设"藏羌彝文化产业走廊"。"藏羌彝文化产业走廊"是在费孝通先生提出的"藏彝走廊"基础上的拓展和深化。2014 年 3 月文化部、财政部制定了《藏羌彝文化产业走廊总体规划》，根据总体规划，"藏羌彝文化产业走廊"分为核心区和辐射区，北川羌族自治县属于藏羌彝文化产业走廊辐射区域。藏羌彝走廊区域内形成了丰富多样、底蕴深厚、独具特色、影响力巨大的文化资源体系，是一条多元文化并存、交流、变迁的走廊，是全世界自然和文化景观最为丰富、最为多元、最为集中的区域之一。③ "藏羌彝文化产业走廊"并非只涉及藏族、羌族、彝族三个少数民族，而是涵盖了走廊沿线及相关的多个少数民族，众多的少数民族、丰富而多元的民族文化资源、生态文化资源等为特色文化产业的发展拓展了区域合作空间。

(四) 文化与科技融合促进特色文化产业转型升级

"文化产业与科技融合"是指将各类文化元素、内容、形式和服务与科技原理、功能、方法、手段有机结合，提升文化产品或服务中的科技含量，提升文化产品或服务的价值与品质，提升文化产品的表现力、感染力和传播力，新的内容与形式生成新的产品、新的功能与服务形成新的市场与产业。④ 从文化产业的发展来看，科技

① 李凤亮，宇文曼倩."一带一路"对文化产业发展的影响及对策[J].同济大学学报(社会科学版)，2016(10)：50.

② 李炎.国家、地方诉求与产业发展规律：藏羌彝文化产业走廊的学理思考[J].深圳大学学报(人文社会科学版)，2019(1)：57.

③ 李炎.国家、地方诉求与产业发展规律：藏羌彝文化产业走廊的学理思考[J].深圳大学学报(人文社会科学版)，2019(1)：58.

④ 陈名杰，孟景伟.海淀区文化和科技融合发展报告(2013)[M].北京：社会科学文献出版社，2013：102.

是载体，文化是灵魂，二者缺一不可。离开了科技创新，文化产业就失去了前进的动力；同样，离开了文化创新，文化产业就没有了灵魂。正是科技与文化的有机融合，才共同推动了文化产业的发展。羌族特色文化产业的发展，需要发挥科技优势，运用科技手段，提升羌族文化产品或服务中的科技含量，提升文化产品或服务的价值与品质，以提升羌族文化产品的表现力、感染力和传播力。

近年来我国政府高度重视文化产业与科技融合，政府实施文化科技战略，不断推动文化产业与科技融合。我国文化产业发展中增长最快的就是文化科技产业，文化科技产业成为文化产业中所占比率高、发展最快的产业，科技成为推动文化产业快速发展的新引擎。2014 年《关于推动特色文化产业发展的意见》中明确指出："特色文化产业发展要依托各地独特的文化资源，通过创意转化、科技提升和市场运作，提供具有鲜明区域特点和民族特色的文化产品和服务的产业形态。"①2019 年 1 月北京大学文化产业研究院、国家文化产业创新与发展研究基地发布的《中国文化产业年度发展报告 2019》指出，前沿文化产业领域中，科技融合与产业创新日益紧密。技术的发展变革正深刻改变着创意设计业的商业模式，颇具未来感的"智能文创"将引领下一阶段的产业升级。②

三、北川羌族特色文化资源梳理

文化资源是指凝结了人类无差别劳动成果的精华和丰富思维活动的物质和精神产品或活动。文化资源是文化产业发展的生产要素之一，羌族文化资源是羌族特色文化产业得以发展的基础。羌族是我国西北部古老的少数民族之一，有 3 000 多年文字可考的历史，曾经生活在我国西部的陕西、甘肃、青海、四川一带，史书上称为西羌。羌族在不断迁徙的过程中完整保留了羌族习俗，北川羌族就是由聚居在涪江上游的古羌族发展而来。现代羌人仅有 30 万之众，主要生活在阿坝州的汶川、茂县、理县，松潘以及绵阳市的北川、平武一带。四川甘孜州的丹巴县，贵州的石阡县，陕西秦岭以南的凤县、宁强一带，还有散居的羌人。

（一）文化旅游资源

北川地处大九寨国际旅游环线主要节点，北川境内旅游景点众多，北川拥有一

① 黄金海. 做大做强福建特色文化产业的对策[J]. 中共福建省委党校学报，2014(11)：113.

② 北京大学文化产业研究院，国家文化产业创新与发展研究基地. 中国文化产业年度发展报告 2019[R]. 2019.

个 5A 景区，即北川羌城旅游区，集商业、餐饮、休闲娱乐、旅游接待为一体的羌族特色步行街；四个 4A 景区，包括药王谷景区（全国第一个以中医药养生为主题的山地旅游度假区）、西羌九黄山猿王洞景区、维斯特景区、寻龙山景区等；历史文化景区包括大禹故里风景名胜区、永平堡古城；红色旅游景区包括千佛山战斗遗址、红军总医院、红军碑林等革命遗址；北川羌族民俗博物馆是全国最大的羌族民俗博物馆，被誉为"中国羌族第一馆"。①

（二）羌族歌舞资源

羌族能歌善舞，羌族的乐器有羌笛、口弦、唢呐、脚盆鼓、羊皮鼓、锣、响盘、指铃、肩铃等；羌族民间戏剧有羌戏、端公戏、武士戏、花灯戏、马马灯、打围鼓等；羌族舞蹈形式多样，内容丰富，按其形式和功能可以分为自娱乐性、祭祀性、礼仪性、集会性四种，其中莎朗舞在羌区最为盛行和普及，是古老的自娱性舞蹈。

（三）羌族特色刺绣

羌绣是羌族传统刺绣工艺，具有浓郁的羌族风情，是羌族历史和文化的体现和展示，是羌族民间艺术的重要组成部分，也是羌族特色手工艺品。2008 年北川羌绣被列入《第二批国家级非物质文化遗产目录》，2015 年北川被文化部命名为"羌绣之乡"。羌绣是北川发展特色文化产业的宝贵资源和优势产业。

（四）大禹文化资源

北川是治水英雄大禹的故里，北川境内至今仍保存着大量有关大禹的历史遗迹。距北川县城 29 公里的禹穴沟，是大禹的出生地，至今仍完好地保存着李白、颜真卿游禹穴的墨迹。禹穴沟口有大禹庙，每年农历六月初六大禹诞辰，祭祀大禹的民间习俗延续至今。

（五）红色文化资源

北川是革命老根据地，红色文化资源丰富。1935 年春红四方面军进入北川并在此驻扎，在千佛山一线与国民党军队激战，因此北川境内至今仍留下了不少战斗遗址，如禹里镇红军碑林、马槽乡红四方面军医院旧址、墩上乡千佛山战役遗址等。震后北川新建有红军长征纪念馆。

---

① 根据北川相关资料整理。

四、北川羌族特色文化产业发展中存在问题分析

(一) 整体发展水平较低，未能凸显特色和优势

由于受到经济发展、文化水平及人才等因素的影响，目前北川还没有形成统一的文化市场，还没有构建起完整的特色文化产业服务体系和特色文化产业链，其特色文化产业整体上仍处在“弱、小、散”状态。同时与阿坝州的汶川县、理县和茂县等羌族聚居区相比较，北川羌文化在原生性、原始性总体上不及其他羌区，这是北川发展羌族特色文化产业发展的劣势和深层次隐忧。

(二) 歌舞资源富集，演艺产业水平有待提升

北川民族歌舞资源丰富，但目前羌族演艺节目的数量和质量有待提升，与《九寨千古情》《印象·刘三姐》《印象·丽江》等国内知名民族演艺品牌节目相比，《大北川》《羌风》《羌魂》的知名度还不够高，还有待进一步提升。北川演艺产业在内容创意、舞台效果、节目包装、品牌打造等各方面都需要进一步提升。

(三) 品牌知名度低，销售渠道不通畅

羌绣是羌族的非物质文化遗产，是羌族民间艺术的重要组成部分。笔者在实地调研中了解到，目前北川羌绣还没有知名度较高的企业品牌和产品品牌，企业发展规模较小，还未形成规模较大的龙头企业，缺乏龙头企业的示范和带动作用；还未形成具有集聚功能的羌绣产业园区等。

另一方面，羌绣的销售渠道非常有限，羌绣产品的销售仅限于北川县城或乡镇的实体店，羌绣产品除在北川销售外，在绵阳市区没有展示厅或销售的专卖店，更谈不上在其他城市有专卖店。目前网络销售渠道也没有充分利用。笔者在淘宝网、天猫等进行搜索，还没有羌绣公司在淘宝网开网店。目前销售北川羌绣仅有一家名为“北川特产手工纪念品”的网店，主要销售手工艺品和部分羌绣制品。

(四) 创意设计人才缺乏，难以满足产业发展需求

文化产业是一种知识密集型和人才密集型的产业，一个地区的文化产业能否得到良好发展，在很大程度上取决于文化产业人才。目前羌族特色文化产业发展中缺少创意设计人才。以羌绣产业为例，笔者在实地调研中了解到，人才问题是制约和影响羌绣产业发展的一个重要原因，尤其是创意设计人才。一方面，外来的设计师由于对羌族历史及文化内涵文化的了解不够深刻，设计出的产品缺乏羌族历史文化根基，缺少羌族文化内涵，未找到羌民族最具代表的特性和文化符号、图案、形态特征等规律，因此容易脱离羌族文化的神韵和形态。另一方面，本地了解羌族

文化及羌绣的人才，如羌绣传承人，有些不懂设计，有些对设计有所了解，但没有经过专业的培训，设计水平有限。因此如何培养既熟悉和了解羌族文化，又懂设计的人才是羌绣发展中存在的一个的急需解决的问题。

五、“一带一路”倡议下北川羌族特色文化产业发展路径选择

(一) 科技提升战略，彰显科技优势和特色

与阿坝州的汶川县、理县和茂县等羌族聚居区相比，北川羌文化在原生性、原始性总体上不及其他羌区。但北川作为绵阳下辖的一个县，从地缘优势上看，毗邻绵阳。绵阳作为中国唯一的科技城，科技资源丰富，拥有国家级科研院所 18 家、高等院校 14 所、国省重点实验室 25 个、国省工程技术研究中心 21 家、国省企业技术中心 48 家、产学研业技术创新联盟 9 个、两院院士 25 名、各类专业技术人才 21.7 万人。[①] 2014 年绵阳第二成为批国家级文化和科技融合示范基地，2015 年绵阳 R&D 经费支出占 GDP 比重 6.53%，科技进步综合水平指数达到 68.28%。[②]绵阳丰富的科技资源、人才资源为北川特色文化产业走科技融合、创新发展道路提供了有利的现实条件，这也是北川羌族特色文化产业较汶川、理县和茂县的优势和特色所在。

第一，科技元素融入设计、生产环节，全面提展羌绣发展水平。将科技融入对羌绣产业的设计、生产、销售等环节，能够促进羌绣产业的发展。比如利用科技能够提升羌绣的创意设计，升华羌绣的艺术性。将科技丰富创意内容，将创意元素引入和应用到羌绣产业中，使其艺术性得到升华。再如，科技能够变革材料，通过科技手段丰富羌绣的多样性。再如，科技能够革新生产技术，将科技手段运用到羌绣生产环节，实现羌绣的量产化和品质化。

第二，科技元素打造视听盛宴，提升舞台表现力。将创意、科技元素融入民族文化中，打造高水准的特色演艺节目，已经成为民族演艺产业成功的制胜法宝。如大型歌舞节目《九寨千古情》，就充分利用 5D 实景和高科技手段，将创意、高科技、声光电特效与藏羌文化融合，既展示了久远而神秘的藏羌文化，又再现了“5·12”汶川大地震的惨烈场面，为观众打造了一场视听盛宴。《九寨千古情》的成功为北川演艺产业提供了借鉴和启示，北川应充分发挥绵阳科技城的科技优势，利用现代高科技、声光电的特效，打造一台高水准的歌舞节目，将《古羌战歌》、大禹治水、大

① 数据来源：《绵阳国家级文化和科技融合示范基地建设实施方案》。

② 数据来源：《绵阳市概况(2016)》。

爱北川等元素融入其中，既充分展示羌族的悠久历史和深厚文化，又能给观众带来震撼感官体验。

（二）融合战略：推进跨区域融合与业态融合

融合跨界已成为当下文化产业发展的趋势，羌族特色文化产业的发展需要融合思维、整合思维。

第一，实施跨区域融合，融入藏羌彝文化产业带。目前北川羌族与阿坝州羌族各自发展，羌区特色文化产业发展缺乏有效整合，因此需要打破地域限制，实现区域融合发展，打造区域性羌族特色文化产业带，实现整个羌区特色文化产业优势互补、共生共荣，并且羌族特色文化产业要融入藏羌彝族文化产业带；另一方面，北川羌族特色文化产业发展需要按照突出特色、错位发展思路，催生特色文化产业新业态，实现北川与阿坝州羌族特色文化产业的错位发展和优势互补，凸显北川特色文化产业在羌族文化生态保护实验区中的重要地位和支撑作用以及在藏羌彝文化产业走廊建设中的作用。

第二，整合文化资源，推进业态融合。挖掘羌族特色文化资源，催生文化产业新业态，开发动漫、网游、手游等新兴产业。通过挖掘羌族特色文化资源打造的网络游戏《古羌传奇》是目前国内首款以民族文化为背景的三维网络客户端游戏。北川羌族特色文化产业发展中，需要赋予禹羌传统文化以新的生命力，推动传统文化、民族文化与现代科技和产业资本高效对接，将静态文化资源活化起来，不断开发新业态，为消费者呈献完美的深度文化消费体验。

（三）品牌战略：树立品牌意识，提升品牌知名度

对于文化产业而言，品牌是文化产业发展的利器。尤其是在当下文化消费符号化的趋势下，消费者更看重文化产品或服务的品牌。文化品牌不仅能够促进城市文化产业，而且能够提升城市知名度、美誉度，吸引外来游客等。实施品牌战略，才能提升羌族文化品牌在国内外的知名度和美誉度。

第一，提升羌绣知名度。针对北川羌绣的发展现状，需要进一步提升羌绣知名度，加大对北川“羌绣之乡”的宣传力度，充分利用报刊、广播、电视和网络等各种媒体媒介，提升羌绣知名度。

第二，打造羌族文化旅游品牌。遵循“文化旅游资源＋科技创新手段＝文化科技旅游新型产品”的发展思路，建立新型文化旅游产品市场，将北川禹羌文化主题公园打造为羌族文化旅游品牌和藏羌彝文化产业走廊重要旅游目的地，并打造羌族文化旅游产业集群及产业链。

第三，全方位传播羌族品牌。针对羌族文化品牌知名度不高的现状，可以拍摄北川羌族纪录片、微电影、微视频等，充分利用网络传播方便、快捷、受众广泛、传受互动、成本低廉等优势，在网络上传播宣传片、视频、微电影等，并设立论坛、微博、微信等，与受众互动，造成传统媒体与新媒体相互融合的联动效应，不断增强传播效果、扩大传播影响力。

(四) 人才战略：搭建"产学研"合作平台，培养复合型人才

文化产业的竞争，关键是人才的竞争。文化产业需要有创意的产品、创意的内容，而产品和内容的生产最终需要有创意的高端人才来完成，没有高水平的文化产业人才，一个地区的文化产业是很难在竞争中取胜。羌族特色产业的发展，需要创意、设计等方面的人才。

目前绵阳文化产业发展的一大制约因素是人才问题，目前针对文化产业发展的产学研机制尚未建立起来。以羌绣产业缺乏的设计人才为例，笔者所在的高校就有艺术设计专业，从设计水平而言，学生设计的作品经常在国家级、省级、市级比赛中获奖；但从成果转换来看，学生的设计作品并未能转化为创意产品，走入大众生活。高校内经常举办各种艺术设计展，艺术设计展结束之际，组织者会呼吁大家购买学生的艺术产品，但由于传播范围有限，销售结果往往不太满意。

针对羌绣产业发展中的人才困局，可以通过"产学研"合作的方式，发挥高校在人才培养方面的资源和优势、结合羌绣企业的人才需求，共同培养羌绣人才。第一，开设关于羌族文化、羌绣文化的讲座。邀请羌绣传承人进入校园、进入课堂，开设讲座，通过专题讲座、学习沙龙等形式，让设计专业学生了解羌族和羌绣。只有对羌族和羌绣有较为深入的了解，才能设计出具有羌族文化特色的作品。第二，高校设计专业在羌绣公司进行合作。高校应在北川设立羌绣教学科研基地，建立由羌绣公司、教师、学生等组成的项目合作机制。由羌绣公司提供项目经费，羌绣公司提出设计要求，教师和学生围绕设计要求组成项目团队，学生的课外作业可以围绕羌绣设计进行；设计好的作品，可以被羌绣公司采用，从而获得经费支持。就建立产学研合作机制而言，目前电子科技大学数字文化与传媒研究中心就专门设立了"藏羌彝数字音乐(品牌工程)实验室"，搭建高校研究机构、音乐制作机构与羌族地区音乐传承人之间产学研合作平台，通过产学研合作平台把羌族音乐加以数字化转换、研发与传播，并探讨利用数字技术转换和传播羌族文化遗产，并致力于将之推向世界舞台。

六、结 论

美国经济学家、哥伦比亚大学教授约瑟夫·斯蒂格利茨(Joseph Eugene Stiglitz)曾预言:21世纪带动经济发展的两大引擎,一是美国的新技术革命,二是中国的城镇化。① 城镇化与工业化相伴而生,工业化是现代科技驱动的产业升级和物质文明升华。"文化产业"作为文化产品的工业生产,是城镇化需求之必然性和工业化生产之可能性的合谋。②

当前我国城市正处于新型城镇化建设进程之中,羌族特色文化产业与新型城镇化进程成双向互动关系。一方面,城镇化建设推动特色文化产业发展。羌族地区城镇化进程中,城镇规模的扩大意味着城镇人口的增加和消费市场的扩大、消费需求的增加,这为羌族特色文化产业增加了市场需求,有利于羌族特色文化产业的发展。另一方面,特色文化产业支撑城镇化进程。羌族特色文化产业要发展,需要增加城镇文化设施,丰富城镇居民的文化生活,提升城镇的文化氛围,提升居民的认同感和归属感,从而有利于羌族地区的社会稳定与社会和谐。新型城镇化应包含物质和精神两个层面,在物质层面上体现为建筑、设施等的聚合体;在精神层面上,体现为城镇的文化习俗、文化风貌、文化情感等。新型城镇化的核心是要实现人的城市化,发展羌族特色文化产业,增加城镇文化设施和活动场所,保护城镇的文化遗产和文化记忆等,能够更好地满足居民的文化需求,提升居民的文化素质和文化品位,提升城镇的文化氛围和文化形象,提升居民的归属感和文化认同。这才是真正的城镇化,才能推动城镇的可持续发展,从而实现乡村振兴的目标。

参考文献

[1] 顾江,郭新茹.科技创新背景下我国文化产业升级路径选择[J].东岳论丛,2010(7):72—75.

[2] 蔡尚伟,车南林."一带一路"上的文化产业挑战及对中国文化产业发展的建议[J].西南民族大学学报(社会科学版),2016(4):158—162.

[3] 陈少峰.以文化和科技融合促进文化产业发展模式转型研究[J].同济大学学报(社会科

① 于平.城镇化进程与文化科技融合创新[J].艺术百家,2014(6):3.

② 于平.城镇化进程与文化科技融合创新[J].艺术百家,2014(6):3.

学版),2013(1):55—61.

[4] 于平.城镇化进程与文化科技融合创新[J].艺术百家,2014(6):3—7.

[5] 曾玉琴.新媒体环境下羌族地区文化产业发展路径探析[J].戏剧之家,2015(17):283.

[6] 蒋彬,张原.羌族传统文化的保护与发展研究[J].西南民族大学学报(人文社科版),2009(4):19—24.

作者简介

陈云萍(1977—),四川内江人,西南科技大学文学与艺术学院副教授,研究方向为新闻传播、文化产业。

Research on Development of Beichuan Qiang Minority Specific Culture Industry Under the Belt and Road Initiative

Chen Yunping

Abstract: The specific culture industry plays an important role in the comprehensive development of regional economy and society. The Qiang minority is one of the most important ethnic minorities in Northwest Sichuan and Beichuan is the only Qiang Autonomous County in China. Beichuan is rich in Qiang cultural resources, which provides the basis and conditions for the development of specific culture industry. The Belt and Road Initiative and the Zang, Qiang and Yi Minorities Culture Industry Construction Corridor in recent years provide new opportunities for the development of the Qiang culture industry in Beichuan. By sorting out the development opportunities and cultural resources of specific cultural industry of Beichuan, this paper analyses the existing difficulties and explores the development path, trying to provide reference for the development of specific cultural industry in other minority areas, and to provide enlightenment for the construction of specific villages and towns and the strategy of rural revitalization.

Key words: the Belt and Road; Zang Qiang and Yi Minorities Culture Industry Construction Corridor; Beichuan Qiang Minority; Specific Cultural Industry; Rural Revitalization

特色村寨建设中的文化发展问题研究*

张黎明

摘　要:特色村寨建设是推进乡村振兴的重要举措,特色村寨建设要延续文化多样性,形成村寨凝聚力。全球化是村寨发展的新机遇。村寨知识是不断建构、开放的体系,是特色文化产业发展的基石。探索适合自己的生产方式,融入新知识经济、科技文化内涵,是村寨特色文化产业提升路径。市场是推动村寨社会由封闭走向开放、走向互动的有力杠杆,应重塑传统集市,发展特色街区、高端市场,实践村寨发展的新机遇。

关键词:特色村寨;文化发展;乡村振兴

一、引　言

村寨是人们生产、生活、文化传承的空间,生存繁衍进程中创造了村寨的人文景观、民俗风情、社会经济结构,村寨由此展现出独特的文化经济风貌。基于村寨历史、文化习俗等因素,国家民委等有关部门已在全国开展少数民族特色村寨保护与发展试点工作,命名了千余个"中国少数民族特色村寨"。这无疑对村寨文化的保护与发展起到了积极作用,也不断地使人们反思全球化背景之下村寨文化的延续、发展问题。进入现代世界以来,村寨面临着城市化、全球化的冲击,不仅是原有村寨地域空间消失,固有的村寨文化也随之消逝。即使是在边远的边疆民族地区,也面临着村寨景观同质化、民族特色难以保留等诸多问题。党的十九大做出乡村振兴的重大部署,提出"产业兴旺、生态宜居、乡风文明、治理有效、生活富裕"的总要求。这是以习近平同志为核心的党中央着眼城乡建设实际,着眼"三农"工作做出的重大决策。特色村寨如何因地制宜地利用好自身文化资源优势,实践文化与

---

*　基金项目:国家社科基金艺术学项目"基于民族民间工艺传承的特色村寨建设与发展路径研究"(项目编号:18EH220)的阶段性研究成果;红河学院博士专项项目"文化遗产传承与特色城镇发展战略研究"(项目编号:XJ16B10)阶段性研究成果。

经济一体化发展，摸索乡村振兴的中国经验，成了我们不得不思考、面对的问题。

文化是一个具有丰富内涵与外延的概念，它是本民族在长期生产实践中的积淀，是精神和物质创造的产物，包括有形的、无形的、物质的、非物质的东西。文化是民族之魂，是民族得以繁衍生息的动力。文化无处不在，它始终以有形、无形的力量作用于人们的生产生活。在很长时间里，人们更多谈论的是文化的精神价值，而少关注物质文化的研究；多关注精英的文化，而少注目于民间的、底层的文化；多谈器物的文化艺术价值，少论器物的生产和经济价值。作为发展动力的文化也少有人关注。然而，当"文化领域为年轻人探索这种个性化的可能性提供了理想的空间，同理，它为政府提供了后工业化经济的机会，这样的经济不受传统就业市场的局限和成本的约束"。[①] "文化搭台、经济唱戏"，"经济搭台、文化唱戏"自然也成为地方文化经济发展的主流，作为发展动力的文化越来越为人们所重视。"文化经济化、经济文化化"趋势也越来越明显。民族村寨、特色村寨也搭上了这一文化发展的列车。文化不仅是民族精神的创造、民族风俗的展现，也包括了以某些文化理念创造的文化产品及其产业。"文化生产和消费如何适应更广阔的经济、政治和文化环境，并在此环境中获得收益"[②]，自然也就演绎为特色村寨的建设与发展面临的问题。村寨发展和村寨文化能提供的文化产品及其产业密切相关。

二、文化多样性：特色村寨发展的内在机理

特色村寨建设与国家新农村建设、美丽家园建设一脉相承，其目的在于延续乡土文化、民族文化，发掘村寨文化的现代意义和价值。村寨不仅是人的集聚，更是文化的富集。特色村寨或以历史悠久、民俗风情独特、手工技艺见长等而闻名中国乡村。文化多样性是特色村寨的显著特征，它是传统农耕文化多样性的展示；村寨本身是多样文化的集聚，并以某一核心文化要素建构起村寨的独特性。村寨文化或依靠祖辈相传的手艺来维系自身经济，或呈现为可视可感的乡土景观，或隐于村民的日常生活中，有形、无形地作用于村寨的社会文化与经济，它嵌于村民生产生活的每一角落。然而，对村寨文化多样性的认识，文化驱动村寨特色发展的路径仍有待实践。

1. 村寨文化多样性及其发展路径

特色村寨建设初衷是延续文化多样性，进而发挥文化交流、村寨凝聚力、创造

---

① [英]安吉拉·默克罗比. 创意生活：新文化产业[M]. 北京：商务印书馆，2017：20.

② 大卫·赫斯蒙德夫. 文化产业[M]. 北京：中国人民大学出版社，2007：41.

发展机遇等功能。“文化多样性是交流、革新和创作的源泉，对人类来讲就像生物多样性对维持生物平衡那样必不可少。”[①]文化多样性本可解决发展不平衡问题，然而现实困境是村寨建设、发展路径同质化、千寨一面，有的特色村寨名存实亡。文化差异性、文化独特性很难在村寨中寻觅。村寨从文化景观修缮，到提供的旅游产品，都走向趋同。民族文化的积淀可转化为更好的经济价值，乡村振兴亦可通过民族文化资源的配置实现。然而不可忽视的是，“对民族传统文化的保留，如果超出了为人类历史存在的多样性提供实证材料的典型意义，而扩散为一种普遍化的努力，实质上拒绝给予这些民族发展的权利”。[②] 村寨文化多样性的流失、村寨发展路径同质化加剧着村寨之间的竞争。村寨和旅游深度融合的根本还在于村寨文化的多样性及其所提供产品的独特性，能为消费者提供差异化体验。从村寨发展路径来看，多数村寨选择依托民俗文化资源与乡村旅游融合之路，而问题的关键在于这是不是特色村寨发展的唯一路径。发展路径的同质化让村寨多成为某一时间节点的存在，村寨如何在这种时序性城乡互动中收益发展始终是问题。

特色村寨意味着迥异于都市的文化景观及其建筑构造，是乡土景观的汇集，承载着地域文化的多样和丰富。“景观是一种空间形制——以空间的生成和转换为依据。空间的变化直接导致景观的变化，而导致空间改变的一种形式便是建筑。”[③]村寨和乡土建筑及其文化景观是一体的，它是特色村寨建设中的美学问题，也是历史和社会问题。乡土建筑及其文化景观是村寨历史、文化的象征物，是个性的表达。它一方面凝聚着乡愁和村寨记忆，另一方面也构成了村寨的生态美学空间。生态宜居空间的塑造应以乡土建筑、原住民住屋文化的保护和利用为基础。而现实是即使在民族文化氛围浓厚的云南特色村寨，住屋文化都难以存留。作为文化表征的民族建筑往往被钢筋水泥代替，或仅保留外观与传统的相似。乡土建筑不应仅视为特色村寨单独的、孤立的美学欣赏对象，更应将以乡土建筑为基础的村寨文化景观及系统看作村寨最大的特色，视为维系村寨生存的生态文化保障。如红河两岸哈尼族村寨，蘑菇房、梯田、村寨水系等应视为整体，来体现村寨文化的传承，它是哈尼人迁移中创造的乡土本色。景观对于村民而言是公共资源，更是文

---

① 联合国教科文组织. 世界文化文化多样性宣言(2001)//联合国教科文组织世界遗产中心，等. 国际文化遗产保护文件选编[M]. 北京：文物出版社，2007：223.

② 陈庆德. 资源配置与制度变迁：人类学视野中的多民族经济共生形态[M]. 昆明：云南大学出版社，2007：95.

③ 彭兆荣. 重建中国乡土景观[M]. 北京：中国社会科学出版社，2018：55.

化资源，景观赋予行为以意义。“从多样性角度看，文化的多样性与移动关系密切。文化即旅行。”①旅游让村寨景观与旅游者建构起凝视、互动关系，消费和被消费的关系。特色村寨的建设和发展，不仅需要呈现一种静态的、生态美学的空间景观，更需要村寨再现活态的生活场景。它是一种往昔的追忆，是一种展演，更是文化的活化。

2. 全球化与村寨文化多样性

文化多样性深刻嵌入于村寨社会结构机理中，呈现的是地理环境不同、资源禀赋各异的村寨，也暗示着全球化背景下，村寨发展的不同境遇、步调。村寨人口结构、知识背景、文化传承与转化都与全球化密切相关。如何保持村寨社会、文化结构的稳定，如何面对文化差异、文化涵化，其根本在于特色村寨如何在全球化进程中延续发展。李忠斌教授关于特色村寨建设提出了经典的“固本扩边”理论，“本”，指的是具有多样性的民族文化、多边利益协调机制，“边”是指有利于民族文化保护传承的外部运行和支撑环境。② 如何利用全球化营造特色村寨建设的有利外部环境，促进村寨文化振兴，有着深远意义。这也让我们看到村寨文化的全球化首要在于村寨文化的个性化传承、创造的重要。从中国村寨文化的保护实践来看，都不乏国外资金、项目和相关专家的参与。但强调村寨文化的个性化、特色化传承始终是主流。特色村寨发展问题还在于因交通、语言等因素导致的相对封闭；如何借助全球化从封闭走向开放，是乡村振兴的必然选择。开放的格局中，村寨文化的多样性并不会被消除，很多事实恰恰表明全球化提升了文化的丰裕度，创造着新的品位和时尚。相反，封闭会导致村寨文化的消逝，很多人亡阵息的故事都与封闭有关。村寨文化从地方融入全球框架是大势所趋，中心和边缘、主流和非主流关系也将日趋模糊。依罗兰·罗伯逊所见，全球化就是一种“普遍性的特殊化与特殊性的普遍化的双向过程”③。村寨文化振兴不仅是本土文化的复兴，也意味着吸纳世界文化的进程在加快。④

---

① 彭兆荣. 重建中国乡土景观[M]. 北京：中国社会科学出版社，2018：461.

② 李忠斌，等. 固本扩边：少数民族特色村寨建设的理论探讨[J]. 民族研究. 2016(1).

③ [斯洛文尼亚]阿莱斯·艾尔雅维茨. 全球化的美学与艺术[M]. 成都：四川人民出版社，2010：22.

④ 位于云南弥勒乡村的东风小镇，从建筑样式、村寨故事、村寨景观都吸收了西方的很多文化艺术元素。

三、特色文化产业:村寨特色发展的动力

村寨内生动力缺失,村民主体性、创造性未能有效发挥,制约着特色村寨的建设与再发展,有的地方甚至表现为村寨发展的危机。回顾改革开放的历程,正是乡村经济及其制度的根本性变革迈出了改革开放的第一步。特色村寨建设是在新的历史时期乡村振兴的发展路径之一,面临着新的城乡发展实际。

1. 村寨知识传承与特色文化产业发展

特色村寨发展需要变革的力量,特别是在网络化、知识经济的背景之下,"把发展视为引起知识和价值创造的张力焦点"①。特色村寨发展的动力根源何在,如何发现村寨知识、成就村寨价值成了问题关键。"不同民族在一定生产方式中的历史存在方式是不能从'历史'中直接看到的,它是在已被建立起来的概念中才得以展现的。"②村寨有自己的观念文化和知识体系,特有生产生计方式中提供着自己理解世界的特定视角。在很长时间里,这种村寨知识仅与本地域的民族社会发生关联,近现代以后村寨知识的扩展反映着他们理解现代世界的水准。村寨知识要在现代世界延续,必须被不断地赋予现代价值创造的能力并付之于文化经济行为。因此,基于传承的村寨知识是不断建构、开放的体系,它构成了村寨特色文化及其产业发展的基石。

"特色文化产业是指基于民族和区域传统文化遗产资源,从民间自发产生发展,其文化产品与服务在风格、品相、品种和工艺等方面都具有鲜明的民族和区域文化特点,拥有一定的产业规模、市场占有率和影响力的文化产业形态。"③作为产业基本要素的商品来自村寨提供的知识体系、村民生产生活的经验。小众性、地方性构成了这一知识体系及其创造物的特点,而这恰与现代个性化消费需求达成了某种默契。特色村寨就在于能对承载村寨文化积淀的产品进行个性化生产加工,满足个性化需求,处理好小批量生产和个性化定制的关系,让凝聚村民智慧的器物、商品成为村寨文化的象征,特色文化产业发展动力所在。云南新华村的银器,四川唐边村的手工纸等,都是以村寨的地域性、手艺的独特性而为世人知晓。因此,差异化定位,提供独特性商品是特色村寨建设发展中不可回避的话题。也应该

---

① [法]弗朗索瓦·佩鲁.新发展观[M].北京:华夏出版社,1987:11.

② 陈庆德.人类学的理论预设与建构[M].北京:社科文献出版社,2006:75.

③ 齐勇锋,吴莉.特色文化产业发展研究[J].中国特色社会主义研究,2013(5).

看到商品文化体系的开放性及其文化内涵的不断扩展，处理好文化传承与文化创意之间的关系，对于村寨生产的产品而言实属重要。“商品常常被人们‘盗用’，然后根据不同的文化、不同的社会群体以及各地的不同需要重新进行设计。”①村寨特色产品应根据不同需求而设计，在今日尤显重要。一方面是消费者早已对同质化商品心生厌倦，另一方面又是现代设计与传统技艺知识的融合匮乏。民族文化旅游商品的同质化也印证了现代设计和传统知识结合创造的困境，亦可看出维系工艺品生产的村寨内生动力不足，急需知晓现代知识的技术人员的参与。从东南亚国家“一村一品”的实践中，也可以看出村寨特色产品与现代设计融合度的不足。打磨承载着村寨文化基因的“陈旧的新物品”，让那些曾经被边缘之物变成炫耀性、象征性的东西，对日常生活之物进行审美创造，探索适合自己产品的生产方式，应是村寨特色产品、产业创新之路。

2. **特色文化产业与村寨生活提升**

村寨是田园生活的象征，被视为精神的回归、缓解都市病的地方，充满了诱惑力。村寨生活就是艺术，就是文化产品。现代经济“逐步转而生产那种由文化所展示的生活方式”②。当村寨作为一种生活方式面对消费者时，服务文化旅游产业的村寨已被商品化。台湾人、文、地、景、产一体化的乡村建设实践，早已表明乡村发展急需特色产业来支撑带动。文化浸润着村寨、村民，是滋养、维系持续发展的无形力量，是特色村寨建设、乡村振兴之魂。地与景是村寨风貌所在，村寨文化地理、生态独特性凸显的地方，村寨生态宜居格局的打造离不开地与景的合理规划、布局，它们共同构成了村寨文化与旅游融合发展之路。而现实问题却是，借助村外公司、资本发展旅游的路子下，让多数村民多沦为打工者，收益并不明显。村寨文化究竟是为谁服务的，一时成了争论焦点。村寨特色文化产业参与、发展的主体应是村民，没有他们是不可能谈论特色村寨发展问题的。参与缺失的背后是村寨文化发展力不足，村寨经济格局并未发生本质性变化。即使是已被命名为特色村寨的地方，特色文化产品、特色产业及其相关产业链发展仍很滞缓。“‘经济’不是一个世界清晰、专门具体的组织，而是普遍的社会群体和社会关系。”③特色文化产业的发展就是对村寨社会、民族群体的关切。村寨特色文化产业的发展不在于创造多

---

① [美]迈克尔·赫茨菲尔德.人类学:文化和社会领域中的理论实践[M].北京:华夏出版社,2009:120.

② [美]丹尼尔·贝尔.资本主义文化矛盾[M].北京:三联书店,1992:35.

③ [美]马歇尔·萨林斯.石器时代的经济学[M].北京:三联书店,2009:87.

高的经济收益，而在于解决村寨文化技艺传承问题，解决村民文化自信、实现文化生产创造的问题。在彝族刺绣产业发展较好的石林阿着底村，这一特色产业已转化为村民农忙之后自觉的文化行动。刺绣与民族服饰、装饰业，石林景区旅游深度融合。同时，村寨特色文化产业的发展也拓展了村寨的社会关系、村寨的知名度，艺术家介入村寨发展、参与村寨建设的案例越来越多。云南建水碗窑村紫陶产业就得益于很多书画艺术家的眷顾，而有了多样的装饰技法、村寨景观的再塑造，特色陶产业的发展。村寨特色文化产业之所以有别于其他行业，也就在于它为消费者提供的是审美化商品，艺术性的理解和存在。而问题的关键也在于，这一理解应化为村民自觉的文化生产行动，创造提升展现村寨文化创造力的商品，开拓有消费需求的群体。

在新知识经济、生活科技化、智能化背景之下，村寨特色文化产业融入科技文化内涵是大势所趋，利用现代生产组织实现产品创新、走向全球市场，实践创意经济，解决因交通、生态等因素制约的村寨发展危机。“创意经济是指以知识（智力）资源的占有、配置、生产和使用（消费）为最重要因素的经济，它是以知识为基础的经济，以无形资产投入为主，促进人与自然协调地可持续发展的经济形式。”①云南蒙自西北勒乡是石漠化片区，石漠化是整个乡的地理、生态特点，发展农业、稻谷种植业非常困难，长期贫困滞后于其他地方的发展。“石头缝里抛穷根”这一俗语表述着村民近年的发展。西北勒苹果经过文化品牌包装后，凭据良好的口感可在上海市场卖到五十余元一斤；利用奇石、风车打造的石漠公园成了俯瞰全城风景的观景台，吸引着游客。村民栽种的雏菊既能获得收益，也美化了村寨。类似的实践在西部村寨还有很多，虽然与创意经济的理解有一定距离，但知识、技术的投入是不争的事实，也代表了一种乡村发展的方式。村寨内生动力缺失、产业不兴，是束缚特色村寨发展的根源，乡村振兴的最大绊脚石。村寨特色文化产业的发展，解决了村民在地性就业、村寨空壳化等问题，更能实践乡村的生态化、科技化、知识化，提升村民、从业者的知识文化素养。特色文化产业的发展是因地制宜，利用地缘、业缘优势激发村寨创造力的实践，振兴村寨的不二选择。

四、市场对特色村寨发展的推动

村寨和市场有着天然联系，植根于乡土社会，二者的互惠不仅满足了生产者和

① 范雯雯，范建华. 特色文化产业——中国西部少数民族地区脱贫的不二选择[J]. 云南民族大学学报，2018(3).

消费者的需求，而且发展了村寨，孕育了城镇。村民生产生活的水准及村寨的社会文化交流、开放程度都取决于市场。市场能够激励村寨生产者不断提升制作技艺、创造新的产品以满足需求。可以说，特色村寨的建设、发展不能忽视市场的作用及其市场运行的效果。

1. 作为村寨特色的集市

村中集市定期、定点的销售构成了乡村市场的基本形式，生产者依靠市场获得信息。这种“街子式的市集并不构成一个经常的社区，它不过是临时性的集合，本身只是一个地点，依着交通的方便而定”①。街子、街天是乡土社会、村寨生活的重要组成。中国村寨多是传统小农家庭经济的延续，历史上生产多自给自足，少量用于交换，生产和集市具有一定的片面性，商品多是地域性产品。而现代社会中自给自足的经济已发生改变，为交换盈利、为市场而生产。市场交换弥补了生产的片面性，让产品的多样性、普遍需求的满足成为可能。集市容纳着不同生产方式、不同地域的产品，体现出包容性的特征。然而，也正是这种包容性，让村寨集市多沦为日用品、普通商品的交换。即使在手工艺集聚的村寨，集市产品的特色化并不突出。村寨特色化的路径之一需要重塑集市和商品的关系。云南建水碗窑村紫陶街区，经过多年的特色化打造已是景观优美、产品有特色的地方集市。施坚雅曾说：“市场分布和交易行为方式的基本变化为现代化进程提供了一个综合指标。”②传统集市可凝聚乡土人才的参与，村寨集市发展水平亦是特色村寨建设发展的重要指标。

周期性、时序性及其隐含的市场不确定性是村寨集市的特点。集市多是本地域、本民族的人员，于特定的时间、地点进行交换，市场相对封闭，供应的产品也可能只针对特定的人群。这种半开放集市，让村寨生产和市场之间始终存在不确定性。金平县城附近的哈尼族、瑶族逢周六都会在城里客运站集市聚集，进行布艺、服饰的交易。这种本族群交换的市场在工艺的创新、需求方面有限。在外来布艺的冲击下，传统的染坊、银器的加工越来越少。当地少数民族也只有在节庆活动中才穿本民族的服饰，制作工艺简化、工艺流失，市场逐步萎缩已是事实。要靠这些民族工艺的传承来改善村寨经济显然是有限的。市场和村寨相对稳定的经济关系，是建立在本族群参与、接受、不断向其他民族推广的基础上，唯有接受群体越多

---

① 费孝通. 乡土中国[M]. 上海：上海世纪出版集团，2007：265.

② [美]施坚雅. 中国农村的市场和社会结构[M]. 北京：中国社会科学出版社，1998：1.

方能赢得市场。市场需要社会力量，需要不同人员的参与。具有周期性的节日及其带来的集市贸易，是村寨发展市场的方式。节日对于村民而言是连续不断的文化盛装，因节而生的集市贸易成了村内外人员的狂欢，提供了不同群体集聚的时空机遇，建构了交往的行为。不可否认，节庆活动是村寨文化特色，然其带来的市场效益仅是昙花一现。仪式化的节庆活动、周期性的集市需要固化于村寨日常发展中。

2. 走向开放的村寨市场

“市场是不同的社会群体进行劳动交换，或实现社会产品分配的一种交往形式。”①促进资源的有效配置，社会交往水平的提高是市场具有的功能。传统村寨的生产多依靠村寨能提供的特殊资源，就地取材是其最大特点。如费孝通所言：“凡是有特殊原料的乡村，总是附带着有制造该种原料的乡村工业。靠河边有竹林的地方，有造纸和织篾器的工业。有陶土的地方，就有陶器的工业。宜于植桑养蚕的地方，有缫丝，丝绸的工业。”②然而，这一资源配置的方式正悄然发生着变化。在新华村、狮河村这些依靠特殊材料进行生产的村寨，原始的加工材料早已并非来自本地。现代市场提供了来自域外的原料，村寨与市场之间的联系更加紧密，村寨的知名度因市场而提升。

市场是推动村寨社会由封闭走向开放、走向互动的有力杠杆。一方面，市场表现出了强有力的吸引力，鼓励村民去不断开拓市场。“剑川木匠天下有”形象地说明了市场对于这一艺人群体的吸引力。今日的腾冲腾越镇满邑社区已是剑川木匠集聚之地，专门从事木雕、古建等行业，也是市场的驱动。获得收益后，村寨自然会得到回报。“人”的去留关乎特色村寨的发展。村寨能工巧匠、青年才干等是特色村寨建设的主力军，工匠精神、创业精神的积极实践者，他们未必要固守村寨，走向社会化的市场反而更利于村寨发展。另一方面，村寨本身也具有市场属性，市场吸引力。乡村振兴本质在于让人有归属感，依恋感，离开人，亦无乡村振兴可言。特色村寨不仅可以吸引游客，亦可以吸引新兴产业进驻。资源配置方式、社会交往的拓展正影响着特色村寨的发展，改变着村寨较封闭的局面。村寨发展必须依赖市场，能持久吸引村内外人们持续参与的市场。“市场是社会结构和文化互相交汇的

---

① 陈庆德.资源配置与制度变迁：人类学视野中的多民族经济共生形态[M].昆明：云南大学出版社，2007：197.

② 费孝通.乡土中国[M].上海：上海世纪出版集团，2007：224.

地方。整个文化的变革，特别是新生活方式的出现之所以成为可能，不但因为人的感觉方式发生了变化，而且因为社会结构本身也有所改变。”①文明乡风、村寨生活的新气象都与市场开放度、发展水平相关。市场的运行及其制度的完善是作为特色村寨发展中不可缺失的重要结构而存在的。

市场嵌入特色村寨之中，从未分离。市场会淘汰村寨经济发展中落后的生产者，也会激起适应市场的经营者。村寨也是市场经济浪潮中的参与者、角逐者，不能一成不变地坚守，恰恰需要积极参与、主动适应的行为选择。特色村寨建设不能忽视市场要素。传统集市、特色化街区市场、高端市场，是需要特色村寨在发展中不断开拓的。这并不要求过高的经济贡献，而是为民族文化的延续、民族经济的发展搭建平台，让村寨共同体成为市场经济的参与者，以不断创造者的角色、差异化产品提供者展现于市场经济格局中。

五、结　语

特色村寨建设是推进村寨文化传承、生态宜居空间塑造、村寨特色文化产业发展的关键举措，是实践乡村振兴的路径。文化发展问题关乎特色村寨建设成效，关乎脱贫攻坚、民族团结、民族发展等事业，关乎乡村振兴的成败。特色村寨建设发展应利用好村寨丰富的文化资源，助推民族文化产业兴旺、民族地区经济发展，让各族人民走上民族文化自信、民族文化致富的道路，让新经济、创意经济与村寨发展深度融合，提升村寨发展质量、市场品质，开拓特色村寨发展的新机遇。

作者简介

张黎明(1981—　)，云南建水人，红河学院人文学院副教授，博士，研究方向为民族文化产业研究。

---

① [美]丹尼尔·贝尔.资本主义文化矛盾[M].北京：三联书店，1992：102.

Research on Cultural Development in the Construction of Characteristic Villages

Zhang Liming

Abstract: The construction of characteristic villages is an important measure to promote rural revitalization. The construction of characteristic villages should continue cultural diversity and form the cohesiveness of villages. Globalization is a new opportunity for the development of villages. Village knowledge is a system of continuous construction and openness, and is the cornerstone of the development of characteristic cultural industries. Exploring the production methods that suits oneself, integrating into the new knowledge economy, scientific and technological cultural connotation, is the upgrading path of the village's characteristic cultural industry. The market is a powerful lever to promote the village society from closed to open and to interaction. It should reshape traditional markets, develop characteristic blocks and high-end markets, and practice new opportunities for village development.

Key words: Characteristic village; Culture development; Rural revitalization

文化金融

引进节目模式与中国电视节目多样性的实证研究*

罗立彬　李天昊　王牧馨

摘　要:运用2012年到2016年九大电视台的节目播出数据,通过计算HHI指数、水平多样化指数和市场集中度指数,实证分析了中国电视节目多样化的发展趋势,并讨论了其与引进节目模式的关系。我们并未发现引进节目模式导致中国电视节目同质化的证据,相反很多引进节目模式带来了新的节目类型,在很大程度上促进了中国综艺节目的多样化。文章对引进模式带来节目多样化的机理进行了理论解释,并对于相关政策进行了评论。

关键词:引进节目模式;节目多样性;同质化

一、问题的提出

21世纪之后的十几年来,电视节目模式[①]国际贸易迅速发展,成为电视节目产业乃至文化产业领域引人注目的重要现象。电视节目模式国际贸易额大大增加,出现了专门的国际交易市场和版权保护机构,成功模式的影响范围和流动速度加快,全球化周期缩短,参与模式贸易的国家和地区越来越多,更多国家和地区成为出口方,参与贸易的模式种类也不断增加。电视节目模式国际贸易的发展对于全球电视节目产业产生了深远的影响(罗立彬,2016)。

近年来,中国电视节目产业也融入"全球化"浪潮当中,到2014年之前,中国引进国外节目模式的数量不断增加。据不完全统计,中国在2002年到2005年间引进了4个模式,2006年到2009年间增长为10个,而2010年以来引进了近40个模

* 基金项目:北京第二外国语学院2019年度校级科研项目"引进节目模式与中国电视节目多样性的理论与实证研究"(WHMY19B002)。

① 为表述简单,本文其余部分将"电视节目模式"简称为"模式"。

式(殷乐,2014),引进模式极大激发了中国电视节目市场,2014 年中国晚间栏目收视率总排名前 20 位当中,绝大多数都是模式引进类节目。排名前五的节目有四档为引进节目。引进电视节目模式提高了中国综艺节目受关注以及受欢迎的程度,某些引进模式本土化的节目迅速成为“现象级”节目。① 据统计,2015 年现象级综艺节目包括《中国好声音第四季》《奔跑吧兄弟第二季》《爸爸去哪儿第三季》以及《极限挑战》等(叶立,2017),其中前三个都是引进模式本土化的节目;第四个《极限挑战》虽不是引进模式,但有不少“模仿”的嫌疑和证据。② “现象级”节目直接带动了综艺节目的收视比重,也带动了中国电视节目的出口(罗立彬,2017)。

同时,相关的争议和担忧也逐渐出现并不断强化,其中一个重要的担忧就是它导致节目形式重复(殷乐,2014;袁靖华和邢瀚元,2014)和综艺节目同质化(张善庆,2012、陈珂,2013;王琴,2013;武婉玉,2015)。这种担忧在相关部门的政策中也有体现,并实质性地体现为对境外节目模式引进的限制性政策。如 2013 年 10 月,原国家广电总局规定“每家卫视每年新引进的国外版权模式节目不得超过一档”;2016 年 6 月又发布《关于大力推动广播电视节目自主创新工作的通知》,规定“各电视上星综合频道每年在 19:30—22:30 开播的引进境外版权模式节目,不得超过两档。每个上星综合频道每年新播出的引进境外版权节目不得超过一档,第一年不得在 19:30—22:30 之间播出”。2017 年 8 月又下发《关于把电视上星综合频道办成讲导向、有文化的传播平台的通知》,指出“总局倡导鼓励制作播出具有中华文化特色的自主原创节目,原则上黄金时段不再播出引进境外模式的节目”。这些限制性政策的一个重要目的,就是要防止节目“同质化”。比如 2016 年 6 月的《关于大力推动广播电视节目自主创新工作的通知》明确强调要“开发多样态、差异化的电视节目”;“同一档真人秀节目,原则上一年内只播出一季”;“娱乐类节目要注意不得过度安排重排”。可见政策规定暗含着“引进节目模式导致节目同质化”的假设。

也有部分学者认为节目模式引进使中国综艺节目更加多样化。如邢雪(2013)认为,模式引进使各大电视台节约研发成本,缩短创作时间。吴坤埔(2014)指出,引入和改进国外节目模式激发并提高了我国综艺节目的创新力。蒋晴(2015)认

---

① 所谓现象级节目指在短期内迅速爆红而广为人知,并产生一定社会影响力的电视节目。业界对现象级综艺节目普遍认可的硬性标准是每期节目制作成本至少 300 万元;全国网收视率超过 2%;节目创造的综合价值在亿元以上。

② 本文后面部分对于模仿的判断标准进行了更为细致的描述。

为，节目模式引进呈现多元化特征，使真人秀节目也出现了旅游类、汽车类、亲子类、婚恋类、夫妻类、竞技类等多种类型。国外也有学者对于电视节目模式的相关影响进行评论。但观点也不一致，比如 Jameson(2000)认为，节目模式是新一轮文化的“往下笨”(dumbing down)现象，即它使电视节目的“文化性”进一步降低了。Keane(2008)认为，中国文化产业创新分为五个层级，从低到高分别为低成本制作、模仿、联合制作与模式引进、东亚创意经济、产业集群，作者认为从第三个层级开始才是真正的创新行为，从而肯定了模式引进是创新行为。

可见，虽然对引进节目模式的限制政策似乎在认同引进模式导致节目同质化的观点，但是在学术界这一观点还远未达成共识。其中一个重要原因是尚未有针对这一问题进行实证分析和测度，对于同质化或多样化的标准，也没有明确统一，多数是通过感性观察或典型事实做判断，具备较明显的主观性。这导致同一事实有时成为不同论点的论据，无法分辨孰是孰非。比如不同研究以同一节目或同一类节目作为案例，但有的重点关注其引进部分，就得出创新不足的结论；而另一项研究则关注其本土化部分，得出其具备创新性的结论。本文期望做出的贡献是，对这一问题进行实证分析，再对其影响机理进行理论探讨，并对相关政策进行评论和效果评价。

二、引进模式是否导致中国综艺节目多样化：实证分析

(一) 样本选取和数据说明

本文数据来源是看电视网站(kandianshi. com)上的电视节目播出表，该网站口号是“做中国最好的电视节目预告网站”，上面有从 2011 年 6 月中旬到现在为止全国几十个电视频道的节目播出时间表，不仅有节目名称，还有各节目的时长，非常适合本文研究的需要。

我们在 2011—2015 年收视份额排名前 15 位的电视台中，剔除不播放综艺节目的电视台①，将余下的 9 家电视频道作为研究样本(参见表 1)，包括 CCTV1、CCTV3、湖南卫视、浙江卫视、上海东方卫视、江苏卫视、北京卫视、安徽卫视、山东卫视，它们在 2011—2015 年间在全国的收视份额在 22.7%到 24.2%之间。

① 包括中央台四套中文国际频道、中央台五套体育频道、中央台六套电影频道、中央台八套电视剧频道、中央电视台新闻频道、中央电视台少儿频道。

表 1　2011—2015 年电视台市场份额

电视台	市场份额%					
	2011	2012	2013	2014	2015	平均
CCTV1	5.9	5.5	5.6	5.8	5.0	5.6
湖南卫视	3.9	3.4	4.1	3.9	4.3	3.9
CCTV3	3.1	2.9	3.2	2.8	2.8	3.0
江苏卫视	2.5	3.0	2.7	2.5	2.1	2.6
浙江卫视	2.1	2.1	2.1	2.1	2.7	2.2
安徽卫视	2.2	2.0	1.9	1.7	1.6	1.9
山东卫视	1.5	2.1	1.7	2.2	1.7	1.8
北京卫视	1.5	1.4	1.5	1.7	1.8	1.6
上海东方卫视	/	1.6	1.4	1.5	1.8	
总计	22.7	24	24.2	24.2	23.8	24.2

数据来源:《中国电视收视年鉴 2016 年》。

综合考虑数据可得性、完整性和可比性,我们选择 2012—2016 年的电视节目数据作为抽样范围,抽取每个月第一周作为具体研究样本,共计 60 周,420 天。

根据中国电视收视年鉴对于 2012—2014 年全国样本城市观众全天收视率走势的分析(见图 1),收视率的高峰在每晚 9 点左右,考虑每晚 19:00—19:30 播放

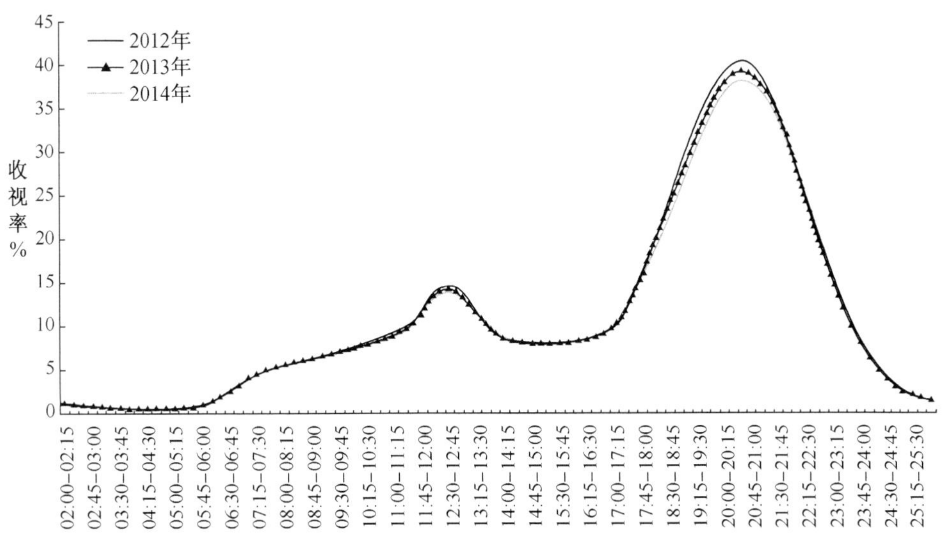

图 1　2012 至 2014 年全国样本城市观众全天收视率走势

数据来源:《中国电视收视年鉴 2015 年》。

新闻联播，与研究的综艺节目并不相关，且综艺节目大部分于晚间播放，本文将样本时间段定义为每晚 19:30—24:00。

(二) 综艺节目分类

我们对研究涉及的综艺节目逐一进行百度百科搜索，借鉴了其中部分百科定义中的节目类别，并且综合考虑了该节目在优酷、腾讯、爱奇艺等各大视频网站的类别名称，结合媒力·中国提供的《2016 年 10 大卫视综艺节目最全分类汇总》进行类别整合，得出本文的三级分类标准。一级分类有四类：电视剧、新闻、综艺、其他。二级、三级分类在综艺节目下再进行细分，形成二级分类 26 种，三级分类 59 种。① 具体分类情况如下：

表 2　节目分类标准和示例

二级分类	三级分类	节目示例	二级分类	三级分类	节目示例
1. 真人秀	游戏任务	《奔跑吧》		文化评论	《文化正午》
	生活体验	《这就是生活》		知识比拼	《汉语桥》
	情景设定	《头号惊喜》	3. 生活服务	生活百科	《百科全说》
	纪录片	《跟着贝尔去冒险》		健康医疗	《超级诊疗室》
	旅行	《花儿与少年》		健身减肥	《燃烧吧！卡路里》
	音乐	《唱游天下》		家装	《暖暖的新家》
	亲子	《爸爸去哪儿》		育儿	《育儿》
	美食	《十二道锋味》	4. 才艺表演	才艺选秀	《星光大道》
	情感	《妈妈的牵挂》		才艺比拼	《掌声响起来》
	圆梦	《机会来了》		节目表演	《有朋远方来》
	挑战	《星球者联盟》		才艺展示	《传承者》
	军警	《警察特训营》	5. 游戏	益智游戏	《争分夺秒》
2. 文化	艺术收藏	《天下收藏》		游戏互动	《快乐大本营》
	文化学习	《你好！历史君》		游戏闯关	《智勇大冲关》

① 需要强调的是，关于综艺节目的分类，目前没有发现统一的标准。我们在分类时遵行三大原则：一是严格保证"事前分类"的原则，保证分类过程发生在结果分析之前，保证没有根据结果的需要而调整分类方法；二是我们参考了一些文中所指的其他标准，同时查阅了每一个节目的文字介绍，并观看了各个节目的片段，最终得出本文的分类。笔者认为这种分类标准虽不完美，但是对于分析本文的具体问题是有效的。

（续表）

二级分类	三级分类	节目示例	二级分类	三级分类	节目示例
6. 音乐	音乐选秀	《中国好歌曲》	13. 益智答题	/	《一站到底》
	演唱表演	《中国民歌大会》	14. 曲艺杂技	/	《梨园闯关我挂帅》
	演唱比赛	《梦想星搭档》			
7. 情感	交友	《我们约会吧》	15. 励志挑战	/	《挑战不可能》
	亲情	《妈妈听我说》	16. 节庆特别节目	/	《我要上春晚》
	矛盾沟通	《四大名助》			
	心理疏导	《完美释放》	17. 精品节目展播	/	《综艺喜乐汇》
8. 舞蹈	舞蹈选秀	《舞林斗秀场》	18. 探索调查	/	《撒贝宁时间》
	舞蹈比赛	《中国好舞蹈》			
9. 竞赛竞技	科学竞赛	《最强大脑》	19. 衍生节目	/	《加速进行时》
	体育竞技	《星跳水立方》	20. 脱口秀	/	《壹周立波秀》
10. 公益	公益寻人	《等着我》	21. 美食类	/	《中国味道》
	爱心帮助	《小善大爱》	22. 养成类	/	《青春练习生》
11. 职业	创新创业	《赢在中国》	23. 喜剧	/	《一起来笑吧》
	求职	《职来职往》	24. 访谈	/	《杨澜访谈录》
12. 晚会	节庆晚会	《英雄丰碑清明颂》	25. 演讲	/	《开讲啦》
	专题晚会	《五月的鲜花》	26. 时尚	/	《美丽俏佳人》

数据来源：作者自制。

（三）节目多样性测度指标设计

本文用 Shu-Chu Sarrina Li & Chin-Chih Chiang（2001）中"垂直多样性"和"水平多样性"双维度指标，以及常用来测度市场集中度的 CR8 来测度节目多样性。垂直多样性测度特定时段内所有样本频道所提供的节目类型的多样性，采用赫芬达尔-赫希曼指数（HHI）来测量，具体计算方法见公式（1）：

$$\mathrm{HHI} = \sum_{i=1}^{n} MS_i^2 \tag{1}$$

其含义是将 n 种类型节目中各种节目类型 i 的播出份额（MS_i）平方后再加总。HHI 值越高，说明节目类型多样性越低；反之说明节目类型多样性越高。

水平多样性指每一时段观众可选择的不同节目类型数量。我们以每半小时为一单位时段，计算各时段共有多少不同节目类型，再将该数字加总，最后再除以总时段数。本文研究的黄金时间段为 19:30—24:00，共 9 个时段。本文的抽样调查选取的是 2012 到 2016 年间每年每月的第一周作为研究对象，共需要观察 420 天，3 780 个时段当中的节目类型数。

CR8 一般指行业前 8 名企业市场份额的总和占据整个市场的比例。CR8 越大表明市场集中度越高，即节目多样性越小，反之即节目多样性越大。

（四）电视节目多样性分析结果：一级节目分类多样性下降，但二级和三级节目分类的多样性明显上升

根据"看电视"网站的原数据，首先将 2012 至 2016 年 9 个电视频道每天 19:30—24:00时间段所播放的电视节目进行一级、二级和三级分类标记，再统计 9 个电视台 5 年的每个节目类别在研究时段内的播放时长，并据此分别计算出 2012 年到 2016 年间中国电视节目多样性情况，见表 3：

表 3　中国电视节目多样性情况(2012—2016)

	垂直多样性(HHI 指数)			水平多样性指数		CR8	
	三级分类	一级分类	二级分类	三级分类	二级分类	三级分类	二级分类
2012 年	0.343	0.097	0.080	1.49	1.53	80.17%	68.82%
2013 年	0.372	0.099	0.072	1.63	1.69	77.96%	64.13%
2014 年	0.378	0.087	0.057	1.50	1.54	74.97%	57.50%
2015 年	0.398	0.086	0.038	1.85	1.93	69.85%	42.96%
2016 年	0.409	0.083	0.033	1.79	1.87	64.55%	40.53%

数据来源：作者自制。

(1) 从一级分类看，综艺节目播出份额的提升导致中国电视节目多样性下降。一级分类计算得出的 HHI 指数呈现逐年递增状态，从 2012 年的 0.343 上升到 2016 年的 0.409，说明一级分类节目多样性在递减。稍微仔细观察，可以看到，节目多样性递减的原因在于综艺节目份额的逐年递增。样本中综艺节目的播出份额从 2012 年的 40.40%逐年递增到 2016 年的 51.23%，这是导致 HHI 指数上升的根本原因。

(2) 从二级分类和三级分类层面看，无论是垂直多样性指数(HHI 指数)，还是水平多样性指数以及 CR8 指数都表明电视节目多样性在提高。垂直多样性方面，二级分类的 HHI 指数从 0.097 下降到 0.083，CR8 从 80.17%下降到

64.55%；三级分类的 HHI 指数从 0.080 下降到 0.033，CR8 从 68.82 下降到 40.53%。水平多样性指数方面，二级分类从 1.49 提高到 1.79，这说明观众在每个半小时时段时，平均可以看到的节目二级分类数从 1.49 个提高到了 1.79 个；三级分类方面则从 1.53 提高到 1.87。整体而言，从三级分类角度看，节目多样性提升得更快一些。

（五）引进节目模式带动节目多样性提升

观察 HHI 指数可见，二级分类和三级分类的节目多样性的增加可归结为两个原因，一是出现了之前未有的新节目类型，二是以往播出份额低于平均的节目类型的播出份额上升了，使得各节目类型的播出份额越来越平均。笔者设计如图 2 的方法来帮助观察每年使节目多样性（HHI）指数下降的原因。图 2 是将 2012 和 2013 年的各类节目市场份额进行对比，垂直线 $X=0.0169$ 代表各类节目播出份额平均值，45 度线上方的点代表在 2012 年和 2013 年的播出份额相同的节目类型，45 度线上方的点代表该节目类别的播出比重在 2013 年超过了其在 2012 年的比重，而当这些点在 2012 年又低于年平均市场份额 0.016 9 时，那么它们就会使得节目分配得更加均匀。故本节研究的点在 Y 轴，$X=0.0169$ 线及 45 度对角线组成的区域。

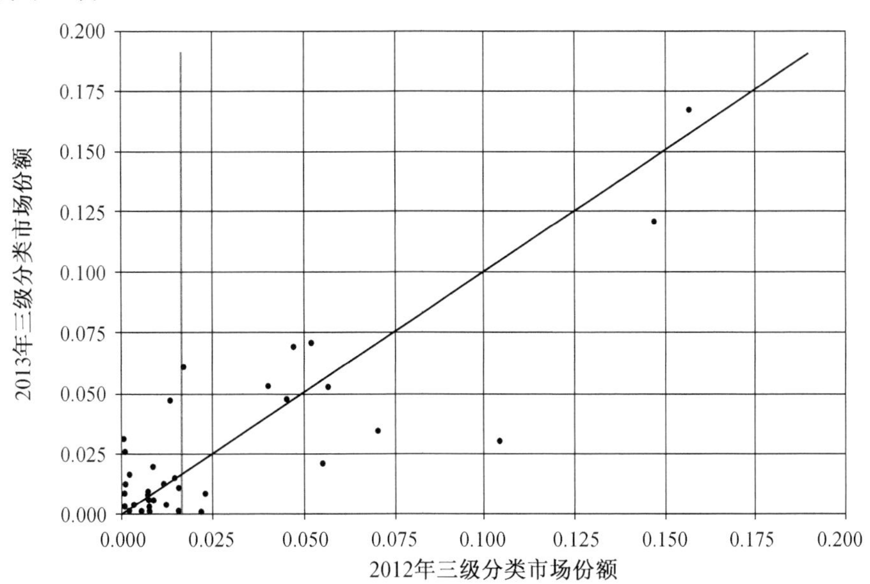

图 2　2012 年与 2013 年各类型节目市场份额状况

数据来源：作者计算。

我们将此区域内的点分成两类如下：A 类点是 Y 轴上的点，它代表 2012 年不存在而 2013 年新出现的节目类型；B 类点满足三个条件，一是指非新增节目类型，二是它们在 2012 年市场份额小于平均值，三是它们在 2013 年的市场份额高于 2012 年。用同样的方法以此类推，我们为其他年份也制了图并做出类似的分类和分析。

通过这种方法，我们分别找到了 2013 年到 2016 年间，样本中每年中的 A 类点和 B 类点，并分析了其与引进节目模式之间的关系。①

(1) 新增节目类型中真人秀节目集中。2013 年到 2016 年间新增节目类型中，真人秀节目播出比重分别为 40.64%、66.04%、64.35%和 66.01%。真人秀节目不断出现新类型，也使二级分类中的真人秀节目的播出份额不断提高，从 0.63% 直线上升到 19.8%，在总共 26 个二级分类中，播出份额从排第 19 名一路升到第 1 名。这可能是人们得出节目同质化直观印象的原因。

(2) 新增真人秀节目类型差异性明显。虽然新增类型集中在作为二级分类的真人秀节目中，但是这些节目的三级分类差异性比较明显。比如 2014 年新增的节目类型一共有 11 类，其中包括真人秀类节目 5 类，这些节目类型虽然都是节目参与者以自己本人身份和本人经历为题材设计的综艺节目，但是主题包含游戏、美食、旅行、圆梦、生活体验等，这些不同的主题给观众带来的观看体验是不一样的，甚至目标市场也有所不同。笔者觉得不应该否定其差异性，而得出它们是同质节目的结论。

(3) 引进节目模式对新类型节目的出现发挥了重要作用。我们分两种情况来验证这一点：一是仅考虑有模式版权正版引进的情况，二是将一些虽然没有引进正式模式版权但是有迹象表明是明显借鉴或模仿了国外某模式的节目②也考虑在内。在 2013 年到 2016 年所有新增类型节目当中，正式模式版权引进的节目的播出份额分别是 35.85%、28.57%、33.82%和 26.92%；如果加上“模仿类”节目，那份额分别是 35.85%、41.18%、33.82%和 74.24%。按两种标准看，引进模式类节

---

① 我们做出了 A 类点和 B 类点节目的情况表，内容包括节目类别、节目名称、节目时长等信息，本文后面部分的结论是基于情况表中的信息。但是由于表格很长，而文章篇幅有限，所以无法全部展示。有兴趣和有需要的读者可以向作者索取。

② 对于“明显借鉴或模仿了国外模式的节目”，我们的判别标准是，在网络上可以直接搜索到模仿的证据的节目，它们或者是直接受到国外版权方的控诉，或者被网友直接将该节目与国外某节目非常雷同的节目模式对比照片列举出来。

目对新节目类型的出现，发挥了举足轻重的作用，比重都没有低于四分之一。

（4）中国原创综艺节目水平提高，但是引进模式在这个过程中发挥了重要作用。中国原创综艺节目水平的提高，表现在播出份额在前一年处于平均数以下，在后一年有所提高的电视节目类型（B类点）大多数由中国原创节目所带动。但是引进节目模式①也发挥了一定作用，并未起到相反的作用。这些作用体现在以下两个方面：一是一些引进节目模式本土化节目是属于B类节目类型中新出现的节目，这一节目的出现增加了该类节目的播出时长及份额。比如2012到2013年间，“竞赛竞技-体育竞技”类型节目在样本中的播出时长从123分钟提高到1 479分钟，这主要是因为2013年出现了《中国星跳跃》和《星跳水立方》两个模式版权引进节目；2014年《爸爸回来了》这个新出现的版权引进类节目使“真人秀-亲子”类型的节目播出时长从1 001分钟提高到2 551分钟；这种情况的节目还有2015年的《超级育儿师》《极限勇士》《花样姐姐》《跟着贝尔去冒险》《挑战不可能》和2016年的《王牌对王牌》《加油美少女》。二是引进节目模式本土化节目虽不是新出现的节目，但是其播出时长增加导致所在类型播出时长增加。如2013年的《中国好声音》，2014年的《人生第一次》《中国达人秀》，2015年的《开门大吉》《花儿与少年》《最强大脑》，2016年的《遇见男神》《超级育儿师》。总之，没有证据说明引进模式类节目导致了节目的同质化，相反，它们对节目多样化的提高发挥了作用。

表4 2013—2016年新增节目类别（A类）及其引进情况

年份	新增二级节目数量	新增三级节目数量	新增节目数量	引进/海外团队参与/疑似模仿的节目数量	播出份额（含模仿）	播出份额（不含模仿）	真人秀节目份额
2013	6	7	10	3	35.85%	35.85%	40.64%
2014	6	11	20	8	41.18%	28.57%	66.04%
2015	4	6	17	3	33.82%	33.82%	64.35%
2016	3	4	10	4	74.24%	26.92%	66.01%

数据来源：作者自制。

① 此部分分析包含了没有正式引进模式版权但是有明显模仿痕迹的节目。

表 5　2013—2016 年新增节目类别(B 类)及其引进情况(包含模仿)

节目类别	2012 年			2013 年		
	节目个数	节目时长	引进/疑似模仿/海外参与制作节目个数	节目个数	节目时长	引进/疑似模仿/海外参与制作节目个数
音乐-音乐选秀	2	1 523	1	3	5 394	2
舞蹈-舞蹈选秀	2	933	0	2	2 210	0
文化-艺术收藏	2	836	0	2	1 055	0
文化-文化学习	2	1 273	0	3	1 504	0
竞赛竞技-体育竞技	1	123	0	3	1 479	2
晚会-节庆晚会	4	1 899	0	2	7 008	0
曲艺杂技	3	751	0	1	990	0
演讲	1	250	0	1	1 468	0
探索调查	1	315	0	1	478	0
美食类	2	1 602	1	3	1 830	1
	2013 年			2014 年		
文化-艺术收藏	2	1 055	0	2	1 558	0
文化-文化学习	3	1 504	0	3	2 173	0
文化-知识比拼	2	344	0	3	983	0
舞蹈-舞蹈比赛	2	636	2	1	726	0
真人秀-亲子	2	1 001	2	3	2 551	3
真人秀-纪录片	1	885	0	5	1 060	0
才艺表演-才艺选秀	5	7 776	1	5	12 314	1
演讲	2	1 884	0	3	1 908	0
美食类		1 830	1	6	2 315	1
衍生节目	1	50	0	4	158	0
	2014 年			2015 年		
晚会-专题晚会	3	372	0	4	515	0
生活服务-育儿	1	59	0	2	816	1
游戏-游戏互动	1	1 215	0	1	1 215	0
游戏-游戏闯关	2	502	0	6	4 018	1
游戏-益智游戏	1	1 622	1	1	2 672	1

（续表）

节目类别	2012 年			2013 年		
	节目个数	节目时长	引进/疑似模仿/海外参与制作节目个数	节目个数	节目时长	引进/疑似模仿/海外参与制作节目个数
音乐-演唱表演	3	2 994	1	4	4 065	0
真人秀-美食	1	973	0	3	1 231	0
情感-矛盾沟通	1	85	0	2	244	0
真人秀-旅行	2	2 504	2	2	1 736	2
竞赛竞技-科学竞赛	1	1 230	1	1	1 936	1
生活服务-健康医疗	2	1 365	0	3	2 323	0
生活服务-家装	1	270	1	2	589	1
真人秀-纪录片	5	1 060	0	6	1 770	1
公益-公益寻人	1	300	0	2	1 706	0
职业-创新创业	1	141	0	2	1 689	0
才艺表演-才艺比拼	1	172	0	1	354	0
曲艺杂技	1	792	0	1	1 281	0
探索调查	1	428	0	1	578	0
励志挑战	1	120	0	3	1 993	1
衍生节目	4	158	0	7	708	0
	2015 年			2016 年		
文化-知识比拼	4	882	0	4	854	0
真人秀-圆梦	1	75	1	2	286	1
生活服务-育儿	2	816	1	2	1 013	1
游戏-游戏互动	3	1 986	1	1	2 398	1
文化-艺术收藏	1	685	0	1	832	0
竞赛竞技-体育竞技	2	579	1	2	1 154	0
情感-亲情	2	416	0	2	472	0
情感-矛盾沟通	2	244	0	1	1 803	0
真人秀-旅行	3	1 736	2	5	2 322	1
晚会-节庆晚会	2	751	0	5	4 581	0
生活服务-家装	2	589	1	3	911	1

（续表）

节目类别	2012 年			2013 年		
	节目个数	节目时长	引进/疑似模仿/海外参与制作节目个数	节目个数	节目时长	引进/疑似模仿/海外参与制作节目个数
真人秀-纪录片	6	1 770	0	8	2 529	0
公益-公益寻人	2	1 706	0	1	2 049	0
才艺表演-才艺展示	1	180	0	1	730	0
节庆特别节目	3	814	0	2	1 389	0
曲艺杂技	1	1 281	0	2	1 758	0
演讲	5	1 714	0	3	2 476	0
美食类	4	1 086	1	6	2 449	1
养成类	4	1 711	1	7	5 059	2
衍生节目	7	708	0	6	759	0

三、模式贸易及引进对节目多样化的影响机理分析

上文分析表明，2012 年到 2016 年间，中国综艺节目出现多样化趋势，而引进模式在其中发挥重要作用。下面我们试图从理论上对这种促进作用的发生机理进行分析，为上述实证结果提供理论支撑。我们认为，“差异化”是节目模式的最本质特征，也是它能够被作为版权产品在国际上进行贸易的基础；而当它以贸易的方面在国际间流动时，就会将其内在的“差异性”带到引进国。

（1）模式国际贸易带来节目模式与内容在国际范围内分工发展，使“差异性”成为独立目标，解决了模式创新被“搭便车”的问题。无论是在模式国际贸易出现并繁荣之前还是之后，电视节目制作都可分为三阶段：模式研发、节目制作、后期制作。但是当模式成为单独的贸易对象之后，第一阶段工作就开始单独得到重视。人们必须找到与以往节目相实质区分的“差异性”才能形成版权。而在没有模式贸易之前，节目研发过程可能更多考虑的是“能否受欢迎”以使节目盈利，“差异化”可能存在也可能不存在，即使存在也是为了“节目盈利”这个目标服务，在它不利于盈利目标实现时，“差异化”就可能被舍弃，“同质化”就成为理性选择。但是在节目模式成为单独交易的“版权产品”之后，“差异化”就成为节目研发过程中一个单独的目标，因为它是形成版权的必要条件，而版权是带来收入和利润的重要来源。

为了形成足够的“差异化”，模式研发方引入一些可引发观众兴趣和互动的新元素，并形象地称之为“引擎”(engine)，如百万美元奖金、潜在冲突和囚徒困境、求救方式与豁免机会、异域或熟悉的地点、角斗士元素、表演性和真实性、家居翻修、DIY 与自我完善、家庭参与等(Keane，2007)。其实，在一个频道数量不断增加、竞争不断激烈的背景下，创新与模仿之间的天平原本越来越倾向于模仿，因为模仿的风险小，创新则容易被搭便车。模式版权的形成正是应对创新不足的一种新的制度安排和解决方案，在创新可能更快更广泛被模仿的情况下，为创新提供一种新的激励。

当不同的节目引擎被逐渐推出并引入各种节目类型时，原有节目就出现新面貌。比如家居翻修被引入信息类节目时，纪录片就变成了真人秀；而当角斗士元素被引入装修节目中时，信息类真人秀就变成了信息挑战类节目，参与者需要在规定时间或者预算约束下进行装修房子来进行比赛。当角斗士元素被引入音乐类节目时，风靡全球的《偶像》模式就产生了。在中国引起疯狂收视的《超级女声》节目中引入的 PK 环节，也使音乐竞赛和以前大不相同，甚至将体育比赛中的“竞争均衡”概念引入音乐节目当中。节目环节的设计逐渐复杂且富有创意。中国最早引进的模式之一就是《芝麻街》，中国版的《芝麻街》改变之前从成人视角制作儿童节目的状况，开始从孩子的角度出发制作儿童节目。

(2) 模式国际贸易的出现改变了节目制作规模经济发生的条件。小制作节目也可能通过模式贸易在世界各地获取更多收入，并积累成一个可以支撑模式研究成本的收入水平，使创新和差异性在世界各地“点式”出现，并最终导致专门以“模式创新”为目标的大型集团出现。由于必须依赖某一地区观众的收视，电视节目创新一直是“小步渐进”的，与电影以及其他付费媒体相比，一直给人以模仿有余创新不足的印象(Keane，2007)。模式贸易出现之后，这种“保守”的创新模式得到改变。由于有了新的收入来源，“小制作节目”也有了更大的生存空间。换句话说，它改变了电视节目制作规模经济发生的条件。例如，以往荷兰一家电视制作机构主要市场在规模不大的国内，因此其节目创新就不可能太大胆，因为它必须考虑创新节目在荷兰国内的被接受度，如果被接受度不高，就面临巨大风险。但有了模式贸易之后，这家荷兰公司所面临的观众群体就不再限于国内，而是世界各地有可能对该模式感兴趣的人群，这些人群有可能在各国都是“利基市场”，但是汇聚在一起仍有可能支撑较大的制作成本，降低风险。这最终促使专门从事模式研发的国际性公司出现并不断壮大，他们的核心任务就是“创造多样化”，是“创造多样化”的专业机构。

(3)“模式国际授权”促使研发方必须要在国际范围内推广差异性(Keane, 2007),使差异化不仅在原创国实现,也推广到模式引进国。由于模式授权更多发生在国家间,而非一国内,所以模式研发者从一开始就要考虑模式的“国际通用性”。换句话,模式间的差异性也必须是在国际间具备可交易性的,或者说差异点必须是可本土化的,才有可能在模式国际贸易中被买方接受。在没有模式国际贸易之前,由于节目成品出口的可能性不大①,而模式本身就是成品的一部分,所以模式也只需要考虑国内观众的接受度就可以了。但是一旦人们预期到模式本身有很大可能独立出口来获利,甚至模式出口收入构成节目收入主要部分,那模式研发者就需要同时考虑两个因素:一是要有足够的差异性来形成版权;二是差异性不仅要能被国内接受,也要能被模式潜在的被授权方所接受。此时差异性就可以被传导到节目被授权国。

(4)模式国际贸易的实践促进“模式版权保护机制”被推广到各国,帮助模式引进国逐步形成知识产权保护的需求和环境,使“差异化”创新具备更好更稳定的制度环境。首先,引进模式版权交易过程提高了版权保护意识,也积累了版权形成、保护与交易的经验,使引进方从业人员更熟悉国际版权保护与交易惯例,对国内知识产权保护起到促进作用,为国内模式创新提供更好的法律环境,增强对模式创新的激励。国际经验表明,模式版权意识的觉醒是在版权交易过程中出现并形成的,而它反过来又推动版权需求的提升和保护诉求,提升版权保护的环境。关于版权的形成及授权的实践做法,引进也带来了经验。模式版权的形成不是一件容易的事情,版权输出方须提供完备的咨询套餐,包括详细达几百页的“制作圣经”(production bible);引进方还可以咨询输出方的制作顾问,在早期几期节目制作时与制作方在一起,即使前几期结束后回国,引进方依然可以通过电话邮件进行咨询(Chalaby, 2015);一些国际知名的模式甚至为不同地区的被授权方召开国际会议(Chalaby, 2015)。这时,引进方所学习到的不仅是节目模式制作经验知识,也积累了版权形成及授权方面的经验,在今后原创模式授权过程中发挥作用。其次,由于模式引进需要非常显性的成本,所以当引进国有人抄袭或模仿同一模式时,正版引进者就有激励去控诉甚至打官司,从而对知识产权保护形成实质性的需求,这一

---

① 节目模式贸易主要是由出口并不突出的欧洲电视节目制作者推动的,所以出口不是一个重要影响因素。

过程有助于国内知识产权保护机制的讨论和完善，将模式差异性及多样化制度化和常态化。如果人们对知识产权保护连争议的需求都没有，那知识产权保护机制和法律就没有存在的实质性基础。国际经验也表明，模式版权保护的法律环境正是在不断的争议和诉讼中逐渐清晰和完善的。比如在中国近年来开始引进国外节目模式，相应的版权争议也开始出现，并带动了学术界对模式版权的大讨论，近年来学术界有大量的关于模式版保护的研究和学术文章出现。第三，再深入讨论，一旦模式版权保护的国内环境得以形成并完善，又会进一步促进电视节目的“模式与内容分离及专业化发展”趋势在国内也开始出现，甚至产生专门从事模式创新的本土化公司的出现，从而形成良性循环。

值得一提的是，如果发展顺利，中国在形成这种良性循环过程中具备非常突出的优势。因为中国国内市场规模巨大，各个省又有不少“地面频道”，虽然它们是以本省观众的受众，但是中国很多省的经济规模已经与欧洲一些国家经济规模类似，完全足够成为创新节目模式的“试验场”。在中国电视频道竞争日益激烈的情况下，这既可以成为地面频道的生存之道，也可以成为以全国观众为目标的卫视频道跨越式发展的机遇。因为卫视频道可以购买经地面频道试验成功的模式，在降低风险的情况下增加预算，制作升级版。例如湖南卫视就有以省内地面频道的成功节目为基础，制作卫视节目并取得成功的例子。近年来，中国卫视综艺节目大量引进韩国模式，其实在国内模式版权保护完善的情况下，卫视节目模式的来源方完全可能不是韩国，而是一个和韩国经济体量差不多的省级地面频道。这种情况之所以没有发生，原因有多方面，但其中之一可能就是国内并没有形成一个好的版权保护环境以及交易市场。

四、结论与相关讨论

本文的实证分析可得出如下几点结论：第一，2011 年到 2016 年间，从一级分类角度看，中国电视节目多样化下降，同质化上升，主要原因是综艺节目播出比重大幅提高；第二，从二级和三级分类来看，中国电视节目多样性在提高，综艺节目内容种类增加；第三，没有证据表明引进节目模式使综艺节目更加同质化，相反从三级分类情况分析看，引进节目模式在中国综艺节目多样化过程中发挥了重要作用。引进节目模式当中真人秀节目比重较高，这可能是导致人们产生“引进模式带来节目同质化”印象的重要原因，但是真人秀的主题各有不同，不能笼统称其为同质化节目。本文的理论分析表明，全球范围节目模式国际贸易的发展，使得节目创新的保护和国际流动产生了一个系统和流程。这有助于节目制作过程中模式与内容的分工和贸易，有助于在全球范围内，收获规模经济效应的同时，将更多多样化传播到世界各地。

参考文献

[1] Jean Chalaby. The making of an entertainment revolution: How the TV format trade became a global industry. European Journal of Communication, 2011, 26(4): 293—309.

[2] Keane M, Anthony Fung, Albert Moran. New Television, Globalisation, and the East Asian Cultural Imagination, Hong Kong University Press, 2007.

[3] Keane M. As a Hundred Television Formats Bloom, a Thousand Television Stations Contend, Journal of Contemporary China, 2002, 11(30): 5—16.

[4] Litman B R. The television networks, competition and program diversity. Journal of Broadcasting, 1979, 23(4): 393—409.

[5] Shu-Chu Sarrina Li, Chin-Chih Chiang. Market Competition and Programming Diversity: A Study on the TV Market in Taiwan[J]. Journal of Media Economics, 2001, 14(2): 105—111.

[6] 白嗣新. 中国电视娱乐节目模式化研究[D]. 武汉大学，2014.

[7] 陈珂. 中国电视节目引进国外模式现象解析[J]. 赤子，2013(5):41.

[8] 蒋晴. 海外节目模式引进及其对我国电视娱乐节目市场结构的影响[D]. 湖南大学，2015.

[9] 刘俊，胡智锋. 多元类型的“井喷”：中国电视综艺节目内容生产的新景观[J]. 中国电视，2015(02):22—25.

[10] 罗立彬. 电视节目模式国际贸易：动因及对全球电视节目产业的影响//文化产业研究：第14辑[M]. 南京：南京大学出版社，2016.

[11] 罗立彬(2016b). 电视节目模式由引进到原创：理论与案例分析[J]. 中国文化产业评论，2016(1):311—324.

[12] 罗立彬. 模式引进与中国电视节目出口——加入本地市场效应的研究//文化产业研究：第16辑[M]. 南京：南京大学出版社，2017.

[13] 王琴. 我国电视节目模式版权交易现状思考[J]. 长江大学学报(社会科学版)，2013，36(3):189—190.

[14] 吴坤埔. 电视综艺节目的海外引进和知识产权保护[J]. 当代电视，2014(7):24—25.

[15] 武婉玉. 关于中国电视综艺节目引进现状的思考[D]. 河北大学，2015.

[16] 邢雪.电视节目策划与运营战略的创新——评浙江卫视"中国三部曲"[J].新闻窗,2013(6):51—52.

[17] 叶立.现象级综艺节目的凤凰涅槃[J].东南传播,2017(6):100—102.

[18] 殷乐.电视模式产业发展的全球态势及中国对策[J].现代传播:中国传媒大学学报,2014(7):106—111.

[19] 袁靖华,邢瀚元.全球竞争时代我国电视业的节目模式之困及出路[J].浙江传媒学院学报,2014(4):119—127.

[20] 张善庆.电视艺术:引进不能代替创新——也谈综艺节目的模式引进与本土化改造[J].中国电视,2012(12):26—30.

[21] 钟苏红.韩国引进类电视综艺节目研究[D].南昌大学,2016.

作者简介

罗立彬(1977—),吉林白城人,北京第二外国语学院首都对外文化贸易研究基地资深研究员,北京第二外国语学院经济学院副教授、副院长,研究方向为文化贸易和国际贸易。

李天昊(1994—),北京顺义人,北京第二外国语学院经济学院学生,研究方向为国际贸易。

王牧馨(1994—),江苏盐城人,北京第二外国语学院国际贸易学硕士研究生,研究方向为文化贸易与国际贸易。

An Empinical Research on Imported TV Formats and Program Diversity in China

Luo Libin Li Tianhao Wang Muxin

Abstract: Using data of the programs broadcasted on nine Chinese TV channels from 2012 to 2016, and the calculations of HHI index, the level of diversification index and market concentration index, this paper analyzes the trend of diversification of Chinese TV programs and discusses its relationship with the importations of foreign TV formats. We did not find evidence that the TV program was homogenized by the introduction of the foreign TV formats. On the contrary, many imported TV formats have brought new programs types, which greatly improved the diversifications of Chinese variety shows. We further explain the theoretical mechanisms through which imported TV formats diversifies TV programs and give some comments on the relevant government policies.

Key words: Imported TV formats; Program diversification; Homogenization

文化企业、银行和评估机构联姻?
——无形资产动态融资机制研究*

任婷婷　周倩春　仲　旭

摘　要:自党的十八大将文化产业确立为国民支柱产业以来,我国文化产业的发展突飞猛进。但是由于文化产业具有很强的创新性和不确定性,无形资产占比大,可用抵押资产少,致使其在高速发展的过程中,难以筹集到企业发展所需要的资金。本文针对文化企业融资难、银行投资风险高的痛点,提出建立长效普适的融资机制,具体从文化企业、银行、评估机构三方合作共赢理念出发,结合文化产业特性,变传统静态融资为动态融资,确保银行贷款风险稳定,实现文化产业无形资产抵押融资,增加评估机构收益来源,力求改善甚至解决当前文化产业融资困境的现状,确保我国文化产业健康发展。

关键词:文化企业;无形资产;动态融资

一、引　言

(一) 研究背景

文化产业作为一个新兴产业,具有知识科技含量高,资源消耗低,环境污染少的优势,是典型的低碳经济。与其他传统行业相比,文化产业的发展能够带来更多的社会经济效应,对区域经济增长具有重要影响。

我国政府一直努力推进文化体制改革的进程,以缓解我国文化市场的需求与文化产品生产能力相对不足的矛盾。2015 年,十八届五中全会明确提出发展文化产业,并要求在"十三五"期间成为国民经济支柱性产业。但文化产业属于资金、人才以及创意密集型产业,需要投入大规模资金进行创作。而创作主要形成知识产

---

* 基金项目:国家社会科学基金重大项目(15ZDC034);河北省科技厅软科学研究专项(184576473)。

权等无形资产，收益风险高，价值难以确定，多数无法进行有效融资，难以保证企业发展资金的循环持续流入，造成了文化企业融资难问题。

鉴于此，本文提出文化企业、银行和评估机构三者联姻的无形资产动态融资机制，以缓解我国文化企业融资难问题，对解决文化产业融资问题有一定的理论意义和实践意义。理论方面，本文从动态融资的角度构建了我国文化企业无形资产动态融资机制，为文化产业融资对策研究提供了新的切入点，完善了我国文化产业融资对策的理论体系。实践方面，本文为文化产业提供新的融资方式，促进文化产业创新创意研究；为银行拓宽业务渠道，增加收益；为评估机构增加业务数量，促进评估市场发展。

（二）创新之处

传统抵押贷款的抵押物要求易变现、易估价且价值相对稳定，这些都是文化企业不具备的。现有学者为解决文化企业的融资问题，大多从静态角度提出解决方案，少有结合无形资产价值特性去寻找突破点的先例。本文的创新之处主要包括：第一，在机制主体上创新。动态融资机制基于风险分散、共享收益的需要，创新性引入了评估机构，围绕无形资产展开融资活动，实现了企业、银行和评估机构的三方合作共赢。第二，在融资思维上创新。本文充分考虑无形资产价值动态变化特点，打破原有融资的思维限制，将融资模式与无形资产特性进行匹配，从动态的角度出发提出新的融资对策。第三，在评估方式上创新。为降低银行贷款风险、提高贷款动力，确保资产评估价值可持续，本文提出动态的评估方式，即对一次抵押贷款的单次评估改为在其贷款期间内进行连续动态评估。第四，在评估费用的创新。动态评估机制在评估费用确认上有自己的独特标准，秉持文化企业降成本、银行降风险、评估机构增益的原则，融入了评估次数、评估时间间隔、评估成本、贷款期限、评估价值等因素，充分考虑到机制各主体的收益和风险。

二、文献综述

为了能够更加全面和层次分明地对国内文献进行综述，本文将其分为融资问题和融资对策两类分别进行综述。其中在融资问题的基础上，有针对性地进行对策综述。

（一）融资问题综述

就文化产业自身来说，文化企业自身担保弱、风险高的特性是产业融资困难的根本原因。我国学者周懋、赵洪进(2013)认为，文化企业的无形资产通常在总资产中的占比高达 50%以上，而知识产权难以评估，从而导致担保不足是几乎所有文化企业银行贷款难的主要原因[1]。马树华(2013)认为金融机构出于自身经济利益的风险考虑，无法给予文化企业较大的支持[2]。陶晖(2013)指出文化企业资产组合中有形资产少、无形资产多，缺乏可用作银行贷款担保的固定资产是造成融资难的原因之一[3]。

此外，在无形资产评估方面，我国学者韩瑛(2012)认为，资产评估行业管理体制不健全、评估制度不完善是我国无形资产评估方法选择面临的问题[4]。张斌(2013)指出，评估指标界定不清、评估方法不统一，是制约我国演艺企业无形资产评估的重要技术因素[5]。范晓(2013)指出，我国无形资产评估存在多数评估细则处于空白状态的问题，评估的参数及方法还没有准确、严格的规定，没有量化标准，且缺乏科学性，相关的法律法规尚未完善[6]。

（二）融资对策综述

从宏观层面考虑，融资保障机制创新主要在于担保、评估、信息交流等机制建立，健全融资配套体系。范为(2014)针对海南省文化企业融资困境，提出加强信息平台的日常化建设，促进政银企对接[7]。王欣(2014)提出构建有效的文化创意产业信用担保体系，发挥特色优势提高融资效益等举措[8]。融资宏观管理机制创新通过转变政府宏观管理方式，提供资金支持，健全政策体系。刘鹏(2015)提出优化升级政府投资，大力吸引民间资本[9]。黄志敏(2016)借鉴国外经验提出，鼓励文化企业合作甚至是合并，组建大型文化企业集团，增大企业的规模和竞争力[10]。融资微观运营机制创新在于文化企业完善内部控制、转变融资思维，金融机构加强金融创新、进行风险管控。桑艳军(2015)认为，金融机构应加强金融服务、文化金融产品创新，积极开展规模化融资，为文化企业融资提供便利[11]。李海燕、陈梦滢(2015)认为，只有各方资金共同推动才能有效地促使文化传媒产业健康发展[12]。谢国庆(2017)以南京文化金融融合为例，梳理了文化金融服务中心运营基本原则和具体措施，总结了促进文化金融深度融合的经验和建议[13]。

从微观层面考虑，周慜、赵洪进(2013)提出多家小型文化企业以协议方式，集各家部分知识产权的产权池的集合担保融资[1]。陈波(2013)提出，将风险基金用于贷款贴息、委托银行联合贷款、支持担保信用体系建设、创意奖励及战略股权投资等财政激励[14]。范为(2015)认为新三板扩容为中小文化企业提供了融资机遇，可以借鉴经验积极引导省内文化企业在新三板融资[7]。

总体而言，国内针对文化企业融资难问题研究内容丰富，层次清晰；但国内现有研究成果各主体之间没有形成一个循环体系，措施之间不能形成良好的支持，不具有普适可行性。我国几乎不存在从无形资产特性、动态角度出发，研究如何借助动态评估支持无形资产融资的机制。笔者认为，解决无形资产融资困境应从根源出发，深究无形资产和传统的抵押资产本质的差异，建立一个循环可持续的动态融资机制。

三、文化产业融资现状和原因分析

（一）文化产业融资现状

在直接融资方面，主要分为通过资本市场直接融资（股权或债券融资）和政府直接投入。

首先，是资本市场直接融资，截至目前，在沪、深两处证券交易所上市的文化产业类公司已有 176 家，通过股权融资共获得约 5 253 亿元资金；而通过发行债券向资本市场融资在 2017 年仅获得约 99 亿元资金，相较于 2016 年缩减了 40%，2017 年应付债券总额也只有 260 亿元。

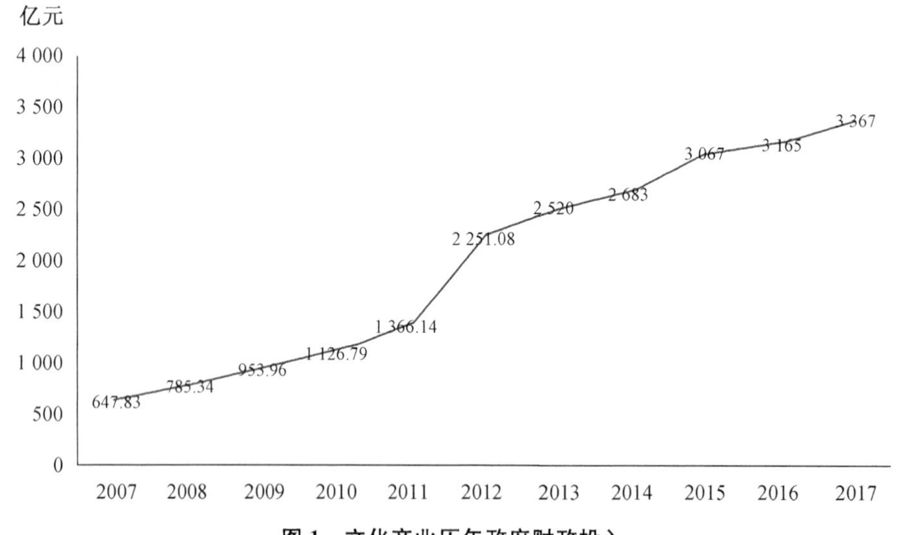

图 1　文化产业历年政府财政投入

其次，是政府直接投入，从图 1 可知，政府对文化产业投入逐年递增，但增长幅度逐渐趋缓，2017 年相较于 2016 年才增长 6 个百分点，增长幅度相比较文化产业资金缺口增幅存在一定差距。政府投入主要通过各种文化项目补贴，无形中增加了民间资本进入壁垒，阻碍了文化产业进一步发展。

在间接融资方面，2017 年底文化产业上市企业长期借款合计 1 198 亿元，仅占股权融资 22.8%，银行融资严重不足，资本结构不合理。虽然近几年银行针对文化企业纷纷推出各类信贷产品，为这些公司融资开辟"绿色通道"，但是资金主要投向文化核心产业以外部分，而作为文化产业核心部分——内容类文化产业——投放资金最低，缺乏对口其特性的创新型金融产品。2017 年，文化产业资产负债率仅为 36.23%，远远低于传统行业。

（二）文化产业融资难原因分析

首先，文化产业无形资产的流动性差。由于文化产业"轻资产、重创意"的产业发展特性，企业缺乏有形资产，仅有办公设施和少量廉价的设备，而其拥有的文化创意和知识产权等无形资产的流转市场和渠道不畅通，一旦贷款不能按期偿还，作为抵押物的无形资产难以及时处理、变现。这就导致抵押难、担保难。银行为了控制风险，或采用多种担保方式，增加文化企业的融资难度和成本，或直接拒接文化企业的融资需求。

其次，文化产业产业特性与银行常规信贷政策不匹配。我国目前处于工业化阶段，商业银行大到信贷政策，小到机构和人员配备都是以现有的传统工业行业来设计的，适用于传统的工业企业。与传统的工业企业相比，大多数文化企业具有以无形资产为主的轻资产的资产结构，并且经营风险高，回收周期长。这样的经营方式并不利用银行贷款风险的把控，与银行现有的信贷政策不匹配。

最后，缺乏与无形资产特性相适应的评估理念和方法。目前，我国缺乏权威的无形资产评估机构，缺乏权威的评估标准和方法。文化产业产业链的各个环节的不确定性强，同时，产品的开发过程是一个价值不断体现的过程，现有的评估方法没有考虑无形资产的特性，难以对文化产业相关知识产权等无形资产进行价值评估。

四、无形资产动态融资机制构建

（一）动态融资机制主体及其义务

文化产业无形资产动态融资机制主体主要包括资金融出机构、评估机构和文化企业。

首先，是资金融出机构——银行。针对首次贷款数额，由文化企业用于抵押贷款的无形资产的评估报告，确定其公允价值，然后根据抵押贷款的条例规定按一定比例贷款给文化企业。之后根据定期收到的评估报告，按照评估价值的增减变动差额或等额提供多贷款或收回部分贷款。在贷款期间，无形资产的所有权归属于银行，当企业还清本息后，银行归还给企业。银行有权按照合同规定时间直接从企业在本行开立的账户划拨合同规定的利息或本金，同时将相应凭证交给企业进行账务处理。银行有权要求企业将与存款小于最低限额等价值的固定资产作为担保，同时按照贷款比例或者一定数额设立存款最低限额，当企业存款低于该限额时，如果企业不履行义务，银行可视作企业无力或拒绝归还贷款，进而履行违约条款，收回担保资产。此外，如果银行有证据表明评估机构由于评估失误致使资产评估价值不公允，导致银行贷款无法收回，银行有权根据合同规定要求评估机构承担相应的赔偿责任。

其次，是评估机构。评估机构根据合同规定，定期对文化企业提供的无形资产进行评估，同时按照合同规定将评估报告送交银行。如果银行因评估机构未履行该义务受损，需要承担相应的经济赔偿责任。评估机构收取评估费用标准如下：

表 1　差额定率累进收费表

档次	评估值(万元)	差额计费(%)
1	100 以下(含 100)	0.6
2	100 以上—1 000(含 1 000)	0.25
3	1 000 以上—5 000(含 5 000)	0.08
4	5 000 以上—10 000(含 10 000)	0.05
5	10 000 以上	0.01

首次评估应该按照国家统一收费标准收费，后续评估由于有了之前的评估历史，评估难度和工作量都会有所降低。综合考虑多方因素，评估费用存在以下的函数关系：

$Ac_k = f(k, Lt, Ei, Av_K, Ec_k)$ [$1 \leqslant k \leqslant (Lt/Ei)$，且 k 是正整数]

式中：Ac_k——第 k 次评估支付的评估费用；

Lt——贷款期限(单位：月)；

Ei——每次评估时间间隔(单位：月)；

Ec_k——评估机构第 k 次评估成本。

其中 Ac_k 与 k，Lt 成反相关，与 Ei，Av_K，Ec_k 成正相关，且 $Ac_k \geqslant Ec_k \geqslant Ec_{k+1}$、$Ac_k \geqslant Ac_{k+1}$，$Ac_1$ 为市场价。实际操作中应视评估业务具体情况参照市场情况，由文化企业、银行和评估机构三方协商而定。

最后，是文化企业。文化企业将公司拥有的无形资产以支付评估费用的形式交由资产评估机构进行评估，然后根据合同规定带着评估报告以及能够证明资产所有权等材料向银行要求贷款。企业必须将贷款存在该银行开立的存款账户中，并主动履行资产评估义务，企业根据定期的评估报告上的评估价值，增加或减少等额贷款。同时企业在其贷款存款低于最低限额时，有义务配合银行将与差额等值的固定资产、国债等价值较稳定且可以确定公允价值的资产抵押给银行作为担保，另外剩余的贷款需按照合同规定使用，并明确购得资产所有权归属于银行；当企业不能按约还款时，有义务配合银行将贷款所购资产所有权转让给银行。

（二）动态融资机制运转流程

动态融资机制主要基于文化企业融到款、银行降风险和评估机构增收益三个目的而提出，从互惠互利的商业理念出发，以签订文化企业、银行和评估机构的三方协议为形式，实现文化产业融资动态化和常态化。图 2 为动态融资机制总体流程图：

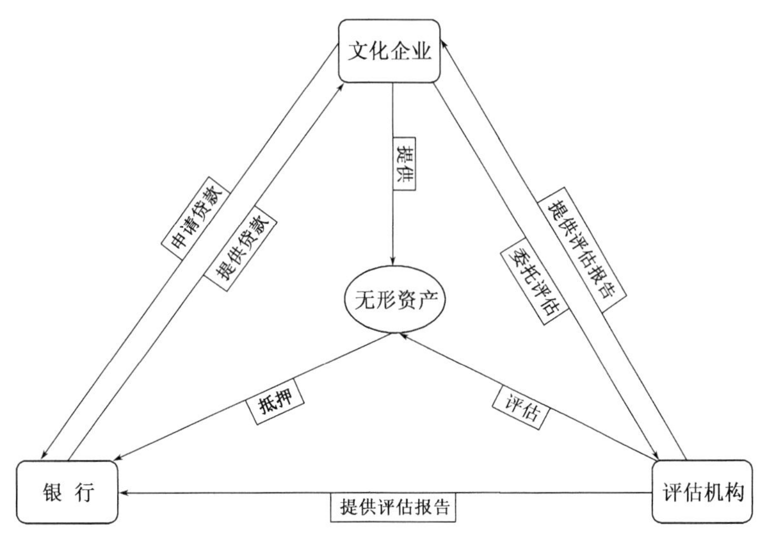

图 2　动态融资机制结构关系

由于动态融资机制涉及多次评估的问题，首次评估与后续评估在程序上有所不同。首次评估的抵押贷款流程即为动态机制总体操作流程，而后续评估操作流程如图 3 所示：

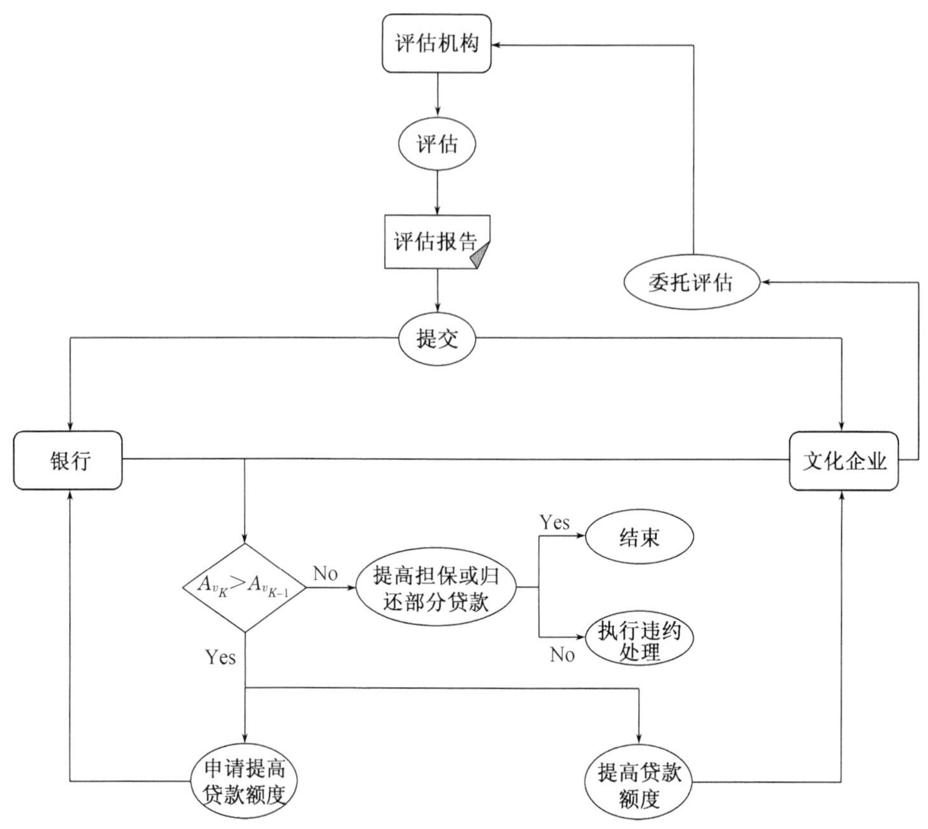

注：Av_K——第 K 次评估价值

图 3 动态融资机制后续评估流程图

首先，文化企业委托评估机构对用以抵押的无形资产进行后续评估，评估机构按约评估并生成评估报告及向企业收取评估费用。其次，评估机构将评估报告分别提交给文化企业和银行。最后，银行和评估机构根据评估报告上的评估价值进行判断（$Av_K = Av_{K-1}$ 不需要进行任何处理），如果 $Av_K > Av_{K-1}$，则文化企业可以向银行申请提高贷款额度，银行根据合同约定向企业提高贷款额度；如果 $Av_K < Av_{K-1}$，则文化企业根据合同规定提高担保或者归还于两次评估价值之间差额等额或等比例的贷款，则本次机制循环结束；如果企业未提高担保或者归还部分贷款，则银行视同企业无法按约还款执行违约处理。

（三）动态融资机制风险分析与管控

1. 动态融资机制风险分析

动态融资风险分析主要从银行面临的贷款损失风险进行考虑。在动态融资机制中的银行面临的风险主要有评估机构与文化企业勾结违规操作恶意骗贷风险、文化企业经营不善无力偿还贷款的风险和评估机构错误评估风险。

2. **动态融资机制风险管控**

出于恶意骗贷风险，当银行有证据表明企业或评估机构出于各自利益、合作勾结进行骗贷，除了要承担有关法律责任，给银行造成经济损失的，企业和评估机构都需要无条件赔偿，同时银行有权提前收回全部贷款。此外，基于上文各主体的介绍，企业无形资产获得的抵押贷款需要存于银行特别开立的存款账户中。其次，通过设置银行贷款最低限额，可以给银行贷款提供一个最基本的保障，降低银行贷款损失。

即：$[Av_K * Er + (Av_K * Lr - Ml) * Nl + (Ml - D) * Rl + D] / Av_K * Lr \geqslant Llr$。

式中：Av_K——第 K 次的无形资产评估价值；

Er——无形资产预计可变现率；

Lr——银行贷款比例；

Ml——最低限额；

Nl——最低限额以上贷款所购资产（该部分贷款用途不受限）预计变现率；

D——企业贷款存款账户余额；

Rl——最低限额以下用于购买规定资产和企业使用最低限额部分贷款无用途限制担保物的变现率。

此外，针对评估机构错误评估的风险，银行或企业有权要求评估机构重新评估，如果评估机构充分履行评估责任，企业未积极配合的，评估机构应拒绝评估，若未拒绝评估视同恶意骗贷。若有证据表明评估机构未充分履行责任，导致评估价值虚高，评估机构应承担因此给银行造成的损失赔偿责任；若导致评估价值过低，银行需提高与之等比例或等额的贷款，评估机构要重新评估并归还上次评估费用。

五、无形资产动态融资机制可行性分析

（一）宏观层面

1. **评估法律体系**

2008 年，中评协在《资产评估准则——基本准则》的指导下，修订发布了《资产评估准则——无形资产》，之后又陆续发布了专利、商标和著作权资产评估指导意见以及知识产权资产评估指南。2016 年，中评协为规范资产评估师执行文化企业

无形资产评估业务行为，制定了《文化企业无形资产评估指导意见》：一是明确了要重视文化企业社会效益对无形资产价值的影响；二是强调了文化企业相对于其他行业在无形资产评估方法上的特殊性；三是结合文化企业无形资产的特点，突出评估的可操作性。不难看出，随着我国市场经济的逐步发展，国家日趋重视文化企业无形资产评估法律法规体系建设，正在逐步完善无形资产评估法律体系，为无形资产评估工作提供法律依据，助力文化企业无形资产评估。

2. 评估市场状况

国内文化企业的发展时间普遍偏短，业绩不连续、产品创意个性化、不具可复制性等原因加大了文化企业无形资产评估难度。但据笔者不完全统计，目前我国已有资产评估机构 3 000 余家，其中具有国家级评估资质和省级评估资质共有 70 余家和专门无形资产评估业务的有 50 多家，评估师共有 28 000 多名。因此，依照现有评估机构和评估师的规模，可以较为容易地建立银行、评估机构和文化企业的合作关系。

3. 评估方法

文化企业的产品收益具有不确定性、受消费者偏好影响比较大等；文化产业融合性很强，新的商业模式和盈利模式层出不穷；多数文化企业具有很明显的初创期特征，收益少、风险大，难以预测。对此，我国研究学者提出了系列评估方法来应对文化企业的多样性。陈丹文(2014)指出我国企业针对资产的评估方法基本有三种方法，即成本法、市场法以及收益法，对于无形资产的评估方法没有明确规定，但目前国内外针对无形资产的评估基本采用资产评估三种基本方法[14]。裴蓓(2012)指出，无形资产评估关键是全面、综合、动态：账面价值法和重置成本法、贴现法、市场比较法、期权价值法[15]。总的来说，目前我国无形资产评估基本方法有成本法、市场法和收益法，每种方法有着其适应的范围。但随着近年来我国学者热衷于评估方法的创新，在无形资产评估方法上进行衍生组合，能够基本满足文化企业无形资产评估要求。

(二) 微观层面

首先，无形资产动态融资机制可以为文化企业发展壮大提供大量的资金来源，文化企业无须进行股权融资，从而保证了创始人对公司的控制权以及自身创意想法自由实现，因此文化企业在动态融资机制的运转流程中，会积极履行义务，以保证企业良好经营。其次，银行获得收益的主要途径是收取利息，因此通过扩大贷款途径和范围，银行能获得更高的收益，而当前银行对无形资产抵押贷款这一大片市场涉足较少，而动态融资机制能够为银行涉足无形资产抵押贷款这一片市场提供良好的途径，扩大了银行的贷款途径和范围。最后，我国目前的评估市场对无形资产评估相对较少。从收益与风险方面来看，动态融资机制为评估机构创造了长期、稳定的收益来源，而评估机构只需要遵从评估法律法规，承兑风险与固定资产评估基本一致，但是扩大了收益来源。

六、总　结

文化企业具有很强的渗透性，是高技术密集型与高层次人才密集型的产业领域。同时无形资产具有高附加值和高风险的特点，致使文化企业融资渠道单一，融资风险高，融资难度大。本文通过对文化企业融资难的原因进行分析，提出了无形资产动态融资模型，将文化企业、银行、资产评估机构三方结合到一起。首先，为拥有无形资产的企业(不只是文化产业)提供了切实有效的融资途径，增加了他们的融资渠道，改善或解决了文化产业融资不足的困境，实现了银行"敢融资"、无形资产"能融资"的目标。企业能够通过无形资产抵押贷款来获取企业发展所需资金，将推动企业进行大胆创新，积极投入新的无形资产研发，维持甚至提高已有无形资产价值。其次，让银行实时了解所投资无形资产的市场价值变动，银行可与中小文化企业签订合约，确定最大资产贬值额度以及自身所能接受的资产价值变动的限额，将银行无形资产融资风险降至于固定资产融资相当的水平，增加了银行对无形资产投资动机。再次，评估机构通过进行无形资产动态融资业务，增加了业务范围，开拓了无形资产评估市场，为其提供了一项长期可确定的收益来源。最后，由于我国目前还未有统一的无形资产评估标准，无形资产动态融资机制的推广能够为我国建立健全无形资产评估体系提供机制范本，能够推动我国政府积极探索无形资产评估标准的建立。当然，我们的机制公信力尚低，想要得到金融系统认可还需要政府有关部门以及行业组织的重视和助力。

参考文献

[1] 周懋，赵洪进. 金融创新：文化产业融资新出路[J]. 金融经济，2013(18)：26—29.

[2] 马树华. 双重边缘化状态下的文化产业融资难问题解析[J]. 中国海洋大学学报(社会科学版)，2013(02)：85—90.

[3] 陶晖. 中小文化企业融资困难的原因及其对策[J]. 武汉金融，2013(05)：55—57.

[4] 韩瑛. 无形资产评估方法探讨[J]. 知识经济,2012(10):146.

[5] 张斌. 中国演艺企业无形资产评估指标体系研究[J]. 艺术百家,2013,29(4):9—13.

[6] 范晓. 试论无形资产价值评估中存在的问题及解决措施[J]. 中国乡镇企业会计,2013(11):129—130.

[7] 范为. 海南省文化产业融资现状调查与建议[J]. 海南金融,2014(11):81—83.

[8] 王欣. 韩国发展文化产业融资政策及其启示[J]. 经济研究导刊,2014(02):46—47.

[9] 刘鹏. 略论陕西省文化产业创新发展思路[J]. 人民论坛,2015(26):229—231.

[10] 黄志敏. 如何破解文化产业融资难题[J]. 人民论坛,2016(35):132—133.

[11] 桑艳军. 我国文化产业融资困境与对策探析[J]. 晋阳学刊,2015(04):140—142.

[12] 李海燕,陈梦滢. 中国文化传媒产业融资现状分析[J]. 河南师范大学学报(哲学社会科学版),2015,42(1):66—69.

[13] 谢国庆,边晓红,江浩,等. 文化金融深度融合的探索研究——以南京文化金融融合为例[J]. 文化产业研究,2017(03):170—181.

[14] 陈波. 关于文化产业融资的探讨[J]. 重庆电子工程职业学院学报,2013,22(5):31—34.

[15] 徐菱涓,魏璟燊,王妍君,等. 江苏文化创意产业发展的金融支持研究[J]. 文化产业研究,2017(02):154—165.

[16] 裴蓓. 无形资产评估的途径与方法[J]. 经济视角(下),2012(05):64—65.

作者简介

任婷婷(1984—),河北张家口人,东北大学工商管理学院博士生,研究方向为产业经济学、区域经济学。

周倩春(1997—),江西上饶人,东北大学秦皇岛分校本科生,研究方向为财务与会计。

仲　旭(1976—),河北秦皇岛人,管理学博士,东北大学秦皇岛分校讲师,研究方向为文化产业投融资。

Should Cultural Enterprises, Banks and Appraisal Agencies Come into Alliance? —Research on Dynamic Financing Mechanism of Intangible Assets

Ren Tingting　Zhou Qianchun　Zhong Xu

Abstract: Since 18th National Congress of the Communist Party of China defined cultural industry as the national pillar industry, the development of China's cultural industry has advanced by leaps and bounds. However, due to such features of much innovation and uncertainty of cultural industry, the proportion of intangible assets is large and the available mortgage assets are limited, which makes it difficult for enterprises to collect funds in the process of rapid development. Based on the thorny issues of financing dificulty for cultural enterprises and high risk of bank investment, this paper establishes a long-term and universal financing mechanism with the concept of win-win cooperation between cultural enterprises, banks and appraisal institutions. The study, combining the characteristics of cultural industries, changes the traditional static financing into dynamic financing to ensure lower bank loan risks, achieve mortgage financing of intangible assets of cultural enterprises, and increase the sources of income of appraisal institutions. This paper strives to improve and even solve the current financing difficulties for cultural enterprises to ensure the healthy development of the cultural industry.

Key words: Cultural Enterprises; Intangible Assets; Dynamic Financing

国内外文化创意产业融资模式差异及其成因探析*

——基于中美日的比较研究

徐菱涓　丁陆梅　董凯豪

摘　要：高效的融资模式是各国文化创意产业发展的重要保障。本文在分析中美日文化创意产业发展现状的基础上，从融资环境、融资渠道、融资方式等方面对中美日的融资模式进行了比较，分析了各国融资模式间存在的差异，并从顶层制度设计、经济周期波动、产业链拓展、知识产权保护体系等方面探究了差异形成的原因，最后在借鉴国外文创产业发展经验的基础之上，结合我国实际，从制度创新、融资渠道的拓展与方式创新、融资担保体系健全、知识产权保护、完整产业链构建角度提出构建我国文化创意产业高效融资模式的对策与建议。

关键词：文化创意产业；融资模式；差异成因

一、引　言

20 世纪 90 年代文化创意产业在不同地区和国家中兴起，成为发达国家经济增长的重要因素之一。当前文化创意产业内容日益丰富，包含影视、广播音乐、动漫网游、旅游休闲、古玩艺术、广告会展、新闻出版等。据统计，文化创意产业全球年产值超过 2 万亿美元，创造近 3 000 万个工作岗位，并大大推动了数字经济发展。[1]

在国际浪潮的影响下，国内愈发重视文化创意产业对推进经济发展和产业结

---

* 基金项目：江苏省教育厅重点项目"互联网金融视角下我国文化创意产业融资的生态和效率研究"(2016ZDIXM004)、广义虚拟经济专项资助课题"广义虚拟经济视角下新兴文化创意产业的金融支持研究"(GX2015—1013)。

构调整的意义。2011年国家文化部等九部门发布《关于金融支持文化产业振兴和发展繁荣的指导意见》，指出要提升文化创意产业金融服务与融资规模。然而融资问题仍然存在，制约了我国文化创意产业持续高速发展。目前，发达国家的文化创意产业发展水平普遍高于发展中国家，其产业兴起、发展过程中，形成各自的融资模式，促进了产业兴盛。其中，美国是文化创意产业起步最早的国家之一，整体实力处于世界第一。而日本与我国同为亚洲国家，且文创产业起步也较晚，但已位于亚洲及全球的领先地位，美日两国对我国文创产业发展具有借鉴意义。因此，本文选取美日两国作为国外典型的文化创意产业强国，与我国进行比较研究，分析差异成因，并提出相关建议以推动国内文化创意产业进一步发展。

二、国内外文化创意产业的融资现状分析

要对文化创意产业的融资模式进行比较研究，首先要对各国文化创意产业的发展情况和融资现状进行分析，来为后文融资模式的比较做铺垫。

（一）国内外文化创意产业发展情况

美国文化创意产业是国家经济支柱产业，又称“版权产业”，其电影业约占29%国际市场份额，稳坐首位，拥有12万座图书馆、1 000多家电视台，广告业市场规模位居全球第一。2015年美国版权产业的GDP贡献率为11.7%，产业增长率稳定上升，均高于GDP增长率，保持良好的发展态势（见表1）。

表1　美国2013—2015年版权产业、GDP产值、增长率及版权产业贡献率

年份	2013年	2014年	2015年
版权产业产值（单位：亿美元）	19 057	19 895	20 972
GDP（单位：亿美元）	166 632	173 481	179 470
版权产业贡献率	11.4%	11.5%	11.7%
版权产业增长率	2.90%	3.75%	4.97%
GDP增长率	1.49%	2.43%	2.43%

数据来源：Copyright Industries in the U. S. Economy: The 2016 Report. http://www.iipa.com

20世纪末，日本经过战后经济复苏，成为第二大经济体，文化创意产业以动漫

和游戏为中心开始发展。日本是最大的动漫制作及出口国，国际市场占有率达60%，游戏业则是传统文化创意产业，占近50%的世界市场，动漫、游戏与漫画统称为"AGC"。近年产业总产值在1.1万亿美元左右，约占GDP的15%，极大地拉动了就业及衍生品市场发展。

我国文化创意产业兴起晚于美日，但在政府部门的推动下，取得了长足的发展。文化及相关产业规模逐年增长，2017年增加值为34 722亿元，对GDP贡献率达到4.20%①，对拉动经济增长有重要作用。但现阶段国内文化及相关产业经济贡献率仍未达到全球平均值，不足以成为支柱产业。1990年国内开始建设文化创意产业园区，2013年新园区涌现，目前稳定在2 500家左右(见图1)。2017年末全国共有1个国家文化产业创新实验区、1个国家动漫产业园、10个国家级文化产业示范园区、10个国家级文化产业试验园区和335个国家文化产业示范基地，加上各地特色文化产业群，共同推进产业兴旺发达。[2]

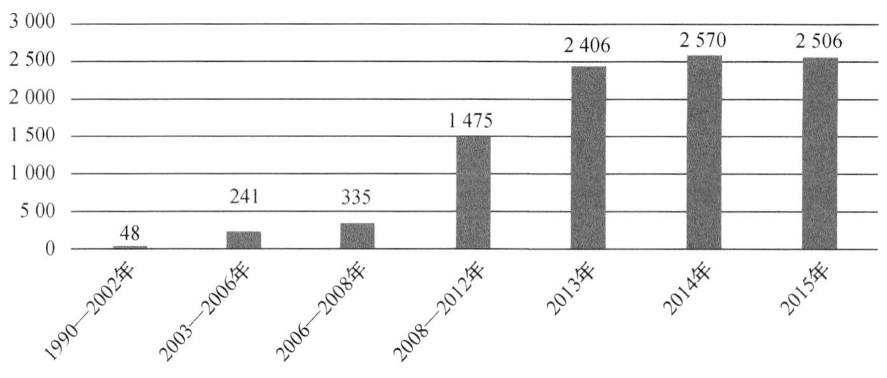

图1 1990—2015年国内文化创意产业园区数量

数据来源：中国产业信息网 http://www.chyxx.com/industry/201610/461071.html.

总体来看，我国作为世界文化大国，文化创意产业规模较大，产业地位显著提高，促进了经济社会发展，但与国外相比，仍有较大上升空间。

(二) 国内外文化创意产业融资现状

美国文化创意产业坚持"市场为主、政府为辅"的发展理念，强调融资渠道和方式多元化。政府建立国家艺术基金会、国家人文基金会等仅支持文创产业的公益

---

① 数据来源：国家统计局。

性领域，例如修建美术馆、博物馆等。民间资本，尤其是大财团大力投资于文创企业，摩根和洛克菲勒财团更是享有好莱坞八大制片厂的控制权。跨国资本是其融资的重要组成部分，如日本索尼、荷兰宝丽金等跨国公司掌握了一定的市场资源。

日本文化创意产业与美国相似，形成了由政府引导的市场化融资模式。政府与民间共同出资的艺术文化振兴基金、企业文化艺术后援协议会等向艺术文化活动提供资金援助，同时地方政府拨款专项财政支持文创产业。[3]民间资本中非文化行业的知名企业在文化创意产业领域的投资活跃，三得利公司建造日本第一家音乐表演厅，丰田公司赞助洲际杯足球赛，富士通公司创办了最早的国际职业围棋比赛，日本文化产业的发展得益于民间企业的支持。

我国文化创意产业的发展对资金需求量较大，融资问题成为关注重点。20 世纪 90 年代以来，全国文化事业费持续增加，2017 年全国艺术科学规划项目资助总额超过 6 800 万元，文化创意产业获得稳步发展的空间。而中小文创企业占比大，其成立和发展大部分得益于自有投资和留存收益。银行贷款是企业最主要的外部融资方式，随着创新性金融产品的开发以及专业信贷评审机制的完善，文创企业信贷融资难的局面有所改善。例如，中国银行的“影视通宝”将影视剧版权和应收账款作质押内容，为特定企业提供贷款。国内文化产业基金的出现以及资本市场层次的拓宽吸引了部分投资者，增加了文创企业资金来源。但市场弱势、融资失灵等问题仍然存在，成为制约小微文化创意行业的关键因素。[4]

三、国内外文化创意产业融资模式的比较

本部分在分析国内外文化创意产业发展及融资现状的基础上，从融资环境、融资渠道、融资方式角度对美日中文化创意产业的融资模式进行比较研究。

(一) 国内外文化创意产业融资环境比较分析

1. 政策法规环境比较

美国是世界首个文化立法的国家，1965 年通过《国家艺术及人文事业基金法》，明确规定了政府支持文化艺术事业的职责，另外《版权法》《专利法》《商标法》《反盗版和假冒修正法案》等详细法案极大地保护了企业知识产权。日本 20 世纪 90 年代提出“文化立国”战略，国家文化科技省、文化厅、经济产业省等部门均予以大力支持；地方政府则因地制宜发展文化产业，与中央合力推动产业发展。[4]在金融支持政策上，日本改革文创产业融资和税收制度以扶持中小企业发展，以《内容产业促进法》为基础的法律法规进一步规范了外部发展环境。2009 年，我国审议

通过了《文化产业振兴规划》，宣布文化产业成为国家战略性产业，对明确文化创意产业概念、加快产业发展、推动经济结构调整有重要意义。《鼓励和引导民间资本进入文化领域的实施意见》《国家“十三五”时期文化发展改革规划纲要》等规章推动资本与文化对接，完善了文化经济政策体系。

在政策法规环境方面，美国与日本构建了广泛、详尽的文化创意产业法律体系，保障了产业健康发展。相较于美日，我国文创产业立法晚，且政策大多以意见、纲要等形式出现，对民间资本进入文化创意产业领域的法律支持力度还不够。

2. 人文环境比较

美国是典型的移民国家，在短暂的历史中形成了鲜明的社会人文特征，即个人主义，强调独立、尊重，有利于弘扬创业精神，加速社会资本流动，增强投资者的利益观念。日本自称为大和民族，讲求集体主义精神，造成了众多企业历史悠久的现象，当前“御宅文化”盛行、单身人群大幅增多又拓展了动漫及衍生品市场。我国自经济建设高速发展以来，人民精神层面追求提高，文化消费作为内生动力显著促进了文化产业发展。[5]但知识产权意识薄弱和山寨文化作品的横行阻碍了产业的前进。另一方面，中国形象、直观、具体的辩证思维，一定程度上不利于发掘文创产业价值。

在人文环境方面，美日中各具特点并对文创产业产生了不同的影响，美国个人主义精神有助于创业创新，也导致资本追逐，形成文化创意产业的垄断局面。日本的单身文化有利于文化创意产业发展，其大和主义在投资领域表现为风险厌恶，使得风险投资发展缓慢。而我国文化需求高，产业前景广阔，但发展环境不规范、价值不易发掘等问题削弱了投资者信心。

3. 征信体系比较

1953 年美国政府设立中小企业管理局，被确认为“永久性联邦机构”，提供资金支持、政府采购等全方位服务。中小企业管理局不干涉贷款双方选择，保证信用担保的市场化，且根据贷款机构特点，制定不同合作模式。20 世纪 50 年代，日本企业融资担保体系基本形成。其中信用保证协会资金由财政出资、金融机构及中小企业捐赠组成，为各地区的中小企业提供融资担保，[5]而信用保险公库为信用保证协会进行再保险，进一步降低中小文创企业贷款风险。我国企业信用担保形式主要包括政策型担保、商业型担保、互助型担保，中小企业担保由财政出资逐渐向市场出资转变，但仍存在规模较小、财政补充不足、筹资渠道较窄等问题。

在征信体系方面，美国中小企业担保制度完善，日本适合中小文创企业的担保机构数量多,均形成市场化信用担保。相比美日,我国文化创意产业信用担保体系建设尚不完善,担保机构规模有限,不能满足企业融资需求。

(二)国内外文化创意产业的融资渠道比较研究

1. 财政资金

美国文化创意产业获取财政资金具有间接性、分散性的特征,免税政策作用大,2017 年政府的娱乐休闲行业固定资产投资为 81 亿美元。① 据日本文化厅预算及日本财务省的公开资料,2017 年文化预算投入为 10 427 200 万日元(94 亿美元),占财政支出的 1.1%。我国文化及相关产业财政投入整体呈增长趋势,2017 年全国文体传媒经费达 3 367 亿元(488 亿美元),同比增长 6.4%,占财政支出的 1.66%。[2]

在财政资金上,我国对文化创意产业的投入量远高于美国和日本(见图 2)。

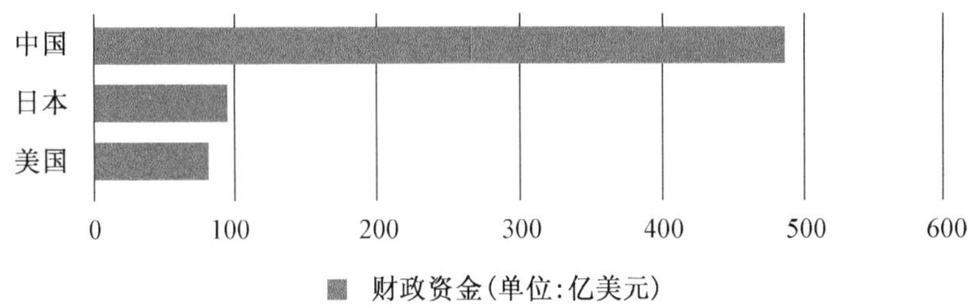

图 2 中美日文化产业财政资金对比

2. 银行信贷

美国大型文化创意企业与金融财团联系紧密,投资银行有权参与企业管理和监督,从而使文化资本与银行资本相互渗透,中小企业能够在管理局的支持下获得银行信贷融资。总体来说美国文创企业信贷资金占融资量的 29%。[8] 日本政府设立政策投资银行,为文化创意企业提供长期低息贷款。[9] 在各类中小企业融资服务机构的支持下,日本企业银行贷款融资约占融资的 70%。自 2013 年以来,我国 21 家主要银行的文化及相关产业贷款余额平均增长率为 16.67%,截至 2017 年年底余额达到 7 260.12 亿元,依然保持着增长势头。[10] 大型银行是成熟文化创意企业的融资主力,以城商行为代表的中小型银行为企业制定综合服务方案。但中小文创企业资产抵押不足、相关银行部门发展动力低等问题,成为文化创意产业获得银

① 数据来源:wind 数据。

行业支持的障碍。[11]

对银行信贷渠道进行比较,发现日本文创产业发展对银行贷款依赖程度最高,且容易获取,美国信贷融资渠道畅通;我国文创产业对信贷融资需求较高,但相比美日仍存在一定信贷融资障碍。

3. 民间投资

在美国自由经济体系下,积极的市场引导和税收优惠政策为文化创意产业吸引了社会各界的投资和捐款,大部分融资额来自民间。日本企业集团在文化创意产业中的影响尤其明显,大型企业通过投资文化创意企业、赞助文化艺术活动、修建公共文化设施等,鼓舞了产业繁荣发展。我国鼓励社会资本进入文化创意产业领域,民间融资规模也不断扩大。但总体上还是政府主导的文化产业机制,且存在产业资源分散、投资领域不平衡等问题。[12]

在民间融资方面,美日的民间资本进入文创产业的积极性高,文创企业的民间融资比重高,相较于美日,我国公有资本在文创产业固定资本中的占比仍非常高。

4. 外来投资

美国是文化创意产业资本国际化的典型国家,巨大的市场利润吸引了大批跨国公司,且贸易保护政策的实施让外商只能直接投资,例如,福克斯电视台则是由澳大利亚人收购福克斯影业后成立。日本文化创意产业中外来投资相对较少,大部分企业通过宣传、推广活动,来拓展海外市场。近年我国市场有不少外资进入,2017 年国内实际外商固定投资额为 11 312.2 亿元,文化、体育和娱乐业外资使用额为 40.0 亿元,仅占总额的 0.4%,与制造业等其他行业相距甚远。①

通过比较发现,在引入跨国资本方面,美国文化创意产业利用外来投资的效果最为显著,日本文化创意产业中的外资不多,我国文化创意产业的实际外资引入量小,外来投资在产业中的作用不如美国明显。

(三) 国内外文化创意产业的融资方式比较研究

1. 产业基金

产业基金符合文化创意产业的融资特征,美国私募基金保证了知名电影公司的资金来源,据美林证券统计,好莱坞电影 30%以上的资金来自投资基金。[13]在日本,影响较大的文创产业基金主要由文创公司联合银行及券商发起,政府设立的专项基金对资金用途有明确指示,例如振兴地方观光事业、参展海外电影节等。我国

① 数据来源:2018 年中国统计年鉴,http://www.stats.gov.cn/tjsj/ndsj/2018/indexch.htm。

文化创意产业迅速发展，产业基金顺势涌现。2015—2017 年国内共发起 341 支产业基金，融资达 13 299 亿元；2017 年超过全行业融资规模，其中流入北京、广东、江苏、上海的资金占 86.7%。由图 3 可知，企业合作、政企合作形式的基金占近三年总规模的 72.3%，民间企业在产业基金融资方式中发挥着重要作用。

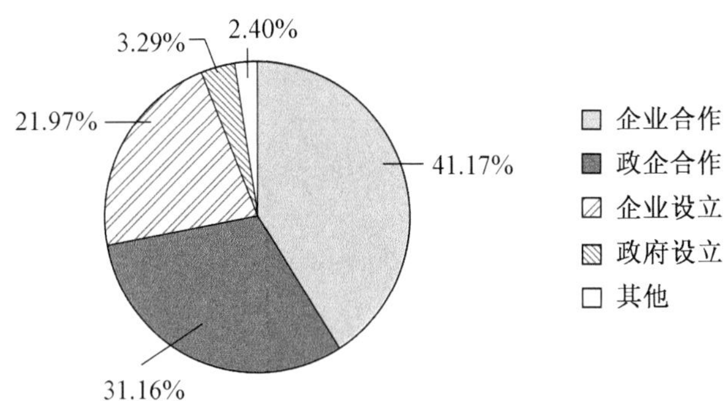

图 3　2015—2017 年文化产业基金按设立方式分类

数据来源：文融通平台 http://www.ccizone.com/

产业基金是国内外文创产业的重要融资方式，为各国文创产业带来了大量的资金。国内产业基金发展速度快，但仍存在投资区域集中、资金闲置等问题。

2. 上市融资

美国证券市场层次丰富，且上市标准多样、周期较短，上市后有全面的市场监管体系，上市融资是其文化创意企业的重要融资方式。按全球行业分类标准统计，美股共有 117 家文媒上市公司，65.0%的公司市值过百亿，其中有 14 家超过 1 000 亿市值。日本资本市场体系构建较为成功，但受泡沫经济和金融危机影响，政府介入资本市场使得企业上市费用高、标准更严格。国内截至 2019 年 1 月底，有 76 家文媒公司上市主板市场、50 家上市中小板、49 家上市创业板，共 175 家，总市值达百亿的公司仅有 31 家，占 17.7%。

比较上市融资发现，美国上市文创企业整体规模大、资金实力雄厚，而日本文创企业上市融资方式不发达；国内有不少文化创意公司上市，但相比于美国，其规模较小、实力较弱，上市融资方式的支持力度有限。

3. 债券融资

美国债券市场发达、品种多，文化创意企业债券融资规模大，例如，20 世纪 90 年代迪士尼发行长期债券，最多募集了 93.7 亿美元。日本债券市场总量大，但企业债券占比不到 5%，且流动性低、发行要求高。国内文化创意企业债券融资方式发展较慢，近年来规模有所扩大，2017 年有 175 起债券融资，总计 2 165.4 亿元，集中在文娱和文化信息传输领域（见图 4）。其中中期票据、短期融资券等形式占多数，但中小集合票据的案例少。

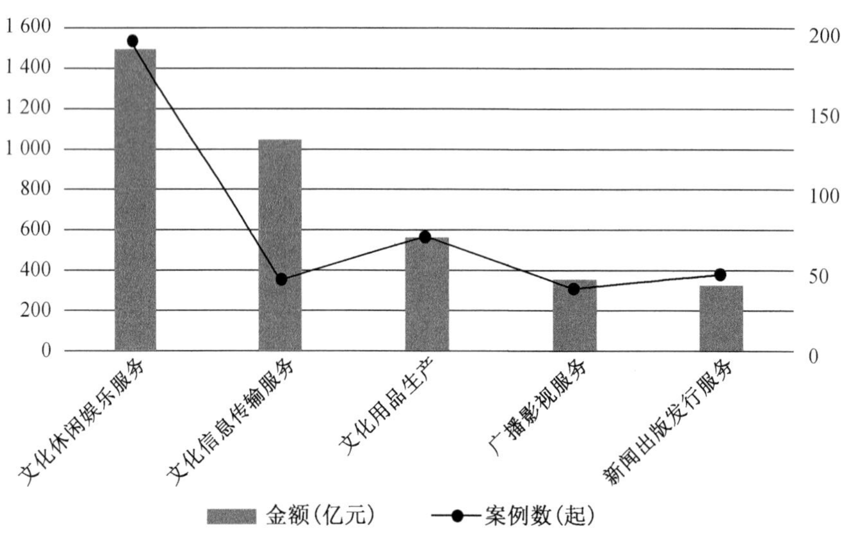

图 4　2015—2017 年主要文化创意产业领域债券融资规模情况

数据来源：文融通平台 http://www.ccizone.com/

在债券融资方面，美国文创企业的债券融资方式发达，日本文创企业受市场影响，一般不会选择债券融资方式；相较于美国，我国规模较小，且中小文创企业债券融资不足。

4. 创新融资

美国多样的金融创新手段是其文化创意产业发展的最大助力，主要金融创新产品有：优先级别债务贷款、夹层融资、AAA 级债券等[14]。日本最突出的创新融资方式是由政府主导的知识产权证券化模式，知识产权被写入《信托法》并由专门机构管理，以促进文创产业融资发展。为满足产业资金需求，国内正不断尝试创新融资方式，表现为新型信贷产品及无形资产证券化，例如，2018 年瘦西湖公园特定期间的门票收益权被作为基础资产发行融资。但目前文创产业融资创新服务范围较窄，中小文创企业因实力弱、风险高等原因，实际受益程度低。

在创新融资方面，美国文化创意产业融资方式的创新表现最为明显，日本针对文创企业的创新融资方式也较为成熟；反观国内文创产业的创新融资方式已有所涉及，但不够完善，处于低效状态。

四、国内外文化创意产业融资模式差异的成因分析

在比较美日中文化创意产业融资模式的基础上，本部分从顶层制度设计、经济周期波动、产业链拓展、知识产权保护体系四个角度进行成因分析。

（一）顶层制度设计

顶层设计指统揽全局、自上而下地解决问题。对于文化创意产品满足人民精神需求的这一特殊属性，国内外不同的产业顶层设计影响其融资模式。美国采取高度市场化政策，日本走的是政府介入的市场化道路，因此美日文创产业融资主体中民间资本占据主导地位。而国内早期的计划经济制度造成由政府管理、控制文化的现象，单一的事业制导致财政拨款和补贴是文化传媒单位最主要的资金来源。[15]随着顶层制度设计改革，国内文化事业向产业化转变，但市场资本进入文化领域需要一定时间。

（二）经济周期波动

经济周期的波动表现为复苏、扩张、衰退、萧条四个阶段，往往伴随产业结构的调整。20世纪30年代美国处于经济萧条时期，而好莱坞开始腾飞，可以说美国电影业受益于“口红效应”。日本虽然国土狭长、物质资源贫乏，但其历史文化资源丰富，在20世纪90年代经济衰退阶段，文化创意产业成为新的经济增长点。2008年国际金融危机下，我国经济增长速度大幅下降，但影视、传媒等领域实现了逆势增长，文化产业通过产品创新等实现了对制造业升级促进作用。[16]受经济周期波动的影响，低消耗、无污染、高附加值的文化创意产业成为传统产业调整、升级的重要渠道，但不同影响程度造成了国内外对文创产业早期重视程度不同，导致融资模式的差异。

（三）产业链拓展

文化创意产业链以创意内容为中心，消费者需求为导向，关系到资金的良性循环。完整产业链纵向包括创作、生产、发行与营销、衍生品开发与销售等环节；横向涉及影视、音乐、游戏、出版各行业。日本动漫产业从连载漫画到OVA版、TV版、剧场版动漫，再到相同主题的游戏、唱片等衍生品，完整的产业链为其独特的动漫制作委员会募集了各行业公司的资金。美国迪士尼是知名电影公司、电视网、玩具商和最大的主题乐园运营商，成熟的产业链运作降低了融资担保风险。我国文化创意产业资源集中在制作和宣传，衍生品市场开发不足，忽略企业未来发展。产业链的缺失不利于对企业收益的合理预期，存在较高风险，这也是造成国内外文创产

业融资模式差异的原因。

(四) 知识产权保护体系

知识产权是文化创意企业生存发展的基础，文创产品的复制成本低、传播速度快，若是没有版权保护，市场同质化严重，容易导致产业萎缩。美国、日本拥有健全的知识产权保护体系，而国内建设相对落后。在国际竞争中，外来文化产品要素的冲击，使得国内文化创意企业处于劣势。缺乏知识产权保护间接加大了风险，削弱了金融机构等投资者的信心，导致我国中小文创企业社会融资规模小于国外。

五、构建我国文化创意产业高效融资模式的建议

通过上文对美日中文化创意产业融资模式的比较研究与差异成因的分析，在借鉴美日发展经验的基础上，本部分尝试从制度创新、融资渠道的拓展与方式创新、融资担保体系健全、知识产权保护、完整产业链构建方面提出相关对策与建议。

(一) 制度创新

政策支持是文化创意产业发展的基本保障和动力，要充分肯定其在经济结构调整过程中的重要地位，加强产业顶层设计。产业制度创新在于减少企业的财政依赖性，鼓励自行融资和扩张。各级政府大力引导民间企业参与地方、海外专项基金建设，尤其是新兴文创领域和小微企业支持，明确资金用途，防止资源浪费。创新税收支持政策，将中小文创企业税金投入其产业基金，对文创产业投资收益实行税收优惠。

(二) 拓宽融资渠道

从美日发展经验来看，民间和外来资本是文化创意产业投资主体，国内构建高效融资模式的重点是进一步有序地开放市场，拓宽多元化融资渠道。银行可采取培养文化金融人才、增设专门信贷事业部等措施，加大中小文创企业信贷投入，加快企业联合担保贷款平台建设，加强对各成员的审查和监管。放宽企业上市和基金发行的限制，重点放在评估和监督公司经营，从而不断壮大企业实力和融资规模。对于外来资本，企业应采取积极、科学的合作态度。

(三) 创新融资方式

国内金融创新资源集中于成熟的文化创意企业，政府与金融机构还需合力推进开发、完善创新融资方式的进程。政府主导设置知识产权专业管理机构，推进其证券化。制作委员会等创新融资模式可以从北京、上海等产业发达地区开始试点，逐步推广到全国。

(四) 健全融资担保体系

针对中小文创企业信用担保体系不完善的问题，我国可设立专业的信用担保协会，以政府为主导，引导金融机构和企业积极参与，扩大担保资金规模。运用财政资金提高对不良贷款的补偿比例，设置再担保机构，以增强金融业支持文创产业的信心。

(五) 加强知识产权保护工作

立法部门应全面加强知识产权保护工作，尤其是新兴的网络版权领域，涵盖产品各生产环节，增强企业和居民的知识产权意识，形成良好的社会氛围。面对国际竞争，企业要注重发挥民族特色，打造本土知识产权品牌，避免国内市场被外国公司控制。

(六) 构建完整文化创意产业链

对企业自身来说，要积极融合不同行业和地区的资源，提高竞争力，构建完整的文创产业链，开拓衍生品市场，实现创意内容的不断增值。在大数据背景下，文创产业链中的企业能够合理预测风险收益，吸引更多战略投资者，充分发挥品牌效应和规模效益。

参考文献

[1] CISAC. Cultural times, The first global map of cultural and creative. industries[EB/OL]. http://europaregina.eu/creative-industries/, 2015－12.

[2] 文化和旅游部财务司. 文化和旅游部 2017 年文化发展统计公报[EB/OL]. http://zwgk.mct.gov.cn/auto255/201805/t20180531_833078.html, 2018－05－31.

[3] 李彬，于振冲. 日本文化产业投融资模式与市场战略分析[J]. 现代日本经济，2013(04)：60—68.

[4] 魏鹏举. 基于“创意阶层”的小微文化创意行业发展与融资机制探讨[J]. 北京联合大学学报(人文社会科学版)，2015，13(02)：38—43.

[5] 车树林，顾江，李苏南. 固定资产投资、居民文化消费与文化产业发展——基于省际动态面板系统 GMM 估计的实证检验[J]. 经济问题探索，2017(08)：151—157.

[6] 甘旭峰，一诺. 日本文化产业发展经验对我国文化产业振兴规划实施的启示[J]. 当代财经，2010(6)：85—91.

[7] 罗志华，黄亚光. 西方中小企业融资担保体系运行机制研究：一个文献综述[J]. 经济体制改革，2017(02)：163—170.

[8] 蔡灵芝. 国外文化产业金融支持模式及启示[J]. 合作经济与科技，2016(24)：64—66.

[9] 王宁. 国内外金融支持文化产业发展的比较研究[D]. 贵州财经大学，2013.

[10] 杨渝彤. 首份银行业支持文化产业发展报告(2018)发布[EB/OL]. 成都商报 https://baijiahao.baidu.com/s? id=1608955472658854260&wfr=spider&for=pc，2018-08-16.

[11] 齐勇锋. 创新和完善文化产业投融资体系[J]. 中国金融，2011(22)：25—27.

[12] 方筱筠. 魏鹏举：中国文化产业进入资本运作时代[EB/OL]. http://topics.gmw.cn/2017-10/31/content_26662175.htm，2017-10-31.

[13] 王宇琼. 电影产业投融资机制创新的模式研究[J]. 当代电影，2014(09)：99—104.

[14] 熊花. 文化创意产业金融支持对策研究[J]. 企业经济，2017(9)：135—139.

[15] 魏鹏举. 新常态下中国文化产业金融支持体系的学理探讨[J]. 中国人民大学学报，2016(04)：20—25.

[16] 顾江，李苏南. 文化产业视角下我国制造业升级的新路径[J]. 江海学刊，2017(05)：71—77.

作者简介

徐菱涓(1971—)，江苏靖江人，南京航空航天大学经济与管理学院副教授，硕士生导师，研究方向为文化金融、公司金融。

丁陆梅(1996—)，江苏南通人，南京航空航天大学经济与管理学院研究生，研究方向为文化金融。

董凯豪(1997—)，江苏海门人，南京航空航天大学经济与管理学院研究生，研究方向为公司金融。

Research on Differences in Financing Modes of Creative Cultural Industries at Home and Abroad and Their Causes —Based on A Comparative Study of China, America and Japan

Xu Lingjuan　Ding Lumei　Dong Kaihao

Abstract: Efficient financing mode is an important guarantee for the development of cultural and creative industries in various countries. Based on the analysis of the current situation of cultural and creative industries in China, America and Japan, this paper compares the financing modes of China, the United States and Japan from the aspects of financing environment, financing channels and financing modes, analyses the differences among financing modes in different countries, and explores the causes of the differences from top-level system design, economic cycle fluctuation, industrial chain expansion, intellectual property protection system, etc. Finally, drawing on the experience of foreign countries, this paper puts forward some countermeasures and suggestions for the development of cultural and creative industries in China from the aspects of system innovation, broadening financing channels, strengthening intellectual property protection, and building a complete industrial chain.

Key words: Creative Cultural Industries; Financing Mode; Causes of Differences

文化贸易

南京市出境旅游流规模、流向及影响机制

王惊雷　李在军

摘　要:本研究采用年际集中指数、地理集中指数、出游半径、重心迁移模型等方法对2010—2017年南京市出境旅游流的规模和流向特征及影响机制进行研究。结果表明:(1) 2010—2017年南京市出境旅游流规模持续扩大,亚洲地区一直是组团出游的主要旅游目的地;(2) 经济较发达地区或国家年际客流规模变化较为稳定,而经济欠发达地区或国家客流规模变化波动较大,稳定性差;(3) 出境旅游人数四个季度所占比重依次是第三季度>第四季度>第二季度>第一季度,第三季度是出境旅游的高峰期;(4) 从旅游流空间流向看,出境旅游流足迹半径不断趋于远距离化、出境目的地选择更加多元化,空间分布更加分散化,出境旅游流重心形成了"冬南夏北"的迁移轨迹规律;(5) 出境旅游流的规模和流向受到旅游目的地多因素的拉动、客源地的自身驱动及连接系统的支撑保障,三大系统相互作用,共同影响出境旅游流的时空演变轨迹和变化规律。

关键词:出境旅游流;规模;流向;影响机制;南京市

一、引　言

改革开放以来,随着国民经济综合实力和国际影响力的稳步提升,出境旅游市场先后经历了严格控制、1983—1997年港澳探亲游、1997—2005年主动引导边境旅游、2005—2009年以加强监管和提升品质为目的的规范发展、2009年以来有序发展等不同阶段的演化,中国旅游业对外开放程度空间扩大,出境旅游市场不断走向成熟完善。习总书记指出"旅游是传播文明、交流文化、增进友谊的桥梁",特别是当前"一带一路"的伟大倡议下,我国成为世界第一大出境客源地,提升了我国在"一带一路"中的主导地位和国际形象,出境旅游在平衡客流和服务贸易中发挥了巨大的作用,推动了区域一体化发展进程,出境旅游凭借其独特的产业特性成为打造人类命运共同体的主要渠道之一(蒋依依,2018)。1992年我国出境游客数量为

0.03 亿人次，而 2018 年，出境旅游人数逼近 1.5 亿人次，同比增长 14.7%，旅游人次净增了 50 倍，稳居世界第一客源大国地位，日益成为国际旅游市场增长的主力军。中国出境旅游研究逐渐成为国内外研究者的重要研究课题(Dai, 2017; Jørgensen,2017;Li, 2010)。

南京市地处长江下游，是长三角辐射带动中西部地区发展的重要门户城市，出境旅游业发达，近年来达到出境旅游爆发性增长的阈值，已成为全国前十大出境旅游组织地之一，作为出境旅游流研究的案例地具有一定的代表性。本研究以南京市为研究对象，采用年际集中指数、地理集中指数、出游半径、重心模型等方法分析南京市出境旅游流规模和流向动态演变特征，在此基础上探讨影响其规模和流向的影响机制，揭示出以南京市为代表的长三角地区居民出境旅游目的地选择特征和一般规律。

二、相关文献回顾

旅游流是旅游者在空间区域上的集体迁移现象，最初起源于 1970 年 Williams 和 Zelinsky 在《Tourism Geographies》的研究是国际旅游流研究的开山之作(Williams,1970)，随后学术界掀起了旅游流的流量规模、空间结构、流向特征、流动模式、形成机制及模拟预测等方面的研究(Keum,2010; Liu,2012; Lozano, 2018)，成为旅游地理学的经典研究主题和热点问题。出境旅游是我国旅游市场的重要组成部分，是国家旅游业国际化水平的重要体现，充分认识出境旅游流的空间流动特征及旅游需求，可为政府管理部门及相关旅游企业的管理决策提供科学依据。在国家“先入境、再国内、后出境”的旅游政策导向下，我国旅游学者对入境和国内旅游的研究偏多，而对于迅速崛起的出境旅游的研究才刚刚起步(吴晋峰, 2013)。国外研究者注重研究我国游客出境旅游目的地选择偏好、决策行为、消费行为、满意度、出境市场概况及特征、影响因素、市场评估预测等方面(Su,2013; Liu,2013;Jorgensen,2017;Lin,2015)。国内学者研究成果则较为丰富，荆艳峰(2006)对我国出境旅游的发展现状、存在问题及对策、发展趋势及潜力展开研究；戴斌(2013)研究了我国出境旅游的客源产出、空间流向、市场规模及消费结构，发现出境旅游仍处于初级阶段，适宜采取有序引导的市场政策；王琳(2004)从人口规模和消费水平视角分析我国出境旅游空间差异格局，认为当前出境旅游存在规模高扩张和消费高增长的局势，并试分析形成这种格局的影响因素；宋慧琳(2016)将人口特征变量应用于 TPB 模型，检验 TPB 模型在居民出境旅游目的地选择行为研究的实用性，研究了出境游客决策及消费行为研究；刘敏(2009)从社会学视角，分析出境旅游对旅游者、客源国和目的地在社会文化方面的积极影响，认为文化因素对出境旅游动机具有较大的影响。从现有研究来看，大多从心理学、管理学、经济学视角展开的研究成果较多，少有研究从地理空间视角研究出境旅游的空间格局及演变特征，对于出境旅游流规模特征、空间流动等方面的研究更是少见；研究尺度上偏重于国家尺度的宏观分析，基于微观城市尺度的研究较为鲜见；研究方法上主要以定性分析为主，定量研究方法需要进一步完善。

基于此，凝练出以下科学问题：出境旅游流流动规模、流向具有什么样的特征？旅游流的空间格局遵循什么样的演变规律和轨迹？影响出境旅游流规模和流向的因素有哪些？等等。这些问题的回答，可以丰富出境旅游研究理论和方法体系，为出境旅游市场设计科学的旅游路线和合理的旅游产品提供理论借鉴和参考。

三、数据与研究方法

(一) 数据来源与处理

本研究出境客流数据来源于南京市旅游局统计调查系统，获取2010—2017年(数据从2010年才开始上报统计)出境旅游的国家或地区游客数量及每季度游客数量作为研究数据支撑。笔者基于原始数据剔除了统计报表中如亚洲其他、非洲其他、欧洲其他、其他小计等没有分析价值的数据，剩余30个地区或国家可利用的数据包括中国港澳台地区，北亚的俄罗斯，中亚的蒙古，东南亚的泰国、新加坡、马来西亚、印度尼西亚、菲律宾、越南、缅甸，南亚的印度，东亚的日本、韩国，欧洲的英国、法国、德国、瑞典、丹麦、西班牙、瑞士、荷兰、意大利，非洲的埃及、肯尼亚、南非，北美洲的美国，大洋洲的澳大利亚、新西兰。

(二) 研究方法

1. 年际集中指数

出境旅游时间分布的年际集中性可以利用年际集中指数衡量。计算公式如下(宁志中，2014)：

$$Y=\sqrt{\frac{\sum_{i=1}^{n}\left(\frac{X_{ij}-\bar{X}}{\sum_{i=1}^{n}X_{ij}}\times 100\right)^{2}}{n}} \tag{1}$$

式中：Y为某地区或国家的年际集中指数，X_{ij}为第i年到第j个目的地的旅游人数，$\overline{X}$ 为某一时间段内到第 j 个目的地旅游人数的平均值，n 为年度数。

2. 地理集中指数

反映 2010—2017 年南京市旅行社组团出境旅游客流的集中与分散特征，其公式为(冯英杰，2018)：

$$G = 100 \times \sqrt{\sum_{i=1}^{n}\left(\frac{X_i}{T}\right)^2} \tag{2}$$

式中：G 为出境旅游市场地理集中指数，X_i 为到第 i 个国家或地区的旅游人数，T 为某一年旅行社组织出境旅游的旅游总数，n 为出境旅游地区或国家的总数。

3. 出境旅游半径

基于客源吸引半径模型的改进，计算居民出境旅游半径的变化，是衡量出境旅游到达的空间距离和范围的重要指标。计算公式如下：

$$R = \sqrt{\frac{\sum_{i=1}^{n} X_i^2 D_i^2}{\sum_{i=1}^{n} X_i^2}} \tag{3}$$

式中：R 为居民出境旅游半径，X_i 为到第 i 个国家或地区的旅游人数，D_i 为南京市到第 i 个国家或地区的空间距离，n 为国家或地区总数。R 值越大，表明居民出境旅游辐射的空间距离和半径越大，居民涉足范围越广，目的地分布越分散。

4. 重心迁移模型

采用重心模型分析南京市旅行社出境旅游流重心的动态演变特征，其计算式为(李在军，2014)：

$$X_t = \frac{\sum_{i=1}^{n} m_i x_i}{\sum_{i=1}^{n} m_i}, Y_t = \frac{\sum_{i=1}^{n} m_i y_i}{\sum_{i=1}^{n} m_i} \tag{4}$$

式中，X_t、Y_t 分别为第 t 年重心的经度和纬度坐标，m_i 为到各地区或国家的游客人数，x_i 和 y_i 分别为地区或国家地理中心的经度和纬度坐标。

四、南京市出境旅游流规模和流向特征

(一) 出境旅游流市场规模的时间动态演化

1. 年际变化

基于 2010—2017 年南京市出境客流数据，分析客流的时间序列动态变化，如

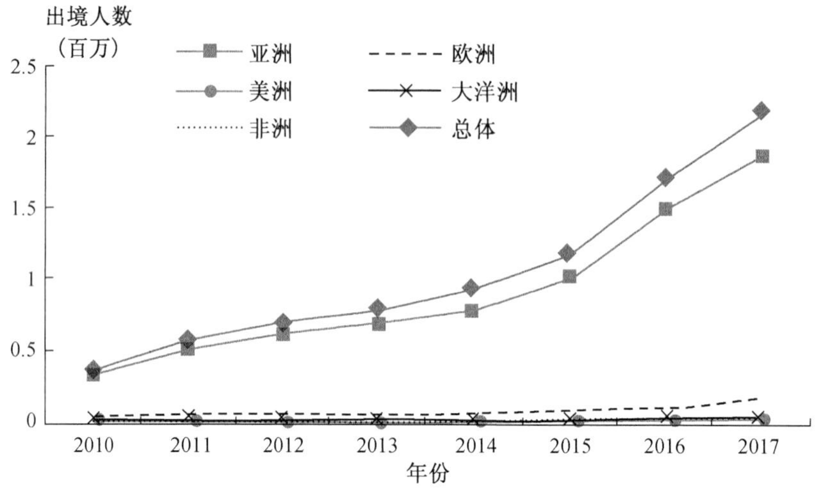

图 1　2010—2017 年出境旅游流规模变化趋势

图 1。由图可知，2010—2017 年出境旅游流规模持续扩大，自 2015 年开始增长幅度进一步加强，主要是得益于我国综合国力的不断提升、对外开放程度的扩大、出境旅游政策的持续放宽、带薪休假制度的完善、居民消费水平的提高等多因素共同作用。从洲际来看，亚洲旅游流规模一直占据着主导地位，平均占比 86.6%，与总体旅游流规模趋势基本保持一致。亚洲旅游目的地众多，旅游资源丰富，距离较近、旅游价格较低是吸引民众出游的重要因素。其次是欧洲地区，其宜人的气候、发达的经济、完善的服务接待、独具特色的旅游资源等因素，尤其是欧盟国家成员的申根协定政策的颁布，加上“一带一路”政策的推动，近年来旅游流规模持续扩大。美洲、大洋洲及非洲出境旅游市场规模较小，主要是因为空间距离远、旅游费用较高、出境手续烦琐等障碍因素导致客流量较少。但随着经济的不断发展、交通便利程度的不断改善、国家政策的支持、信息技术的普及，未来三大洲的出境旅游市场会愈来愈广阔。

为了进一步分析目的地国家或地区之间的客流变化差异，运用年际集中指数计算出境旅游目的地客流年度变化情况，如图 2 所示。从图 2 中可知，蒙古、缅甸、埃及、越南等国的年际集中指数均在 15.0 以上，表明在此期间内客流波动较大，最不稳定，主要是因为这几个国家属于冷门目的地，经济欠发达，旅游业接待设施不够完善，尚未形成自身特色，起步较晚，不足以吸引大批游客前往，近两年才出现一小批客流出境。而我国港澳台、法国、德国等地的年际集中指数均在 5.0 以下，说明其客流年际变动幅度较小，一直保持着稳定的客流，这与其发达的经济和科技、较高的知名度、巨大的吸引力是密切相关的。由此可见，经济发达的地区或国家年际集中指数较小，客流规模较为稳定，而经济欠发达的地区或国家年际集中指数较大，客流规模变化不稳定。综上所述，出境旅游流规模会受到空间距离、旅游成本、旅游资源禀赋、经济发展水平、气候环境、出境手续繁简及政策等各方面因素影响。

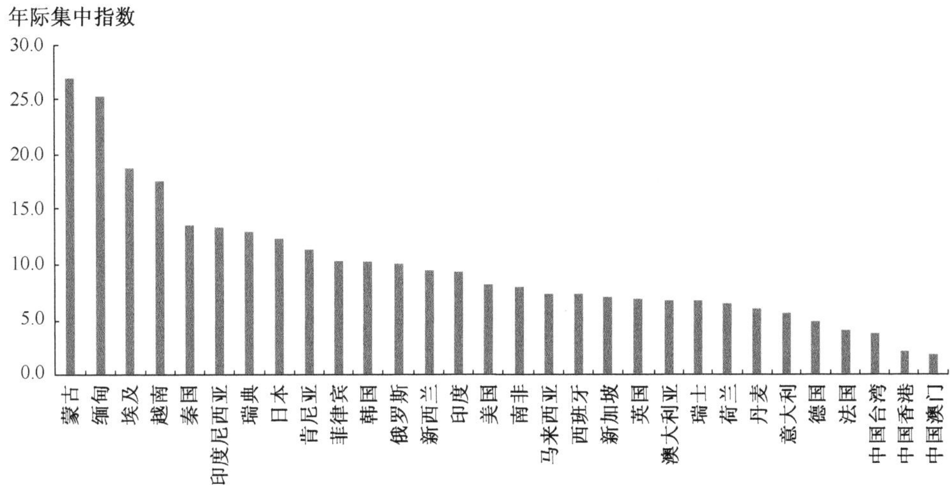

图2　2010—2017年出境目的地旅游流年际集中指数

2. 位序变化

基于2010—2017年南京市出境的客流数据，分别按照年度客流数值大小进行出境旅游目的地位序排名，可以识别居民出境旅游目的地选择偏好。由于亚洲是南京市最主要的出境目的地，但因受到国家经济、政治、政策等方面的影响排名变化较大，而其他大洲与我国各方面的摩擦和冲突较小，位序排名变化不大，为避免干扰，剔除了其他大洲，保留亚洲地区，如图3所示。由图3可知，我国港澳台及泰国、日本、韩国等地区是南京市出境旅游最主要的目的地，2010—2012年前往港澳台地区的客流一直占据着主导地位，自2013年后开始被日韩、泰国取代，日韩、东南亚等地以丰富的旅游资源和文化魅力、较低的旅游价格、简便的签证手续，加上国内影视剧和日韩高性价比产品的带动，一度成为居民最喜爱的出境旅游目的地。诚然，出境旅游目的地的选择也会受到国家的政治关系和政策方面的影响，比入境旅游和国内旅游目的地选择更为复杂。如日本、韩国与南京市距离较近，前期一直有大批的客流输出，但由于2012年日本的钓鱼岛事件和2017年韩国的萨德事件的发生，严重侵害了我国国家安全和利益，政府及旅游行业纷纷调整旅游路线和产品，出境客流大幅度减少，位序因此出现较大变动。韩国在 2017 年直接从第一跌至二十一位，足见国家政治关系政策对居民出境旅游行为影响较大。而泰国、印度尼西亚等东南亚地区实行免签或落地签等利好政策，加上地域空间距离近，旅游流呈井喷式增长，旅游流规模显著扩大。新加坡位序保持较为平稳，但在 2014 年出现急剧下降趋势，进入低谷时期，主要是因为 2014 年“马航失联”“泰国军事政变”突发事件发生，旅游安全感知和旅游需求急剧降低，严重影响了东南亚地区的新马泰线路，游客考虑到自身旅游安全问题，避开新马泰国家或地区改选其他目的地。印度尼西亚是世界上最大的群岛国家，拥有 17 508 个岛屿，近年来旅游业发展速度迅猛，以独特的热带景观和海岛风光吸引了无数游客，从 2010 年的十九位一路攀升至 2017 年的第三位。马来西亚、越南、菲律宾等地因与我国存在领土争端问题，一直处于不温不火状态，受内外各方面的因素影响位序时升时降，波动较大，但整体位序逐渐转好。受 2010 年“中俄旅游年”政策的推动，俄罗斯的位序逐步上升。印度排名时有波动，近年来呈现衰退趋势。缅甸、蒙古等地位序排名靠后，是亚洲地区冷门目的地，虽与我国陆上相邻，但因经济发展动力不足、旅游资源吸引力不够、旅游基础服务设施不完善，客流较少。

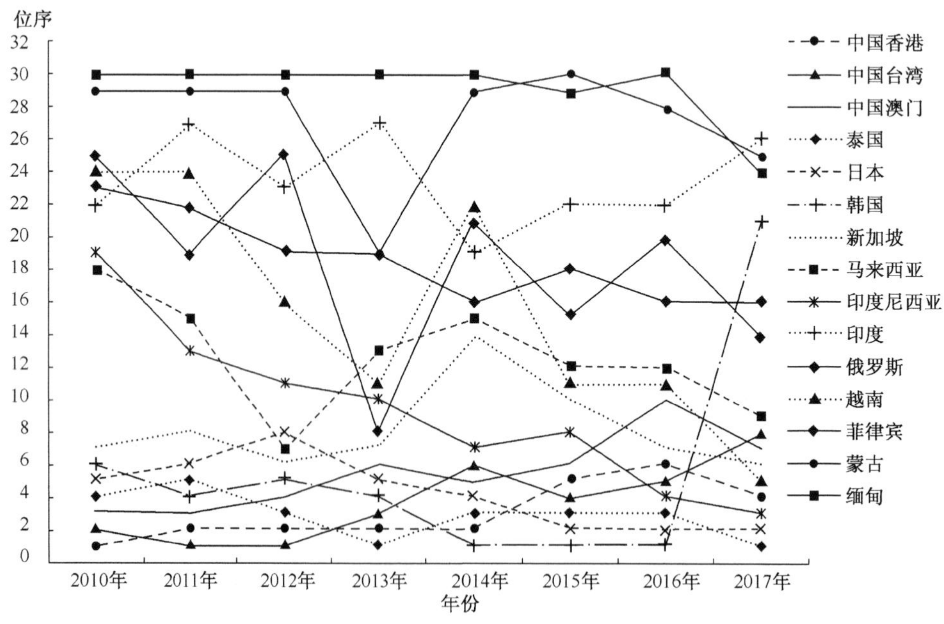

图 3　2010—2017 年出境目的地旅游流（亚洲地区）位序变化

由此可见，各国旅游流规模位序受到政策、突发事件、市场宣传、旅游产品等方面因素的影响发生一定的改变。为了明晰南京市出境旅游流发展模式，根据30个旅游目的地国家或地区位序和客流规模变化将其划分为上升型、波动型、波动＋上升型、衰退型、波动＋衰退型五类。上升型（客流数量一直保持增长态势）：日本、泰国、蒙古、印度尼西亚、缅甸、俄罗斯；波动型（客流数量出现不断波动态势）：英国、肯尼亚、南非；波动＋上升型（客流数量前期出现不断波动，后出现不断上升态势）：马来西亚、菲律宾、新加坡、越南、法国、德国、意大利、瑞士、美国、澳大利亚、新西兰、埃及；衰退型（客流数量不断减少，没有波动）：韩国、瑞典、西班牙、荷兰、丹麦；波动＋衰退型（客流数量波动和减少同时进行）：中国香港、中国澳门、中国台湾、印度。随着社会、经济、政策等各方面的不断改善，居民出境目的地选择趋于需求多元化、决策复杂化、空间扩散化。

3. **季度变化**

基于2010—2017年南京市出境的季度客流数据，以目的地为单位，分别计算四个季度客流的所占比重，分析出境客流季度之间的变化情况，如图3所示。从图中可以看出，出境旅游人数比重依次是第三季度＞第四季度＞第二季度＞第一季度，居民最倾向选择第三季度和第四季度出境旅游，少数选择第一季度出境旅游。这主要和我国文化和制度有关，第一季度恰逢春节前后，是回归家庭团聚之季，也是工薪阶层最为忙碌之时，闲暇时间较少，出游意愿不大，出境人数也最少；而第三

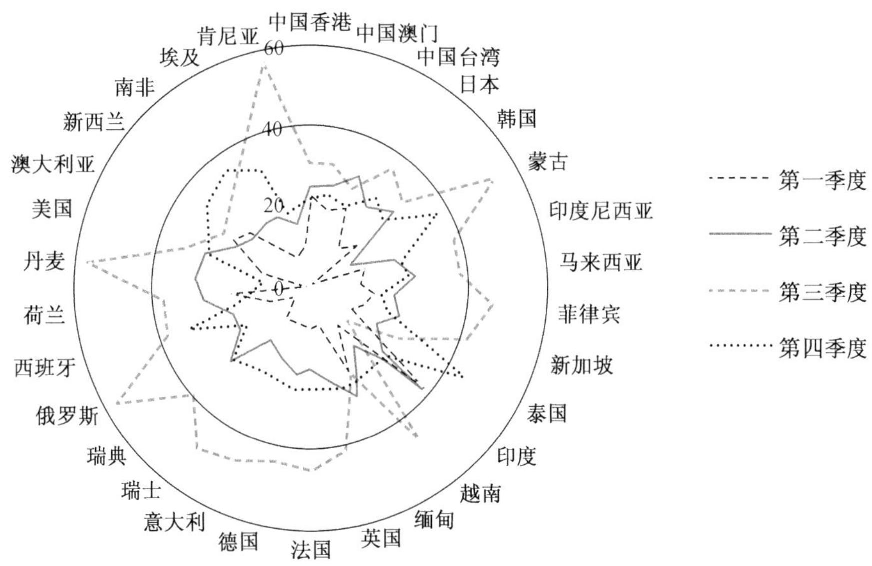

图4 出境目的地旅游流规模季度差异

季度正处年中和暑假时期，师生和工薪阶层的带薪休假，休闲时间较充裕，在经过一段时间工作、学习的忙碌，旅游休闲动机强烈，进入出游旺季，客流量较大；第四季度中如十一、中秋、元旦、春节等大长假、小长假也是出境旅游的黄金时期。从出境旅游目的地来看，气候也是影响游客选择的重要因素，宜人的气候和舒适的自然环境也能为目的地增添吸引力，如第一季度和第四季度倾向选择中国港澳台、东南亚及南半球的大洋洲和南非，第三季度倾向选择欧美国家及北亚地区。由此可见，出境旅游规模的季度差异会受到带薪休假制度、国家文化及气候环境的影响。

（二）南京市出境旅游流流向空间特征

1. 出境旅游流空间变化特征

基于2010—2017年南京市出境旅游流数据，根据公式(2)—(3)分别得到南京市出境旅游流地理集中指数和出游半径。研究发现，出境旅游空间范围局部有减小趋势，分别在2012、2014、2016年出现不同程度的缩小，随后又出现了迅速反弹扩大的趋势。整体来看，南京市出境旅游流在空间上的距离不断扩大延伸，从2010年的1 772 km增加至2017年的2 807 km，平均每年以130 km的半径距离不断向四周扩散，表明居民出境旅游足迹逐渐向更远距离的目的地迁移，目的地选择更加多元化，空间距离的阻力逐渐弱化。从地理集中指数变动趋势来看，2010—2015年在波动中有下降趋势，出境客流空间分布趋于集中，随后在2015—2017年期间快速增大，达到了44.13，出境客流空间分布呈现出分散化、扩散化趋势，主要得益于国家“一带一路”宏观政策的大力推动，与北亚、中亚、欧洲以及东南亚、南亚的联系不断加强，签证通关手续的简化、旅游安全系数不断提高、文化交流频繁，促成了出境旅游进入一个新局面。综上所述，出境旅游流足迹不断趋于远距离化，目的地选择更加多元化，空间分布更加分散化。未来，随着“一带一路”沿线国家的持续深度合作与推进，出境旅游人数将会进一步增长，居民出境旅游的热潮保持高涨，更加趋于大众化、普遍化、国际化、品质化发展。

2. 出境旅游流重心迁移轨迹

出境旅游流重心迁移的方向和幅度可以衡量旅游流流向特征和出境目的地吸引力大小变化。基于2010—2017年南京市出境客流数据，以季度为基本单位，计算四个季度的重心轨迹。为了更好地对比四个季度的重心迁移规律，经纬度刻度和坐标区间保持一致，如图5所示。从图5可以看出，2010—2017年度的第一、二、三季度总体重心迁移距离变化不大，第四季度迁移轨迹变化明显，但均在2016—2017年出现了不同程度的反向迁移，成为出境旅游客流重心轨迹的转折点，主要是在“一带一路”倡议纵深发展、旅游供给侧结构性改革、“各国旅游年”的共同推动下形成的。从季度旅游流重心发现，第一季度明显偏区间的东南角，第二季度偏中北位置，第三季度偏离分布在区间的西北角，与第一季度形成显著差异，主要是因为气候和地理环境因素造成的。南京市作为江苏省省会，地处亚热带地区，四季分明，冬有严寒，夏有酷暑，第一季度正处北半球冬季，气候寒冷，游客更倾向于选择纬度较低的、温和湿润的东南亚、南亚甚至南半球的大洋洲等地区，而第三季度正处于炎热的夏季，酷热的天气让游客更愿意去凉爽的地区度假旅游，如欧洲、北亚、北美等地，从而形成了旅游流重心“冬南夏北”的迁移轨迹规律。

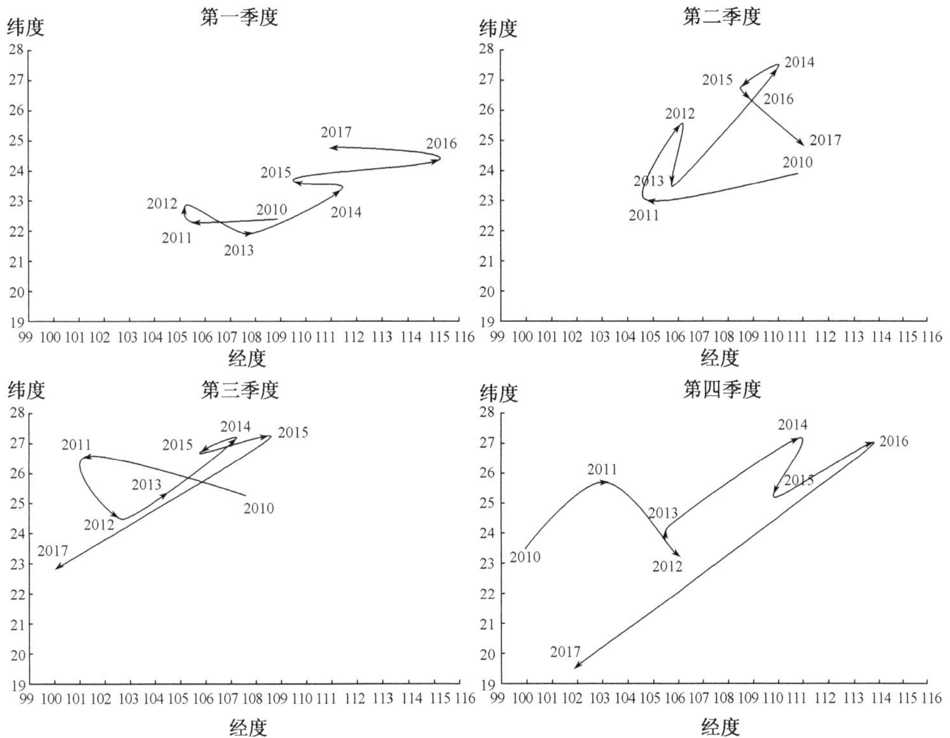

图 5　2010—2017 年出境目的地旅游流重心迁移轨迹

四、出境旅游流时空演变的影响机制

基于上文南京市出境旅游流规模和流向特征的分析，研究发现，出境旅游流的规模和流向均受到自然环境、距离、资源、经济、政治等多方面因素的共同作用影响。本文结合前人研究成果及相关研究理论，从旅游目的地、旅游客源地和连接桥梁三大系统出发，提炼出影响出境旅游流规模和流向的作用机制，如图 6。具体解析如下：

（一）旅游客源地——推动力

经济驱动。它包括经济发展水平和消费水平两方面，与国内旅游相比，出境旅游是一项高消费远距离出游行为，与游客的收入水平和经济实力密切相关。已有研究表明，当人均 GDP 超过 3 000 美元时，游客出境旅游的需求开始显著增加。随着国民经济的快速发展和居民生活水平的显著提高，可支配收入大大提高，居民出境旅游需求旺盛，出境旅游流规模和距离日益扩大。2010 年南京市人均 GDP 达 82 368 元，人均可支配收入 28 312 元，2017 年人均 GDP 达 171 563 元，可支配收入 54 538 元，市民用于旅游休闲娱乐的花费比例递增式增长，中产阶级成为出境旅游群体的中流砥柱。南京市旅游资源丰富，旅游经济发达，具备完善的接待设施，居民旅游氛围浓厚。

政策驱动。它主要体现在带薪休假制度的完善和出境旅游政策的放宽。出境旅游历经了 40 年的发展渐趋完善成熟，市场进入有序发展阶段。近年来，政府大力支持出境旅游的发展。2013 年《旅游法》的颁布，有效规范旅游市场的健康稳定发展，及时推出刺激游客消费和货币管理政策，尤其是免签政策和简化签证办理手续政策，扩大出境旅游目的地范围，提高了居民出境旅游的积极性。据外交、领事部门发布的最新信息，中国公民可以免签、落地签前往的国家和地区扩展为 67 个。同时带薪休假制度的修正，居民闲暇时间增多，进一步刺激了出境旅游市场规模的扩大。

感知驱动。旅游者对旅游目的地的感知包括对目的地形象感知、示范感知、口碑效应和行为认同等。游客对目的地感知越好，增加了决策选择的概率，反之亦然。行为示范效应是指旅游者身边的亲朋好友或群体旅游体验或行为对旅游者的影响，大多数游客的旅游行为和消费观念对潜在游客的旅游行为具有重要的指示作用，即示范效应。游客自身对周边旅游者行为、观念、态度、口碑等方面的认同，影响其对行为对象的认知和评价，从而影响旅游行为方式、主观判断、消费决策和情感态度。

信息驱动。主要体现在旅游业与信息化的融合发展，互联网信息时代的到来，网络信息获取的便捷性，让旅游业发展插上腾飞的翅膀。信息化的融入搭建了旅游服务一体化的桥梁，旅游业与第三方电商结盟，互联网、移动互联网和大数据深刻变革了旅游业发展面貌，改变了传统旅行社接待模式和营销模式。据报道，美国

57%的机票是在线预订，欧洲在线预订率为 48%，互联网的主力作用不言而喻。

（二）旅游目的地——拉动力

资源吸引。旅游目的地的旅游吸引物是旅游业发展的核心要素，包括旅游资源禀赋、旅游购物、媒体影视宣传带动及舒适的自然环境等吸引要素。特色且丰富的旅游资源是各国旅游业竞争力的关键所在，旅游资源越丰富越具有特色，吸引的游客越多。近年来，优质的进口商品受到境内的一致追捧，但由于高进口关税和贸易壁垒限制，进口产品价格大大抬高，导致境内的消费转移，以购物为主要目的的出境旅游行为日渐高涨，如韩国、日本及中国香港等地成为国人出境旅游购物的首选地。当前经济全球化和文化全球化进程不断加快，国外影视剧和广告宣传推广，大大提高了旅游目的地的知名度和美誉度。泰国旅游市场的持续火爆主要得益于国内影视剧的带动，促进旅游流规模的迅速扩大。

经济吸引。旅游目的地的经济因素主要包括目的地经济发展水平、消费水平高低、旅游成本价格等方面，是影响旅游流流向和目的地选择需考虑的重要因素。发达的科技和雄厚的经济实力亦对游客产生较强的引力作用，接待设施服务完善，旅游影响力愈强。已有研究表明，国际货币汇率的变动对旅游需求有显著的影响，人民币升值，旅游成本降低，游客量增加；人民币贬值，旅游成本增大，抑制出境客流的增长。近年来，人民币升值，旅游成本降低，也促进了南京市民的出游规模增加。旅游目的地的消费水平影响游客出境旅游的开销预算，若目的地消费水平过高，增加旅游成本，游客选择的概率会降低。2013 年旅游规范与条例上升为国家法律层面，南京旅行社线路产品价格上涨，出境旅游规模受到影响。

环境吸引。良好的旅游环境是发展旅游业的前提保障，旅游安全是旅游业的生命线，是旅游业发展的基础和保障。旅游安全系数越高，旅游流规模越大，安全的旅游环境对客流的作用显著。旅游目的地的文化环境一方面可以吸引游客体验异地文化风情，但也因为彼此的文化距离和文化差异冲突成为游客决策障碍，因此应合理协调文化差异，才能更好地促进出境旅游发展。同时，自然环境因素也是旅游目的地选择需要考虑的重要因素，自然风光优美、环境舒适、气候宜人的目的地亦备受欢迎。

国际友好度。旅游目的地与我国政治关系好坏及对国际的开放程度亦决定了旅游流的规模和流向。出境旅游是国家间政治外交的重要手段之一，政治关系友好程度决定了游客规模及流向，而旅游流量大小是国家政治关系的直接响应。出境旅游签证手续的繁简程度会在一定程度上促进或阻碍客流的发展，如东南亚一些国家实行免签、落地签等利好政策大大刺激了出境旅游市场的高速发展；而北美及欧洲等发达国家的签证手续过于烦琐，效率低，影响旅游流向。目的地的对外开放程度越高，国际化程度越高，吸引的游客数量越多，反之亦然。

值得注意的是，突变事件的发生，会导致旅游流规模的急剧锐减和流量转向，对旅游目的地旅游业造成重创，属于非常规影响因素。如2013年的中日钓鱼岛事件、2014年的马航事件、2017年的韩国萨德事件均对目的地旅游业带来重大损失，客流急剧减少，游客出境旅游需求纷纷寻找替代的目的地释放。由此可见，重大事件对于出境旅游流的规模和流向均产生巨大的冲击力。

（三）连接系统——调节力

连接系统作为桥梁功能沟通了旅游目的地和客源地，主要体现在空间距离、交通可达性和旅行社三方面。目的地与客源地之间的空间距离反作用于旅游流规模，同等条件下，旅游者更加偏爱选择近距离目的地替代远距离目的地。空间距离越远，旅游成本越大，旅游流规模越小。交通的便利程度也直接影响了目的地的可进入性和旅游的时间成本。受航班、距离、目的地接待设施等因素影响，交通是旅游活动顺利开展的保障条件。近年来，南京市国际化程度的提高，航班密度增加、交通联运扩容缩短了出境旅游的时间成本，出境旅游热度持续提升，成为全国出境旅游人均花费最高、出境旅游热情最高、旅游距离最广的十大热门城市之一。旅行社是连接旅游者与目的地的中介机构，旅行社的旅游产品报价和营销策略也会影响甚至改变旅游者的目的地决策行为，同时旅行社的产品设计以市场需求为导向，二者互相影响。

五、结论与政策建议

本研究基于南京市出境旅游数据，采取时间和空间交互统计梳理分析法，分析出境旅游流规模和流向演变特征及规律，并分析旅游流时空演变的影响机制，得出以下结论：第一，出境旅游流持续攀升，尤其是“一带一路”倡议的推动下出境旅游流规模进一步扩大；亚洲一直是主要旅游目的地，其次是欧洲、美洲；从年际变动来看，经济发达的地区或国家整体上年际集中指数较小，客流较为稳定，而经济欠发达的地区或国家年际集中指数较大，客流变化不稳定，波动较大；中国港澳台、泰国、日本、韩国等地区是南京市旅行社出境最主要的目的地，旅游目的地大体上分为上升型、波动型、波动＋上升型、衰退型、波动＋衰退型五类。第二，从旅游流的空间特征看，出境旅游流足迹不断趋于远距离化，目的地选择更加多元化，空间分

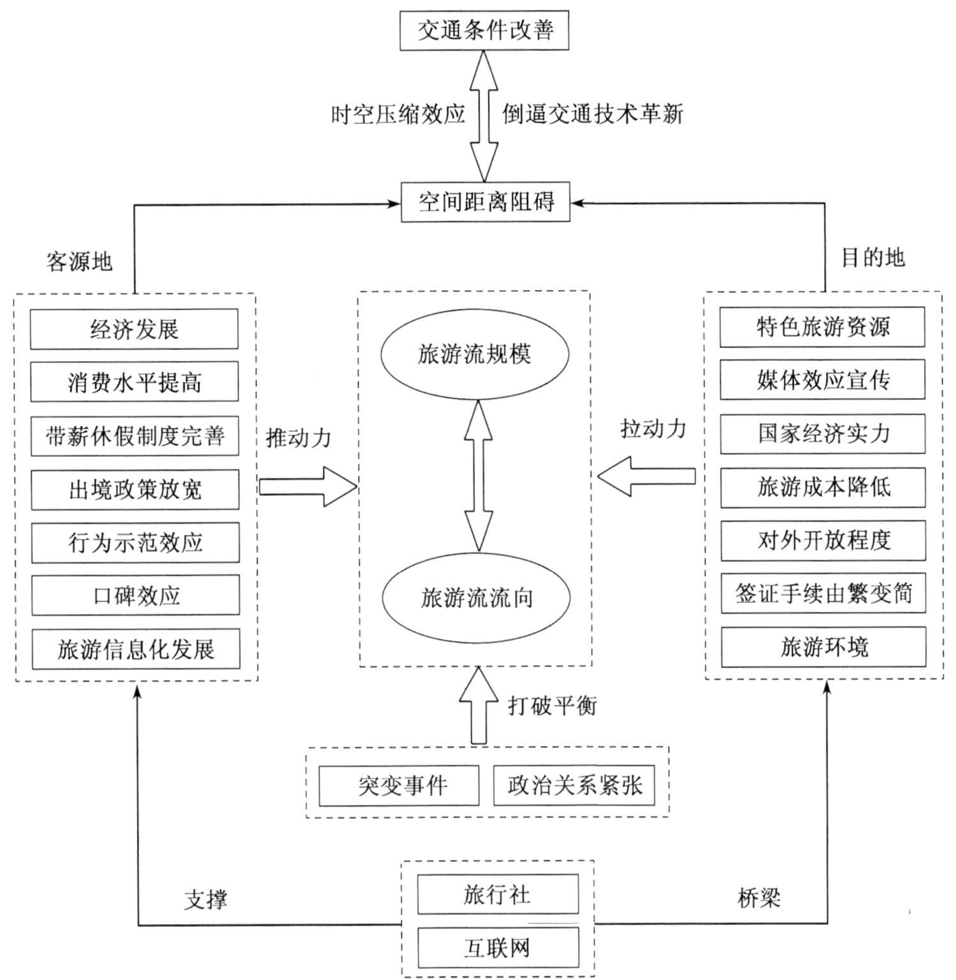

图 6　南京市出境旅游流规模和流向影响机制图

布更加分散化，出境旅游流重心形成了“冬南夏北”的迁移轨迹规律。第三，出境旅游流的规模和流向受到自然环境、距离、资源、经济、政治、文化、社会等多方面因素的共同作用影响，目的地因素的拉动和客源地的驱动，加上连接系统的调节，相互作用、共同影响出境旅游流规模和流向的时空变化。

基于以上研究，针对南京市出境旅游发展提出以下政策建议：① 政府需要加强出境市场规范管理，引导出境旅游市场有序健康稳定发展。针对市场恶性竞争必须制定相关政策文件规范旅游企业和旅游者的行为，坚决抵制出境市场产品的恶性低价竞争，规范旅游线路合理定价，营造良好的经营环境。② 随着居民消费水平的提高，旅游需求向个性化与多样化、体验化与休闲化、大众化与家庭化、散客化与自主化、品牌化与高端化方向发展，必须以市场为导向，开发与时俱进的旅游产品，优化旅游服务质量，借助互联网机遇实现线上线下的融合联动发展。③ 游客必须树立科学的消费观念，避免盲目消费、过度消费，同时加强国际礼仪和文化差异的普及，共同构建和谐的、文明的旅游氛围。

参考文献

[1] 蒋依依. 出境旅游发展是中国对外开放扩大的直接见证[EB/OL]. 中国旅游报，2018. http://www.china.com.cn/opinion/think/2018-11/14/content_72370804.htm 2019-3-14.

[2] Dai B, et al. China's outbound tourism Stages, policies and choices[J]. Tourism Management, 2017, 58.

[3] Jørgensen M T, et al. Understanding the past, anticipating the future: A critical assessment of China outbound tourism research[J]. Journal of Travel & Tourism Marketing, 2017, 34(7).

[4] Li X, et al. Estimating the size of the Chinese outbound travel market: A demand side approach[J]. Tourism Management, 2010, 31(2).

[5] Williams A V, et al. On some patterns in international tourist flows[J]. Economic Geography, 1970, 46(4).

[6] Keum K. Tourism flows and trade theory: a panel data analysis with the gravity model [J]. Annals of Regional Science, 2010, 44(3).

[7] Liu F J, et al. Roles and functions of tourism destinations in tourism region of south Anhui: A tourist flow network perspective[J]. Chinese Geographical Science, 2012, 22(6).

[8] Lozano S, et al. A complex network analysis of global tourism flows[J]. International Journal of Tourism Research, 2018, 20(5).

[9] 吴晋峰，等. 我国旅游流研究进展与展望[J]. 人文地理，2013，28(4)：20—26.

[10] Su LuJun, et al. Service Fairness, Consumption Emotions, Satisfaction, and Behavioral Intentions: The Experience of Chinese Heritage Tourists[J]. Journal of Travel and Tourism Marketing, 2013, 30(8).

[11] Liu C H, et al. An industry-related spillover analysis of the impact of Chinese tourists on the Taiwanese economy[J]. Tourism Management, 2013, 36(9).

[12] Jorgensen M T, et al. Understanding the past, anticipating the future: A critical assessment of China outbound tourism research[J]. Journal of Travel & Tourism Marketing,

2017, 34(7).

[13] Lin V S, et al. Modeling and forecasting Chinese outbound tourism: An econometric approach[J]. Journal of Travel and Tourism Marketing, 2015, 32(1).

[14] 荆艳峰.我国出境旅游发展趋势预测及建议[J].商业时代,2006,25(32):80—81.

[15] 戴斌,等.中国出境旅游发展的阶段特征与政策选择[J].旅游学刊,2013,28(1):39—45.

[16] 王琳.我国出境旅游的发展格局及影响因素研究[J].改革与战略,2014,30(8):92—95+110.

[17] 宋慧林,等.人口特征对居民出境旅游目的地选择的影响——一个基于TPB模型的实证分析[J].旅游学刊,2016,31(2):33—43.

[18] 刘敏.社会学视角下中国公民出境旅游的文化价值——对旅游社会文化影响的案例研究[J].旅游学刊,2009,24(12):70—77.

[19] 宁志中,等.中国陆地边境地区入境旅游市场的时空特征研究[J].资源科学,2014,36(06):1125—1132.

[20] 冯英杰,等.江苏省水利风景区时空演变及其影响因素[J].经济地理,2018,38(07):217—224.

[21] 李在军,等.中国区域消费与经济、人口重心演变的时间多尺度研究[J].经济地理,2014,34(01):7—14.

作者简介

王惊雷(1982—),山东济宁人,江苏师范大学历史文化与旅游学院,讲师,研究方向为文化产业管理。

李在军(1989—),山东临沂人,扬州大学苏中发展研究院,助理研究员,研究方向为区域经济与发展。

The Scale and Flow Direction of Nanjing Outbound Tourism and its Impact Mechanism

Wang Jinglei　Li Zaijun

Abstract: The methods of inter-annual concentration index, geographical concentration index, travel radius, center of gravity transfer model and others were used to study the scale, flow direction characteristics and influence mechanism of Nanjing's outbound tourism flow from 2010 to 2017. The results showed that: (1) From 2010 to 2017, the scale of outbound tourism in Nanjing continued to expand and Asia had always been the main tourist destination for group travel. (2) The scale change of annual tourist flow was relatively stable in economically developed regions or countries while the flow scale fluctuation of the less developed area or country was larger with poor stability. (3) The proportion of outbound tourists in the fourth quarter was in the following order: the third quarter, the fourth quarter, the second quarter, the first quarter, with peaking in the third quarter. (4) From the perspective of the spatial flow direction of tourism flow, the footprint radius of outbound tourism flow tended to be long-distance with more diversified of outbound destinations and more dispersed of spatial distribution. The center of gravity of outbound tourism flow formed a migration trajectory of "winter, south and summer, north". (5) The scale and direction of outbound tourism flow were driven by multi-factors of tourist destinations self-drive of origin areas and support of counecting system. The three systems interacted and jointly influenced the evolution track of outbound tourism flow.

Key words: outbound tourism flow; scale; flow; influence mechanism; Nanjing

“一带一路”沿线国家来华留学教育发展动因探究
——基于中外经济、政治和文化的互动视角*

林　航　原　珂　陈昀益

摘　要:发展“一带一路”沿线国家来华留学教育,是践行中外“民心相通”精神和实现中国教育对外开放、提高国家文化软实力的重要途径。本文基于2004—2016年“一带一路”沿线63个国家的面板数据资料,运用贸易引力模型,从中外贸易投资、国事访问和孔子学院三个视角系统探究中外经贸往来、政治互动和文化交流对沿线国家来华留学教育的实际影响。研究发现,整体上中外经贸往来、政治互动与文化交流均能显著促进“一带一路”沿线国家来华留学教育的发展,且这三个因素间具有两两显著的替代关系。

关键词:“一带一路”;来华留学;经贸往来;政治互动;文化交流

一、研究缘起

随着中国综合国力的不断增强和国际地位的不断提高,近十年来,海外来华留学愈发成为一种世界性的潮流和常态。据报道,2017年中国接收了来自204个国家和地区的48.92万名留学生,规模增速连续两年保持在10%以上。来华留学的生源覆盖范围稳定,“一带一路”沿线国家成为来华留学产业的重要发力点,沿线国

* 基金项目:本文为全球挑战研究基金项目“The GCRE Centre for Sustainable, Healthy, and Learning cities and Neighbourhoods(ES/N010981/1)”和2018年福建师范大学协和学院科研项目“‘一带一路’倡议下孔子学院对中国茶叶出口的影响研究:基于茶文化传播视角”(KY20180315)的阶段性研究成果,并得到国家留学基金资助。

家的来华留学生从 2004 年的 2.49 万人、占比 22.5%发展到 2017 年的 31.72 万人、占比 64.85%，年均增长 21.62%——中国俨然成为"一带一路"沿线国家学生留学的热门目的国。特别是随着当前"一带一路"倡议的持续深化，更为来华留学教育及相关产业发展提供了广阔空间。2016 年 4 月，中共中央、国务院出台的《关于做好新时期教育对外开放工作的若干意见》，强调打造"留学中国"品牌，实施"一带一路"教育行动，促进沿线国家教育合作；2017 年的《政府工作报告》要求扎实推进"一带一路"建设，加强中外教育、文化、旅游等领域交流合作；同年，党的十九大报告中正式提出"一带一路"建设，并明确提出"加强中外人文交流，提高国家文化软实力"的时代要求。这为推进中国与沿线国家之间的经贸往来、政治互动和文化交流的发展指明了方向，将开启沿线国家来华留学教育发展的崭新篇章。

众所周知，经贸往来是"一带一路"合作的重点和基础，"一带一路"倡议的实施需要经贸往来的长期支撑。"十三五"时期，商务部积极畅通"一带一路"走廊，深化经济合作，扩大贸易往来，推进"一带一路"倡议的支点建设。2017 年中国与沿线国家贸易额达 7.4 万亿元人民币，同比增长 17.8%，高于全国外贸增速 3.6 个百分点。同时，中外高层领导人之间政治互动频繁，通过双边会晤和多边论坛交流等国事访问形式，有效促进了中国和沿线国家间的政治交流，构筑起良好的国际政治互信关系。此外，孔子学院作为以推动汉语推广和中外文化交流为宗旨的非营利性公益机构，截至 2018 年年底，全球已有 154 个国家(地区)建立了 548 所孔子学院和 1 193 个中小学孔子课堂，其中"一带一路"沿线有 54 国设立 153 所孔子学院和 149 个课堂。某种程度上，孔子学院作为中外文化交流的一大综合性平台，在塑造国家形象、提供留学支持等方面发挥着积极作用。对照来华留学的迅猛的发展形势，可以推测，中外经贸往来、政治互动和文化交流活动对海外学生来华留学可能存在较强的推动作用。基于此，文章利用 2004—2016 年"一带一路"沿线 63 个国家的面板数据资料，构建拓展的贸易引力模型，尝试从中外经济、政治和文化互动三个层面对沿线国家来华留学教育的深层动因进行实证探究，以期更好地服务于新时代中国教育事业的对外开放与合作，进而为"一带一路"倡议的顺利实施奠定坚实的民心基础与智力支撑。

二、文献回顾与研究进展

既有的来华留学教育研究，主要集中在三个方面：

一是从传统教育学视角对来华留学教育发展历程及其存在问题与破解策略的

规范性探究。程家福等(2009)基于教育结构的视角,从留学教育的规模变化、价值取向、支持政策、发展动力、管理模式和产业化模式等方面系统分析了60年来华留学教育的演变过程,发现留学生的国别从单一走向多样化,学习科目从理工转向人文科目,类别从学历生转向非学历生等;刘扬等(2011)回顾了改革开放后来华留学教育的政策变迁和实践发展,发现中国留学教育存在结构规模小、学历层次低、专业不平衡等问题,提出在扩大规模基础上,提高学生质量、加强外语函授等建议;栾凤池等(2011)基于SWOT框架分析得出,来华留学教育存在教育水平落后、办学观念模式陈旧以及投入不足等劣势,与美日等发达国家有较大差距,要建立与中国教育规模相匹配的教育体系,提高留学教育的核心竞争力。二是从国际经贸视角对来华留学教育影响因素的实证探究。曲如晓等(2011)基于2002—2008年省际面板数据的研究表明,对外开放程度、师生比、学生教育经费以及人均GDP具有促进作用,东部相对于中西部,主要因素的影响更为显著;宋华盛等(2014)借鉴贸易引力模型,利用1997—2012年生源国面板数据实证研究发现,中国经济水平及发展潜力、双边贸易关系、科技和教育水平是中国吸引留学生的主要影响因素,而地理距离、文化差异则对来华留学具有负面效应。此外,一些学者研究了特定因素对来华留学教育的影响,如苗莉青等(2015)基于引力模型对来华留学的主要18国2003—2012年面板数据分析得出"贸易伙伴国孔子学院数量与中国教育出口呈显著的正向关系"的结论;林航等(2016)的研究则表明,孔子学院的设立一定程度上抑制了来华留学教育发展,其主要抑制了发达国家学生来华留学,却促进了发展中国家来华留学;曲如晓等(2016)基于1996—2012年的九国数据,以核心文化产品出口作为代理指标,实证表明,文化认同因素对于来华留学生规模具有显著促进作用;谷媛媛等(2017)利用2000—2014年中国省际数据研究了市场化进程对来华留学教育的促进作用,且对东中西部地区、不同学历类别和高教水平地区的影响存在差异;韩丽丽(2017)依据波特国家竞争力理论发现,优化要素条件、相关产业和国家策略对留学教育竞争力具有积极影响,需求条件的影响则取决于机会和成本的权衡。三是从教育经济学视角对来华留学教育经济效应的实证探究。郑向荣(2010)指出,发展来华留学教育有助于中国平衡教育贸易逆差、促进经济增长;廖小健(2011)发现,留学生对留学目的国的消费具有一定的促进效应,在美外国学生的购物租房支出可带来178亿美元的收入;彭辰(2012)认为,留学教育不仅可为接收国带来可观的经济利益,还能产生人力资本收益,有利于接收国经济的发展;谷媛媛等(2017)基于2003—2014年中国在"一带一路"沿线44个东道国直接投资面板数据证实了来华留学教育对中国对外直接投资具有显著的促进作用，但该作用随着留学教育规模、国家间地理距离以及奖学金政策的实施而有所变化。

综上可知，诸多学者对来华留学的经贸和文化动因进行了多学科的多维探究，但整体来看，他们均较少关注来华留学的中外政治动因差异，这恰恰是本研究的切入点与着力点所在。为此，本文尝试引入政治互动这一变量，尝试从中外经贸、政治和文化交流互动的多维视角系统探究"一带一路"沿线国家来华留学教育的深层动因。其次，本文有效验证了中外经贸往来、政治互动和文化交流因素的两两交互效应，突破了以往文献只对中外经贸关系或文化交流进行分析的局限性。第三，鉴于既有文献大多基于全球来华留学主要国家样本的探究，本文则尝试纳入"一带一路"沿线全部国家样本，并通过对其来华留学教育十余年连续数据的追踪，力图突破以往研究中数据样本广度和深度的局限。

三、研究假说

通过上文对既有文献的梳理与分析，结合课题组关于中外经贸往来、政治互动、文化交流对来华留学教育影响因素的访谈资料，提出如下假说：

假说 1　中外经贸往来、政治互动与文化交流均能促进来华留学教育的发展

经贸往来涉及双边的相互直接投资和进出口贸易。中外投资贸易活动的广泛开展，需要大量跨语言与跨文化人才。来华留学生不仅具有先天语言优势，而且对中国与所在国市场更加了解，可以更好地服务于中国与母国的经贸业务，实现自身商业价值。尤其是伴随着当前中国经济的快速发展，为来华留学生提供了大量的就业选择机会。况且，多数"一带一路"沿线国家发展程度落后于中国，来华留学可以更好地了解中国、拓宽视野，在更广阔的平台上规划其发展，故来华留学的潜在价值和发展前景不断增强，从而提高留学中国的预期收益。

经济乃政治之根基，政治互动体现在国家高层领导人之间的双边和多边外交。政治上的外交互动可以巩固国际间的政治关系，减少外交政策、政治体系以及人权问题的冲突与摩擦，进而降低留学的政治风险，提高留学的意愿与信心。留学作为教育服务贸易的境外消费模式，与一般商品贸易显著不同：商品贸易是短期的交易，而留学则是以一国人员以自然人移动的方式到另一国接受服务，表现为中长期的服务过程，即便是短期留学，在异国生活也需要若干个月时间。因此，异国留学对留学生的人身安全保障要求较高。母国与东道国建立良好的双边政治关系是为相互留学提供保驾护航的重要手段。通常，高层领导人的国事访问都有高校演讲环节,都会关切到母国留学生权益等问题,从而增强母国学生异国留学的信心,降低留学的不安成本。

孔子学院是当前中国文化传播的重要窗口和桥梁,也是中外文化交流的基础性平台。据统计,2017 年孔子学院在全球共举办各类文化活动 4.2 万场,受众达 1 272 万人,极大地降低了中外文化壁垒,促进了中外民众的互信和了解。这其中包含大量的汉语教学、教育巡展和留学咨询等活动,为所在国学员来华留学提供各种方便和协助,有力地破除来华留学的信息和渠道等方面的障碍,极大地降低了所在国学生来华留学的成本,有助于使沿线学生来华留学的潜在意愿转变为现实。且相关研究表明,孔子学院因素显著促进了发展中国家学生来华留学。鉴于"一带一路"沿线国家多为发展中国家,据此推测,以孔子学院为平台的中外文化交流活动对沿线学生来华留学具有促进作用。

假说 1-1 相较于政治互动与文化交流,中外经贸往来的促进效果最为明显

经济动因通常是发展中国家学生出国留学的首要动机。沿线国家多为发展中国家,人均收入水平较低,沿线国家学生改变自身命运、提升收入水平的经济需求较为强烈。袁贵仁(2010)曾指出,中国经济的高速发展为来华留学生提供了广阔的发展平台,同时也为其毕业后提供了大量的就业机会。相较而言,沿线学生来华留学决策中"体验中国文化动机"因素则显得次要。中国与沿线国家日益繁荣的贸易投资活动,将直接催生企业对跨文化和跨语言留学人才的大量需求。据此推测,相较于政治互动与文化交流活动,中外经贸往来对来华留学教育的促进效果最为明显。

假说 1-2 相较于直接投资,中外贸易往来的推动效果更大

"一带一路"沿线多为新兴经济体和发展中国家,这些国家与中国政治、经济、文化和社会的差异性较大,且存在政治维稳和社会转型等诸多问题。这对营商环境要求较高的中国直接投资来说,构成较大的挑战。相关统计数据显示,近十年中国对沿线国家的直接投资一直占我国对外投资总额的 10%左右,整体仍处于初步发展阶段。相较而言,企业出口贸易活动对营商环境要求则较低。近年中国与沿线国家的进出口贸易增长迅速,其贸易额占中国对外贸易总额超过 25%。对比沿线国家来华留学逐年增长的强劲态势,可以推测,相较于直接投资,中外贸易往来对沿线国家来华留学的推动效果更大。

假说 2 中外经贸往来、政治互动与文化交流具有两两显著的替代作用

整体上,沿线学生来华留学取决于其对留学中国的成本与收益因素的考量:以投资贸易为主要内容的中外经贸往来活动可以扩大就业机会,增强来华留学机会,从提高留学收益的角度提升沿线学生留学中国的意愿；以国事访问为主要内容的中外政治互动，可以有效地促进沿线学生在华人身保障和留学权益，从降低留学成本的角度激发沿线学生来华留学；以孔子学院为平台的中外文化交流活动，可以拓宽留学中国的资讯渠道，为沿线学生来华留学赋能和提供支持，这也在一定程度上降低了留学的信息成本，推动沿线学子将留学中国决策付诸行动。

除其各自的促进机制外，中外经贸往来、政治互动与文化交流对来华留学教育还具有共同的推动功能。具体来说，中外贸易往来是以商品作为跨国流动媒介，可以增进中外了解与互信。当前“中国制造”遍布全球，良好的性价比在海外消费者中不断塑造着中国国家形象；中国对外直接投资活动，也以在地企业的经营行为和企业形象提升中外互信水平，传递中国发展强劲的讯息；中外日益频繁的政治互动，构建良好的政治关系，可以深化中外间友好合作，提升中外亲和度；而中外文化交流活动，通过良好的人文交流发挥文化服务经济的功能，减少文化封闭所导致的风险与冲突，进而增进中外互信和了解。三者均能有效提升沿线学生来华留学的偏好与体验，从提高收益的角度促进沿线学生来华留学。由此推测，中外经贸往来、政治互动与文化交流活动对来华留学具有两两显著的替代作用。具体的影响机理如图1所示。

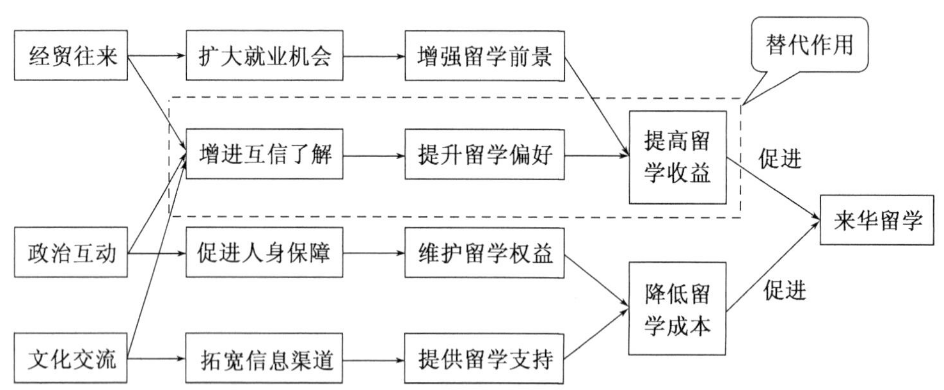

图1　中外经贸往来、政治互动和文化交流对来华留学的影响机理

据此做出如下细分假说：

假说2-1　中外经贸往来和政治互动对来华留学教育具有替代作用

假说2-2　中外经贸往来和文化交流对来华留学教育具有替代作用

假说2-3　中外政治互动和文化交流对来华留学教育具有替代作用

四、模型设定与变量说明

(一) 模型设定

1. 基准模型设定

经典引力模型认为，两国间贸易流量是与经济规模成正比，与地理距离成反比；自引力模型提出后，其逐渐被应用到跨国直接投资和人口流动等领域的实证研究中；来华留学亦属于跨国人口流动范畴。根据引力模型，选取留学生来源国人口数(POP)、人均 GDP(PGDP)和中外地理距离(GD)为模型的主要控制变量；还选取中外文化距离(CULD)和汇率水平(NOR)因素作为其他控制变量。参照以往研究，以对象国来华留学生历年实际数量(LXS)作为模型的因变量，中外经贸往来(ECOTRA)分别以中外贸易总额(TRADE)和直接投资总额(FDIO)表示。根据刘希等(2017)的做法，采用中外高层领导人的国事访问次数来衡量中外政治互动程度(VISIT)，采用对象国孔子学院的开设数量作为中外文化交流(CI)深广度的衡量指标①。本文重点从中外贸易投资、国事访问和孔子学院的三个视角考察中外经贸往来、政治互动、文化交流对沿线国家来华留学教育的实际影响，因而构建如下基准模型：

$$\ln(LXS_{i,t}) = \beta_0 + \beta_1 \ln ECOTRA_{i,t} + \beta_2 VISIT_{i,t} + \beta_3 CI_{i,t} + \beta_4 \ln POP_{i,t} + \beta_5 \ln PGDP_{i,t} + \beta_6 \ln GD_{i,t} + \beta_7 CULD_{i,t} + \beta_8 \ln NOR_{i,t} + \mu_{i,t} \quad (1)$$

其中，μ_{it} 为误差项；β 为参数估计。为了降低模型异方差的影响，文章对 LXS、ECOTRA、POP、PGDP、GD、NOR 分别取对数。

2. 延伸模型设定

由于来华留学教育受多重因素影响，对中外经贸往来(ECOTRA)、政治互动(VISIT)和文化交流(CI)这三个核心变量间分别做交互项，以验证三者之间是否存在两两替代关系，即分析中外经贸往来、政治互动和文化交流因素分别处于怎样条件下才能更好地促进来华留学教育的发展。因此，构建如下的延伸模型：

$$\ln(LXS_{i,t}) = \beta_0 + \beta_1 \ln ECOTRA_{i,t} + \beta_2 VISIT_{i,t} + \beta_3 CI_{i,t} + \beta_4 \ln ECOTRA_{i,t} * VISIT_{i,t} + \beta_5 \ln ECOTRA_{i,t} * CI_{i,t} + \beta_6 VISIT_{i,t} * CI_{i,t} + \beta_7 \ln POP_{i,t} + \beta_8 \ln PGDP_{i,t}$$

---

① 一般来说，所在国中开设的孔子学院数量越多，中外文化交流活动开展就越频繁。由于难以获取全球各国孔子学院的历年运作资金、职工人数或注册学生人数的具体数据，这里只能假定全球的孔子学院规模趋同，因此对孔子学院因素以国家汉办在各年在各东道国设立孔子学院的存量数量来表示。

$+\beta_9 \ln GD_{i,t}+\beta_{10} CULD_{i,t}+\beta_{11} \ln NOR_{i,t}+\mu_{i,t}$ (2)

(二) 变量与数据说明

鉴于全球第一所孔子学院设立于 2004 年以及本研究只能获取 2016 年及以前的来华留学统计资料，本文选取 2004—2016 年“一带一路”沿线 63 个国家①的面板数据作为研究样本，运用 STATA 13.0 进行回归分析。变量详细说明如表 1 所示。

表 1　变量说明和数据来源

变量		变量含义	预期符号	理论含义	数据来源
被解释变量	$\ln LXS_{i,t}$	t 年 i 国的来华留学生数(对数/人)		被解释变量	2004—2016 年度《来华留学简明统计》
核心解释变量	$\ln TRADE_{i,t}$	t 年 i 国和中国的双向贸易总额(对数/美元)	+	预期 i 国和中国的双向贸易总额越高，越能推动 i 国学生来华留学	联合国商品贸易数据库
	$\ln FDIO_{i,t}$	t 年 i 国与中国之间相互直接投资额总和(对数/美元)	+	预期 i 国与中国相互直接投资总额越高，越能推动 i 国学生来华留学	中国国家统计局数据库、《对外直接投资公报》
	$VISIT_{i,t}$	t 年中国国家主席或总理出访或接见 i 国领导人次数	+	预期中国国家主席或总理出访或接见 i 国领导人次数越多，越能推动 i 国学生来华留学	外交部网站
	$CI_{i,t}$	t 年 i 国所开设的孔子学院数量	+	i 国开设的孔子学院数越多，代表中外文化交流越频繁深入，越能推动 i 国学生来华留学	2006—2016年《孔子学院年度报告》②

① 具体 63 个沿线国家为：蒙古、新加坡、马来西亚、印度尼西亚、缅甸、泰国、老挝、柬埔寨、越南、文莱、菲律宾、伊朗、伊拉克、土耳其、叙利亚、约旦、黎巴嫩、以色列、沙特阿拉伯、也门、阿曼、阿联酋、卡塔尔、科威特、巴林、埃及、印度、巴基斯坦、孟加拉国、阿富汗、斯里兰卡、马尔代夫、尼泊尔、不丹、哈萨克斯坦、乌兹别克斯坦、土库曼斯坦、塔吉克斯坦、吉尔吉斯斯坦、俄罗斯、乌克兰、白俄罗斯、格鲁吉亚、阿塞拜疆、亚美尼亚、摩尔多瓦、波兰、立陶宛、爱沙尼亚、拉脱维亚、捷克、斯洛伐克、匈牙利、斯洛文尼亚、克罗地亚、波黑、黑山、塞尔维亚、阿尔巴尼亚、罗马尼亚、保加利亚、马其顿和东帝汶。现有文献关于“一带一路”沿线国家名单有 63 国、64 国和 65 国的几种说法，本研究囊括无争议的 63 个国家和地区。

② 由于 2006 年后国家汉办才开始出版孔子学院的年度报告，因此对 2004 和 2005 这两年的全球孔子学院分布数，通过孔子学院网站的数据库对各国孔子学院进行一一查询和推算。

（续表）

变量		变量含义	预期符号	理论含义	数据来源
主要控制变量	$\ln POP_{i,t}$	t 年 i 国的人口数量（对数/人）	+	i 国人口越多，代表 i 国市场规模越大，越能推动 i 国学生来华留学	世界银行数据库
	$\ln PGDP_{i,t}$	t 年 i 国的人均国民收入水平（对数/美元）	+或−	人均收入具有留学的资金能力和机会成本的双重表征，其对来华留学的影响具有不确定性①	世界银行数据库
	$\ln GD_{i,t}$	从 i 国首都到中国北京的地理距离（对数/千米）	−	预期 i 国与中国的地理距离越远，则越会抑制 i 国学生来华留学	根据谷歌地图测算
其他控制变量	$\ln CULD_{i,t}$	t 年 i 国与中国的文化距离	−	i 国与中国文化距离越远，越会抑制 i 国学生来华留学	*Geert Hofstede* 建立的文化研究网站的文化六维度数据②
	$\ln NOR_{i,t}$	以单位人民币能兑换的 i 国的货币数表示（对数/美元）	−	单位人民币所表示 i 国货币数越多，则 i 国学生来华留学的费用越高，越会抑制其来华留学	世界银行数据库

---

① 林航（2016）的研究表明，在发展中国家，人均收入主要体现为留学的资金能力指标，对海外学生来华留学具有促进作用；而在发达国家，主要体现为留学的机会成本指标，对海外学生来华留学具有抑制作用。

② 霍夫斯泰德（Hofstede）的文化六维度包括权力距离、个人主义与集体主义、不确定性规避、阳刚与阴柔性、长期导向与短期导向以及放纵与约束[22]。根据 Kogut、Singh（1988）[23] 以及綦建红、李丽等（2012）可得 $CULD$ 的计算公式如下：$CD_j=\frac{\sum_{i=1}^{6}(I_{ij}-I_{ic})^2/V_i}{6}+(1/y_{jt})$。其中，$I_i$ 表示 j 国第 i 维度的值，下标 c 代表中国的第 i 维度，V_i 表示所选取的贸易对象国在第 i 个文化维度指数下的方差，y_{jt} 表示国家（地区）从 t 年份起 j 国与中华人民共和国建交的年数。

(三) 数据描述

1. 描述性统计与多重共线分析

表 2 变量的描述性统计和 VIF 值

变量	样本数	均值	标准差	最小值	最大值	VIF 值
$\mathrm{Ln}LXS_{it}$	819	5.644 2	2.135 7	0	10.045 2	
$\mathrm{Ln}TRADE_{it}$	819	21.478 3	2.209 9	11.992 9	25.387 5	5.03
$\mathrm{Ln}FDIO_{it}$	698	16.027 2	4.714 0	0	23.577 2	1.27
$VISIT_{it}$	819	0.599 5	1.018 6	0	8	1.48
CI_{it}	819	1.260 1	2.424 3	0	18	1.53
$\mathrm{Ln}POP_{it}$	819	16.141 8	1.663 1	12.650 8	21.004 1	5.58
$\mathrm{Ln}PGDP_{it}$	810	8.468 1	1.273 0	5.378 6	11.391 5	5.63
$\mathrm{Ln}GD_{it}$	819	8.567 8	0.379 4	7.063 8	8.952 0	2.69
$CULD_{it}$	819	2.845 3	1.176 8	0.781 3	6.106 9	1.57
$\mathrm{Ln}NOR_{it}$	788	2.094 2	2.311 2	0.034 99	8.446 7	1.34

表 3 主要变量的相关系数

变量	(1)	(2)	(3)	(4)	(5)	(6)	(7)	(8)	(9)	(10)
$\mathrm{Ln}LXS_{it}$ (1)	1.00									
$\mathrm{Ln}TRADE_{it}$ (2)	0.70*	1.00								
$\mathrm{Ln}FDIO_{it}$ (3)	0.33*	0.38*	1.00							
$VISIT_{it}$ (4)	0.52*	0.37*	0.19*	1.00						
CI_{it} (5)	0.49*	0.42*	0.22*	0.49*	1.00					
$\mathrm{Ln}POP_{it}$ (6)	0.71*	0.66*	0.25*	0.36*	0.38*	1.00				
$\mathrm{Ln}PGDP_{it}$ (7)	−0.28*	0.25*	−0.02	−0.08*	0.07	−0.40*	1.00			
$\mathrm{Ln}GD_{it}$ (8)	−0.49*	−0.14*	−0.24*	−0.26*	−0.08*	−0.22*	0.48*	1.00		
$CULD_{it}$ (9)	−0.23*	0.02	−0.14*	−0.12*	0.04	−0.12*	0.37*	0.48*	1.00	
$\mathrm{Ln}NOR_{it}$ (10)	0.33*	0.04	0.15*	0.20*	0.02	0.24*	−0.41*	−0.39*	−0.31*	1.00

注:“ * ”代表显著性水平大于 0.05。

表 2 是对各个变量进行描述性统计,以及变量间的方差膨胀因子(VIF 值),表 3 则是变量间的相关系数的情况。从表 2 可知,各自变量 VIF 值远低于 10 的临界

值，说明变量之间不存在严重的共线性。由表 3 可知，除人口和双边贸易额的相关系数最高为 0.661 8 外，其余变量的相关系数的绝对值都低于 0.5，这表明变量之间相关性程度不高，进一步说明变量间不存在严重的共线性。其中，双边贸易额、双边直接投资额、国事访问次数，以及孔子学院数量与来华留学教育的相关系数，分别为 0.696 3、0.327 2、0.515 2、0.491 7，初步印证中外经贸往来、政治互动和文化交流对来华留学发展存在积极作用。

2. **散点图验证与模型形式选择**

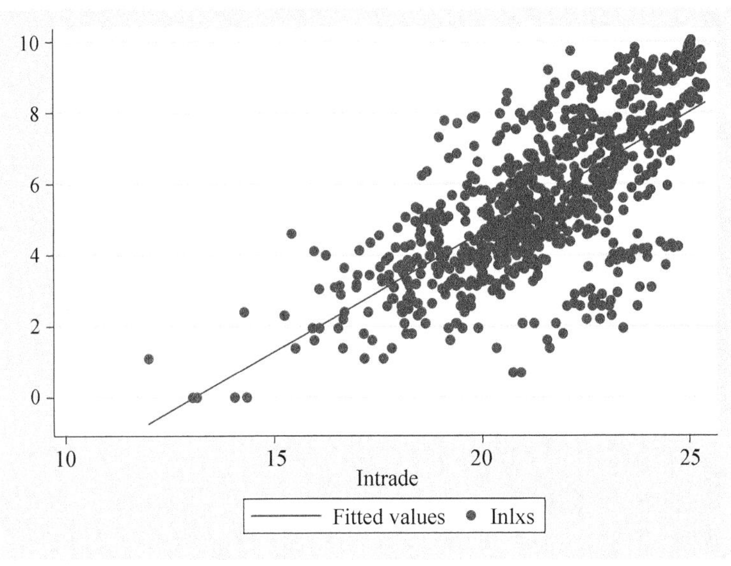

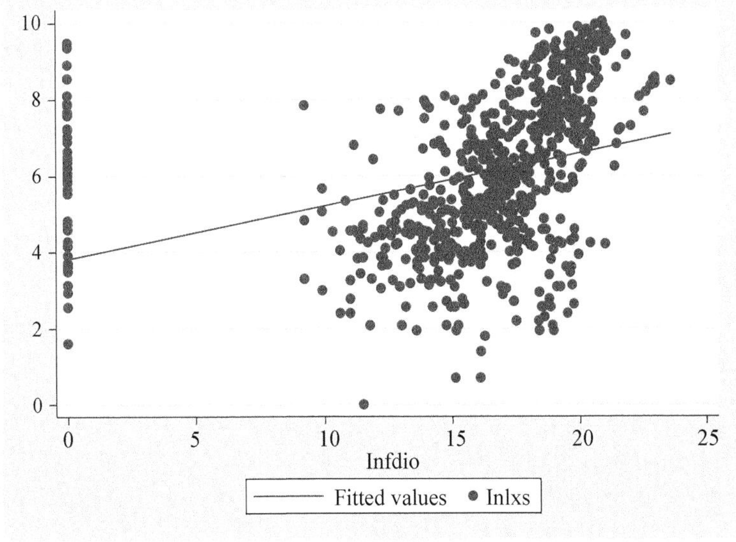

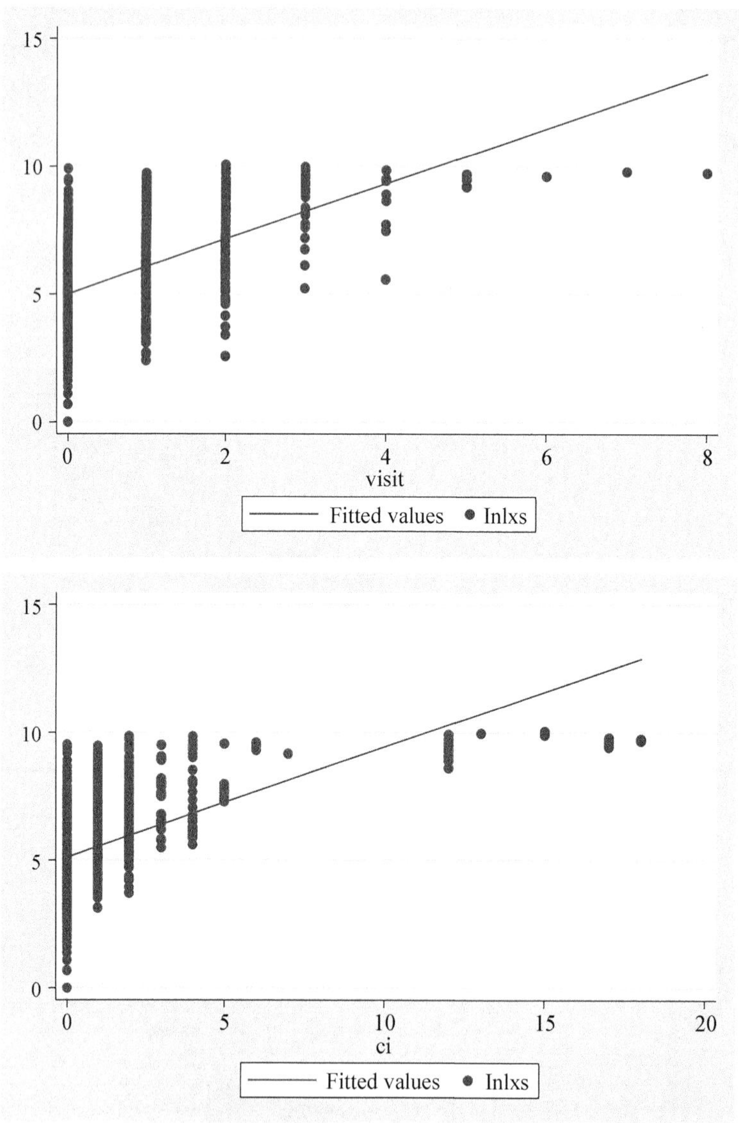

图 2　中外经贸往来、政治互动、文化交流与来华留学关系的散点图

图 2 分别为中外双边贸易额、双边直接投资总额、国事访问次数，以及所在国孔子学院数量对沿线国家来华留学生数的散点图，并拟合分析。整体上，它们与沿线国家来华留学生数的拟合线斜率都为正，一定程度上验证了四个核心解释变量和被解释变量之间具有正向相关关系。其中，中外双边投资总额与来华留学的相关系数最低。从图 2 可看出，不少沿线国家与中国双边投资总额极低，甚至接近于

零,导致两者拟合优度偏低。核心解释变量对被解释变量的实际影响,将在面板回归中进一步验证。

五、估计结果

(一) 整体效应检验

面板回归模型划分为固定效应(RE)、随机效应(FE)以及混合效应(POLS)等三种模型。引力模型将不随时间变化的地理距离(GD)作为主要控制变量,不适合使用固定效应模型;因此,采用随机效应和混合效应进行回归。以下表格回归 LM 检验均表明,随机效应(RE)更为合适。为了检验回归结果的稳健性,也将混合效应(POLS)结果也纳入。

表 4 是检验中外经贸往来、政治互动和文化交流对"一带一路"沿线国家来华留学的总体影响。模型(1)回归结果表明,无论是纳入全部影响因素的 RE 效应回归(1)还是 POLS 效应回归(4),中外双边贸易额(TRADE)、政治互动(VISIT)和文化交流(CI)都显著地推动了沿线国家来华留学,但是双边直接投资因素(FDIO)没能通过显著性检验,表明:当前双边投资因素对来华留学不具有显著的影响,这验证了"假说 1-2"的推论——可能原因在于中国对沿线国家之间的直接投资仍处于初步发展阶段,其对来华留学的影响有待于"一带一路"倡议的深度推进期才能显现。由于直接投资变量存在较多的缺失值,剔除直接投资变量后做 RE 回归(2)和 POLS 回归(5),以及仅保留引力模型的主要控制变量做 RE 回归(3),均表明,中外贸易往来、政治互动和文化交流对沿线国家来华留学具有显著的促进效应。

对于主要控制变量,在统计上更为合适的 RE 效应中,生源国的人口因素对来华留学有显著促进作用,而地理距离在所有回归中都具有非常显著的抑制作用,这与表 1 中的理论预期相符。在其他控制变量中,文化距离变量虽不显著,但系数稳健地为负值,与理论预期相符。而人民币汇率变量显著而稳健地为正值,可能原因在于人民币升值也是近年中国经济强劲发展和来华留学前景不断向好的表征,从而促进了沿线学生来华留学。下文控制变量的回归结果类似,不再赘述。

表 4 中外经贸往来、政治互动与文化交流对来华留学教育的影响

变量 $\text{Ln}LXS_{it}$	模型(1)				
	RE(1)	RE(2)	RE(3)	POLS(4)	POLS(5)
$\text{Ln}\,TRADE_{it}$	0.709 7**** (0.096 8)	0.666 4**** (0.086 8)	0.699 8**** (0.083 2)	0.615 3**** (0.126 2)	0.638 1**** (.085 1)
$\text{Ln}\,FDIO_{it}$	−0.001 9 (0.005 3)			0.007 7 (0.019 2)	
$VISIT_{i,t}$	0.085 3**** (0.023 3)	0.091 5**** (0.023 0)	0.119 9**** (0.023 1)	0.222 6*** (0.069 3)	0.216 6*** (0.068 0)
$CI_{i,t}$	0.098 3** (0.043 6)	0.102 3** (0.045 8)	0.100 7** (0.045 9)	0.164 6**** (0.039 9)	0.171 4**** (0.040 6)
$\text{Ln}\,POP_{it}$	0.329 3** (0.162 7)	0.306 6** (0.140 7)	0.304 9** (0.147 2)	−0.010 9 (0.142 1)	−0.047 0 (0.123 8)
$\text{Ln}\,PGDP_{it}$	0.131 6 (0.174 3)	0.217 1 (0.175 7)	0.211 2 (0.175 5)	−.578 8*** (0.169 5)	−0.601 4**** (0.156 2)
$\text{Ln}\,GD_{it}$	−1.282 5**** (0.395 1)	−1.450 2**** (0.387 8)	−2.121 2**** (0.383 6)	−0.906 5** (0.359 3)	−0.918 9**** (0.265 4)
$CULD_{it}$	−0.184 7 (0.126 7)	−0.195 1* (0.100 0)		−0.018 2 (0.112 6)	−0.007 0 (0.092 7)
$\text{Ln}\,NOR_{it}$	0.169 7** (0.079 9)	0.177 7** (0.077 8)		0.079 0* (0.045 5)	0.079 7* (0.041 6)
Cons	−5.127 2 (3.630 2)	−3.070 2 (3.297 9)	1.870 1 (3.288 2)	4.657 6 (2.878 1)	5.143 7** (2.041 6)
R-squared	0.658 6	0.700 5	0.674 1	0.770 1	0.798 6
样本 N	660	779	810	660	779
LM 检验	1 583.35****	1 750.42****	1 706.62****		

注：表格中的“*”表示 $p<0.1$；“**”表示 $p<0.05$；“***”表示 $p<0.01$；“****”表示 $p<0.001$；LM 检验检验的是随机效应和固定效应更合适，显著的 P 值小于 0.1 表示随机效应更合适，下表同。

综合表 4 的回归结果，可得出“中外贸易往来、政治互动和文化交流均能显著促进沿线国家的学生来华留学”的结论，这印证了文章“假说 1”的推论。以更为合适地引入全变量的 RE 回归(1)和(2)为参照，中外贸易往来、政治互动和文化交流变量的回归系数都显著为正；其中，贸易往来变量的显著性水平和回归系数都相对较高。可见，相较于政治互动与文化交流，中外贸易往来对来华留学的推动效果更为明显——这印证了“假说 1－1”。

（二）交互效应检验

为了检验中外经贸往来和政治互动对来华留学的交互影响，表 5 基于模型(2)引入两者交互项进行回归。首先，纳入全部变量进行 RE 效应的回归，回归(6)在不改变核心解释变量回归结果的同时，贸易往来与政治互动的交互项在 1%的显著性水平上为负值。其次，剔除直接投资变量以扩大样本量，以及进一步剔除其他控制变量，在 RE 回归(7)和(8)中，两者交互项系数仍显著为负值。在 POLS 回归(9)和(10)中，交互项变量虽不显著，也稳健为负值。由于 LM 检验表明，随机效应结果更值得采信，可以认为，中外贸易往来与政治互动在促进来华留学方面是相互替代的——这印证了“假说 2－1”。

表 5 中外经贸往来、政治互动对来华留学教育的交互效应

变量 $\ln LXS_{it}$	模型(2)				
	RE(6)	RE(7)	RE(8)	POLS(9)	POLS(10)
$\ln TRADE_{it}$	0.701 6**** (0.098 6)	0.648 7**** (0.088 0)	0.685 7**** (0.084 5)	0.620 1**** (0.126 6)	0.633 7**** (0.087 0)
$\ln FDIO_{it}$	−0.001 0 (0.005 2)			0.007 4 (0.019 1)	
$VISIT_{i,t}$	1.238 3**** (0.364 2)	1.347 2**** (0.349 2)	1.299 5**** (0.332 4)	1.027 9 (0.729 2)	0.749 5 (0.736 3)
$CI_{i,t}$	0.114 1*** (0.040 3)	0.119 8*** (0.042 1)	0.117 3*** (0.041 9)	0.173 1**** (0.036 7)	0.177 9**** (0.038 1)
$\ln TRADE_{it} * VISIT_{it}$	−0.050 3*** (0.015 9)	−0.055 1**** (0.015 4)	−0.051 9**** (0.014 6)	−0.034 8 (0.032 6)	−0.023 1 (0.033 0)
$\ln POP_{it}$	0.363 6** (0.164 5)	0.355 5** (0.143 0)	0.352 1** (0.149 7)	0.005 9 (0.146 2)	−0.032 2 (0.134 0)
$\ln PGDP_{it}$	0.161 8 (0.175 0)	0.260 2 (0.175 6)	0.255 2 (0.176 3)	−0.560 4*** (0.173 8)	−0.584 4**** (0.163 0)
$\ln GD_{it}$	−1.294 5**** (0.388 6)	−1.472 0**** (0.387 2)	−2.169 7**** (0.383 3)	−0.903 1** (0.362 6)	−0.927 4**** (0.270 8)
$CULD_{it}$	−0.190 8 (−0.125 1)	−0.204 1** (0.099 1)		−0.028 1 (0.113 6)	−0.013 0 (0.092 7)

（续表）

变量 $LnLXS_{it}$	模型(2)				
	RE(6)	RE(7)	RE(8)	POLS(9)	POLS(10)
$Ln NOR_{it}$	0.175 0** (0.076 8)	0.182 8** (0.073 5)		0.079 2* (0.045 2)	0.079 9* (0.041 3)
Cons	−5.695 2 (3.639 9)	−3.660 9 (3.332 0)	1.436 5 (3.356 9)	4.107 1 (2.970 7)	4.935 7** (2.049 2)
R-squared	0.662 0	0.701 6	0.673 4	0.770 9	0.798 9
样本 N	660	779	810	660	779
LM 检验	1 615.12****	1 779.58****	1 723.96****		

表格 6 是基于模型(2)对中外经贸往来、文化交流对来华留学教育的交互效应进行检验。与表 6 类似，首先是纳入全部变量的 RE 回归(11)和 POLS 回归(14)，其次是剔除直接投资变量的 RE 回归(12)和 POLS 回归(15)，最后是保留主要控制变量的 RE 回归(13)。回归结果均显示，经贸往来与文化交流的交互项回归系数在 0.1%显著性水平上显著为负值——这说明，中外经贸往来与文化交流活动在促进沿线国家来华留学方面也是相互替代的，两者均能弥补各自的不足对沿线国家来华留学的消极影响——这充分印证了“假说 2－2”。

表 6　中外经贸往来、文化交流对来华留学教育的交互效应

变量 $LnLXS_{it}$	模型(2)				
	RE(11)	RE(12)	RE(13)	POLS(14)	POLS(15)
$Ln TRADE_{it}$	0.604 0**** (0.096 1)	0.585 4**** (0.084 6)	0.622 0**** (0.083 3)	0.612 2**** (0.130 7)	0.601 0**** (0.091 3)
$Ln FDIO_{it}$	0.001 3 (0.004 7)			0.011 0 (0.018 0)	
$VISIT_{i,t}$	0.096 4**** (0.019 7)	0.095 7**** (0.020 2)	0.118 1**** (0.019 9)	0.232 2**** (0.057 6)	0.224 9**** (0.056 4)
$CI_{i,t}$	2.437 7**** (0.443 8)	2.434 4**** (0.410 0)	2.475 4**** (0.390 8)	3.198 6**** (0.581 0)	3.092 3**** (0.577 7)
$Ln TRADE_{it} * CI_{it}$	−0.095 4**** (0.017 8)	−0.095 3**** (0.016 5)	−0.097 0**** (0.015 7)	−0.123 4**** (0.023 2)	−0.118 7**** (0.023 1)

（续表）

变量 $LnLXS_{it}$	模型(1)				
	RE(1)	RE(2)	RE(3)	POLS(4)	POLS(5)
$LnPOP_{it}$	0.464 6*** (0.164 4)	0.422 6*** (0.140 5)	0.412 7*** (0.147 8)	0.036 8 (0.152 1)	0.015 6 (0.134 6)
$LnPGDP_{it}$	0.207 1 (0.167 2)	0.249 1 (0.164 8)	0.246 8 (0.165 4)	−0.494 8*** (0.184 0)	−0.494 5*** (0.167 2)
$LnGD_{it}$	−1.466 8**** (0.381 6)	−1.594 0**** (0.365 7)	−2.212 3**** (0.353 5)	−1.037 6*** (0.373 7)	−1.081 4**** (0.280 9)
$CULD_{it}$	−0.209 0* (0.126 0)	−0.201 2** (0.097 9)		−0.056 7 (0.112 7)	−0.053 1 (0.094 1)
$LnNOR_{it}$	0.141 1** (0.063 6)	0.146 7** (0.062 2)		0.074 7* (0.042 0)	0.075 9** (0.038 0)
Cons	−4.176 4 (3.509 0)	−2.308 2 (3.067 6)	2.132 0 (3.102 0)	4.185 8 (2.744 3)	5.347 3*** (1.968 9)
R-squared	0.697 5	0.735 4	0.708 4	0.794 6	0.818 4
样本 N	660	779	810	660	779
LM 检验	1 739.28****	1 960.89****	1 946.15****		

表格 7 是检验中外政治互动、文化交流对来华留学教育的交互效应。回归过程与表 6 类似，中外政治互动和文化交流交互项的回归系数均显著为负，表明两者的作用也是相互替代的。这表明，中外政治互动越频繁，则文化交流所起的作用就越小，而中外文化交流也能弥补政治互动不足的负面影响——这印证了“假说 2 - 3”。

表 7　中外政治互动、文化交流对来华留学教育的交互效应

变量 $LnLXS_{it}$	模型(2)				
	RE(16)	RE(17)	RE(18)	POLS(19)	POLS(20)
$LnTRADE_{it}$	0.681 1**** (0.097 2)	0.644 4**** (0.086 2)	0.678 5**** (0.082 9)	0.590 5**** (0.126 3)	0.612 0**** (0.086 2)
$LnFDIO_{it}$	−0.001 1 (0.005 2)			0.007 6 (0.018 6)	
$VISIT_{i,t}$	0.150 8**** (0.027 3)	0.159 4**** (0.027 5)	0.186 3**** (0.028 0)	0.357 6**** (0.080 2)	0.348 8**** (0.078 0)
$CI_{i,t}$	0.155 4*** (0.049 1)	0.163 4**** (0.051 1)	0.164 0*** (0.052 2)	0.249 3**** (0.065 9)	0.256 1**** (0.069 4)

（续表）

变量 $\text{Ln}LXS_{it}$	模型(2)				
	RE(16)	RE(17)	RE(18)	POLS(19)	POLS(20)
$VISIT_{it} * CI_{it}$	−0.019 3**** (0.005 9)	−0.021 0**** (0.006 2)	−0.021 9**** (0.006 4)	−0.033 7*** (0.011 0)	−0.033 9*** (0.011 5)
$\text{Ln}POP_{it}$	0.331 9** (0.163 9)	0.304 3** (0.140 2)	0.300 9** (0.146 8)	−0.012 6 (0.140 9)	−0.044 3 (0.122 8)
$\text{Ln}PGDP_{it}$	0.120 5 (0.175 0)	0.197 1 (0.173 4)	0.192 4 (0.173 8)	−0.562 7*** (0.171 2)	−0.581 7**** (0.156 7)
$\text{Ln}GD_{it}$	−1.239 4*** (0.392 1)	−1.398 1**** (0.377 7)	−2.054 0**** (0.370 5)	−0.813 8** (0.365 8)	−0.848 2*** (0.270 3)
$CULD_{it}$	−0.191 8 (0.126 4)	−0.196 9** (0.100 0)		−0.038 8 (0.111 3)	−0.021 2 (0.091 7)
$\text{Ln}NOR_{it}$	0.161 0** (0.080 0)	0.168 9** (0.077 7)		0.077 7* (0.043 8)	0.078 3* (0.040 3)
Cons	−4.871 0 (3.664 7)	−2.890 1 (3.273 6)	1.897 8 (3.247 1)	4.232 6 (2.960 0)	4.813 3** (2.103 6)
R-squared	0.672 6	0.712 4	0.685 5	0.779 1	0.805 6
样本 N	660	779	810	660	779
LM 检验	1 610.64****	1 786.52****	1 744.58****		

为了更直观地表达中国与沿线国家的经贸往来、政治互动与文化交流对来华留学的交互影响，画出如下它们之间的两两交互项斜率示意图。图 3 说明中外经贸往来和政治互动在促进沿线学生来华留学方面具有替代作用。具体而言，在图 3A 中，虚线箭头表示，当政治互动较多时，中外经贸往来与来华留学教育的正向关系较弱；实线箭头表示，当政治互动较少时，中外经贸往来对来华留学教育的正向关系较强。在图 3B 中，虚线箭头表示，对于与中国经贸关系较为雄厚的国家，中外政治互动对来华留学的促进作用较小；实线箭头则表示，对于与中国经贸关系较为薄弱的国家，中外政治互动对来华留学的促进作用则较大。同理类似，中外经贸往来与文化交流、中外政治互动与文化交流之间也具有显著的相互替代关系，即文化交流既能弥补中外经贸薄弱的消极效应，又能减少中外政治互动不足的负面影响。

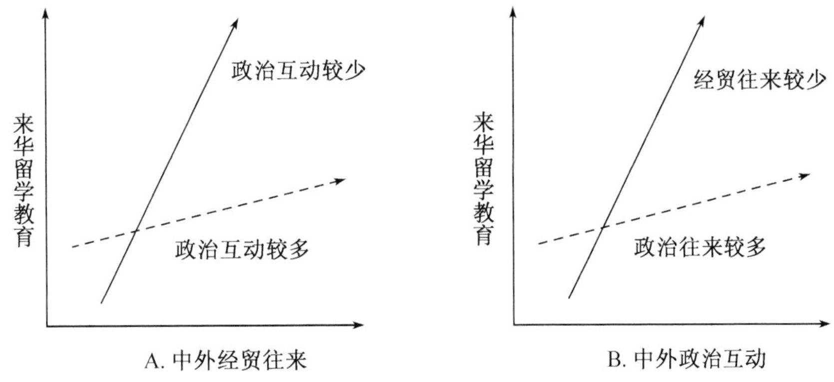

图 3 中外经贸往来与政治互动交互项斜率图

六、研究结论与政策建议

(一) 研究结论

基于 2004—2016 年“一带一路”沿线的 63 个国家的面板数据资料，运用贸易引力模型，从中外贸易投资、国事访问和孔子学院三个视角考察中外经贸往来、政治互动、文化交流对沿线国家来华留学教育的实际影响。表 8 将中外经贸交往、政治互动与文化交流对来华留学的整体效应和交互效应引入全部控制变量的回归结果罗列其中①，以统计上更为合适的随机效应回归结果为主，同时也将混合效应回归结果列出来，作为稳健性判断的参照。

表 8 中外经贸交往、政治互动与文化交流对来华留学的影响比较

变量		RE 效应(1)	RE 效应(2)	POLS 效应(1)	POLS 效应(2)
整体效应	$\ln TRADE_{it}$	0.709 7****	0.666 4****	0.615 3****	0.638 1****
	$\ln FDIO_{it}$	−0.001 9	—	0.007 7	—
	$VISIT_{it}$	0.085 3****	0.091 5****	0.222 6***	0.216 6***
	CI_{it}	0.098 3**	0.102 3**	0.164 6****	0.171 4****
交互效应	$\ln TRADE_{it} * VISIT_{it}$	−0.050 3***	−0.055 1****	−0.034 8	−0.023 1
	$\ln TRADE_{it} * CI_{it}$	−0.095 4****	−0.095 3****	−0.123 4****	−0.118 7****
	$VISIT_{it} * CI_{it}$	−0.019 3****	−0.021 0****	−0.033 7***	−0.033 9***

① 表 8 中的回归(1)为纳入全部变量的回归结果；由于直接投资变量回归不显著且存在上百个缺失值，为了尽可能地纳入全体样本进行考察，因此也将剔除直接投资变量的回归结果(2)罗列出来，进行判断比较。

在整体效应中，中外经贸往来、政治互动和文化交流对沿线国家来华留学均具有显著的促进作用。其中，中外经贸往来对来华留学教育的促进效果最为明显，其促进效应主要表现在中外相互贸易关系方面，但中外直接投资活动对来华留学教育不具有显著的影响。在交互效应方面，中外经贸交往、政治互动与文化交流对来华留学教育均具有显著的两两替代作用，即中外经贸往来、政治互动、文化交流均能弥补各自活动的不足，降低对“一带一路”沿线国家来华留学的消极影响；其中，经贸往来与文化交流的替代作用最为显著和稳健。至此，实证研究印证了文章提出的全部假说。

(二) 政策建议

结合研究结论，新时代应从以下主要方面推动来华留学教育产业发展。

1. 深化与“一带一路”沿线国家的经贸往来、政治互动和文化交流

研究表明，中外经贸往来、政治互动和文化交流活动是沿线国家来华留学教育发展的三大动力。因此，要进一步推动对沿线国家的教育开放，则需深化与其经贸往来、政治互动和文化交流。实践中，应通过提高留学收益和降低留学成本来为沿线学生来华留学赋能，如充分发挥经贸往来的就业效应，以增强来华留学的经济前景；提高与沿线国家国事访问的频度以增强中外政治互信，在政治互动中适度关切来华留学权益的维护；有效依托孔子学院平台推动中外文化交流，发挥其来华留学的信息渠道功能。

2. 进一步夯实与沿线国家经贸往来的基础

研究表明，相较于政治互动和文化交流，中外经贸关系中的贸易往来对来华留学的推动效果更为明显，而直接投资对来华留学的影响尚未显现。当前中国与沿线国家的贸易往来已处在高速发展时期，而投资开发仍然处于初始布局阶段。因此，现阶段需要进一步夯实与沿线国家的贸易往来基础，通过出口退税、降低贸易壁垒以及建立自贸区等政策措施推动更多的国内外企业参与到沿线国家贸易中去。从长远来看，中外的经贸往来不可缺少直接投资的支撑；当前对外投资开发在沿线国家仍有着较大的发展空间。实践中，可通过中外政治互动进一步维护中资企业海外经营的利益，通过在海外沿线国家建立中国境外经贸合作园区、提供安保服务等方式降低企业海外经营的风险；充分发挥亚投行、金砖银行和丝路基金等金融机构的作用为中国企业在沿线国家投融资活动提供支持；鼓励中资企业对外投资的过程中多聘用当地人才，有助于将直接投资转化为沿线国家来华留学的新推动力。

3. 注重发挥政府在政治互动和文化交流方面的主观助推作用

相较于经贸往来，留学目的国在政治互动和文化交流方面对留学教育更具有主观的推动作用。政治互动和文化交流都是政府在短期内可以直接实施和控制的活动，而经贸往来是以微观企业为主体的投资贸易活动，政府只能对其进行中长期的间接推动。因此，中国政府更需注重发挥政治互动和文化交流活动对来华留学教育的主观助推作用。实践中，可加强中外高层政治互动和中外文化交流频度，以提升国家形象，增进中外亲和度，在短期内可以产生立竿见影之效。

4. 将有限的政治、文化资源优先投放于经贸关系薄弱的沿线国家

研究表明，中外经贸往来、政治互动与文化交流都存有显著的两两替代关系，即政治互动与文化交流活动均能弥补中外经贸往来不足的消极影响。因此，在领导人时间精力和孔子学院办学经费有限的情况下，应将有限的政治和文化资源优先投放于经贸关系薄弱的沿线国家，如在目的国增设孔子学院，增加国家领导人出访次数等，以推动沿线国家来华留学教育的发展。

5. "经冷"时期应注重发挥文化交流的替代作用

研究表明，在三者替代关系中，经贸往来与文化交流的替代作用最为显著和稳健。在中国与沿线国家经贸往来疲软之时，文化交流的效果较之政治互动更为明显。文化交流相对于政治互动而言是一种不经意的文化渗透，更加亲和，具有"润物细无声"的效果。现实中，国家间"经冷"状况多由政治冲突导致，如 2012 年中日"钓鱼岛"的领土争端引发了"抵制日货"事件。此外，鉴于国家高层领导人的时间精力有限，过于频繁的国事出访可行性相对较低。因此，在中外"经冷"时期应更注重发挥文化交流的作用，在沿线国家增设孔子学院和课堂数量，为文化交流活动的开展提供平台支撑，以文化交流活动消融国际政治对抗的坚冰；同时，也应辅之以必要的、机制性的国事访问，增强两国的互信与友谊，以达到"1＋1＞2"的推动效果。

参考文献

[1] 程家福，胡德维. 简论来华留学教育 60 年发展的历史经验[J]. 理工高等教育，2009(12)：44—47.

[2] 刘扬，王怡伟. 我国的来华留学教育政策与实践[J]. 高教发展与评估，2011(6)：74—79.

[3] 栾凤池，马万华. 来华留学教育问题与对策探析[J]. 清华大学教育研究，2011(10)：

20—27.

[4] 栾凤池. 来华留学教育的 SWOT 分析与战略选择[J]. 中国成人教育，2012(12)：75—77.

[5] 曲如晓，江铨. 来华留学生区域选择及其影响因素分析[J]. 高等教育研究，2011(3)：30—38.

[6] 宋华盛，刘莉. 外国学生缘何来华留学——基于引力模型的实证研究[J]. 高等教育研究，2014(11)：31—38.

[7] 苗莉青，陈聪. 孔子学院对我国高等教育出口的影响——基于主要国家面板数据的实证研究[J]. 国际商务. 2015(6)：27—35.

[8] 林航，谢志忠，郑瑞云. 孔子学院促进了海外学生留学中国吗？——基于 40 个国家 2004—2014 年面板数据的实证检验[J]. 国际商务，2016(5)：52—65.

[9] 曲如晓，李婧，杨修. 文化认同对来华留学生规模的影响[J]. 教育与经济，2016(3)：48—53.

[10] 谷媛媛，邱斌. 市场化进程是否影响来华留学教育发展？——基于省级面板数据的实证检验[J]. 教育与经济，2017(1)：20—28.

[11] 韩丽丽. 如何提升来华留学教育的竞争力——基于规模总量和学历结构视角的经验分析[J]. 北京师范大学学报(社会科学版)，2017(5)：18—30.

[12] 郑向荣. 当前我国发展来华留学生教育的意义与优势分析[J]. 高教探索，2010(5)：103—106.

[13] 廖小健. 金融危机下的"美国留学热"及其发展趋势[J]. 当代中国史研究，2011(2)：70—75.

[14] 彭辰. 试论留学经济变化浪潮中的政策构建[J]. 经济视角，2012(5)：141—144.

[15] 谷媛媛，邱斌. 来华留学教育与中国对外直接投资——基于"一带一路"沿线国家数据的实证研究[J]. 国际贸易问题，2017(4)：84—94.

[16] 肖文，姜建刚. 高层领导政治互动与中国 FDI 规模及相对波动[J]. 国际经贸探索，2014(11)：31—41.

[17] Busse M, Hefeker C. Political Risk, Institutions and Foreign Direct Investment, European Journal of Political Economy, 2007(2): 397—415.

[18] Chen Jia. Class act promotes global 'soft power'[N]. China Daily, 2010 - 11 - 11 (01).

[19] Tinbergen J. Shaping the World Economy: Suggestions for an International Economic Policy[M]. The Twentieth Century Fund, Inc., New York, 1962

[20] Poyhonen P. A Tentative Model for the Volume of Trade between Countries[J].

Weltwirtschaftliches Archiv，1963，(90)：93—100.

[21] 刘希，王永红，吴宋. 政治互动、文化交流与中国 OFDI 区位选择——来自国事访问和孔子学院的证据[J]. 中国经济问题，2017(4)：98—107.

[22] [荷兰]吉尔特·霍夫斯泰德，格特·扬·霍夫斯泰德. 文化与组织：心理软件的力量(第二版)[M]. 李原，等，译. 北京：中国人民大学出版社，2010：6—9.

[23] Kogut B, Singh H. The effect of national culture on the choice of entry mode[J]. Journal of International Business Studies，1988，19(3)：411—432.

[24] 綦建红，李丽，杨丽. 中国 OFDI 的区位选择：基于文化距离的门槛效应与检验[J]. 国际贸易问题，2012(12)：137—147.

作者简介

林　航(1978—　)，福建福州人，福建师范大学协和学院文化贸易研究中心副教授、博士，研究方向为文化贸易、教育经济。

原　珂(1986—　)，山西河津人，对外经济贸易大学教育与开放经济研究院讲师、博士，英国格拉斯哥大学社会政治科学院博士后(国家公派)，研究方向为公共治理、教育经济。

陈昀益(1995—　)，福建福州人，福建师范大学协和学院文化贸易研究中心助教，研究方向为文化贸易。

Development Motives on the Overseas Education of Countries along "The Belt and Road" in China: Based on the Interactive Perspectives of Chinese and Foreign Economy, Politics and Culture

Lin Hang　Yuan Ke　Chen Yunyi

Abstract: The development of overseas students' education of countries along "The Belt and Road" in China is an important way to practice the spirit of "people-to-people bond" between China and foreign countries, to realize the opening-up of China's education and to improve the country's cultural soft power. Based on the panel data of 63 countries along "The Belt and Road" from 2004 to 2016, the article uses the gravity model of trade to systematically explore the actual impact of Sino-foreign economic and trade exchanges, political interactions and cultural exchanges on the overseas students' education of countries along "The Belt and Road" from the perspectives of Sino-foreign trade and investment, state visits and Confucius institutes. The article argues that Sino-foreign economic and trade exchanges, political interaction and cultural exchanges can significantly promote the development of overseas students' education of countries along "The Belt and Road", and there are significant substitution relations between any two among the three factors. Among them, the economic and trade exchanges have the most significant effect on the promotion of overseas students' education in China, and compared with the direct investment, the trade exchanges play the more significant role in promoting the economic and trade motivations of overseas students' education in China. At the same time, the substitution of economic and cultural exchanges is more significant and steady.

Key words: "The Belt and Road"; Foreign Students Education in China; Economic and Trade Exchanges; Political Interactions; Cultural Exchanges

中美贸易摩擦对中国与“一带一路”沿线国家文化产业的影响与对策*

车南林　蔡尚伟　唐耕砚

摘　要:2018年升级的中美贸易摩擦,不仅增加了中国文化产业的成本,减少了中国对美文化产品的进出口,减少了中国文化产业核心及相关领域的增加值,更影响着中国和“一带一路”文化产业的合作。同时,中美贸易摩擦又将增加中国与“一带一路”沿线国家文化产业合作的机会,提高中国与“一带一路”沿线国家文化贸易和产业合作的水平。基于此,为辅助中国文化产业走稳、走好,本文沿着“问题—目标—导向”的思路,按照“程序主义模式分析法”提出要在中美贸易摩擦背景下提高中国文化产业的整体实力和核心实力,积极与美国高新文化科技和影视企业互动、合作,创新与“一带一路”沿线国家文化产业合作的路径。

关键词:中美贸易摩擦;“一带一路”;文化产业;合作共赢

一、引　言

2019年,中美两国正式建立外交关系四十周年。其间,中美政治关系时好时歹,不断博弈,经济、人文等领域的关系也随着这种趋势时而密切时而松散;而在双边贸易方面,自1979年两国签订《中美贸易关系协定》并于当年首次开展贸易以来,中美双边贸易虽然由于贸易保护主义抬头、中美贸易失衡加剧、“中国威胁论”的传播以及全球经济危机等因素而屡次产生贸易摩擦,但总体上还是取得了长足发展。1979年,中美双边贸易总额仅为24.5亿美元。到2009年,虽然相比2008

*　基金项目:2017年国家社科重大基金项目“丝绸之路经济带沿线国家文化产业合作共赢模式及路径研究”(17ZDA044);四川大学跨学科研究创新基金项目“‘一带一路’文化产业跨学科研究智库”(XKQKXK04)。本文也受到国家留学基金委的资助。

年下降了 10.2%，但是这一数据是 3 659.8 亿美元，[①]增长了近 150 倍。值得一提的是，中国早在 2008 年 5 月就超过墨西哥成为美国第二大贸易伙伴，同时，也成为美国第三大出口市场和第二大进口来源地。十年之后的 2018 年，中美双边贸易额达 6 598.4 亿美元，又增长了近乎两倍。

在中美两国开展双边贸易的四十年里，美国从最早的贸易顺差逐渐发展为明显的贸易逆差，且在 2017 年和 2018 年尤为严重。2017 年，美方贸易逆差 3 752.3 亿美元，增长 8.1%，而 2018 年这些数据分别是 4 191.6 亿美元、11.6%，均处于增长状态。面对如此情况，早在 2017 年，美国就对中国出口频繁采取反倾销、反补贴等措施，还发起了著名的“301 调查”。2018 年 4 月 4 日，美国政府依据这一调查公布了第一批加征关税的清单，对原产于中国的 1 333 项 500 亿美元的商品加征 25%的关税。8 月 8 日，美方又公布了第二批清单。8 月 23 日，征税正式实施。同期，中国也对原产于美国的 5 207 个税目约 600 亿美元商品，加征 25%、20%、10%、5%不等的关税。此外，中美贸易摩擦也是中美政治博弈的结果。随着中国崛起以及“一带一路”倡议的推进，导致美国的政治担忧逐渐转为经济制裁乃至法律诉讼案件。可以说，2018 年是中美贸易摩擦最为严重且影响较大的一年。

进入 2019 年，中美贸易摩擦并没有因为两国建交四十周年而有所减缓。这种摩擦不仅影响了国际贸易格局，还影响了中美两国政府的关系和两国民众生活的方方面面。单就美国对中国加征关税的商品和中国对美国加征关税的商品中所涉及文化以及相关产品而言，不仅增加了中国文化产业的成本，减少了中国对美文化产品的进出口，减少了中国文化产业核心及相关领域的增加值，更影响着中国和“一带一路”文化产业的合作。面对如此影响，中国如何调整文化产业发展思路、提升文化产业发展水平，积极与美国文化产业互动，并不断拓展与“一带一路”沿线国家文化产业合作范围，深化与“一带一路”沿线国家文化产业的合作，值得研究。

二、消极影响

2018 年升级的中美贸易摩擦最直接的表现就是中美两国对原产于彼此的商品加征关税。这直接加速了两国文化企业转向“一带一路”寻求新的合作从而加剧了中国文化企业在“一带一路”合作的竞争。同时，媒体对中美贸易摩擦的负面报道形成的舆论又影响了中国与“一带一路”国家文化产业合作的氛围。

---

① 本文贸易数据，未作特别说明则均来自中华人民共和国商务部。

（一）提高关税增加了中国在“一带一路”沿线国家合作文化产业的竞争

2017 年发布的世贸组织《发展中经济体在全球贸易体系中的参与情况报告》显示，2015 年和 2016 年，发展中经济体的进出口增长速度超过了世界平均水平，且在商品服务进口方面正逐渐增加，而这些商品服务进口来源国包括了中国和美国。但是，两个国家在 2018 年对彼此商品加征关税的行为，让彼此国家的企业不得不转向。鉴于“中美贸易冲突中新增的关税使得美国制造的零件太贵了”，①一些原本与美国企业在合作的中国文化企业迅速寻找可以替代合作对象，而进一步转向“一带一路”成为可能。中国商务部发布的中国在“一带一路”投资不断增加的数据也表明这一点。此外，WTO 发布的《2018 世界贸易概况》显示，美国商品服务出口和进口在世界上都是第一名，而电影、电视、家庭娱乐产品等文化商品及相关商品出口额在美国商品服务出口额的占比较大。其中，中国又是这些商品服务出口的首要国家。中美贸易摩擦以来，美国文化产品在中国的出口数量减少，美国商务部经济分析局（BEA）发布的《Gross Domestic Product，Third Quarter 2018》显示，第三季度，美国出口下降了 4.4 个百分点。② 这与 2017 年以来一直处于增长状态呈现截然相反的状态。中国商务部发布的数据也显示，2018 年全年，美国对中国出口 1 203.4 亿美元，下降 7.4%，占美国出口总额的 7.2%，下降 1.2 个百分点。美国文化企业尤其是好莱坞的文化企业为避免由此带来的经济损失也积极转向“一带一路”国家。同时，美国未进入“一带一路”国家的文化企业、文化资本、文化金融也加速进入，名为“相对论传媒”的公司就是典型。换句话说，中美贸易摩擦将加速中美两国争夺“一带一路”文化产业市场以及合作企业，并导致中国文化企业在“一带一路”沿线的合作面临更强劲的竞争和更多的竞争对手。

（二）负面舆论影响了中国与“一带一路”沿线国家文化产业合作的氛围

中美贸易摩擦升级以来，美国媒体就一直用诸如《在中国，“自由贸易”意味着

① How the trade war could make China even stronger，CNN Business，[EB/OL]. https://edition.cnn.com/2018/10/04/business/us-trade-war-impact-china-economy/index.html.

② Gross Domestic Product，Third Quarter 2018（Second Estimate）Corporate Profits，Third Quarter 2018（Preliminary Estimate），BEA[EB/OL]. https://www.bea.gov/system/files/2018－11/gdp3q18_2nd_0.pdf.

偷走你想要的东西》[①]《"大黑客：中国如何利用一个小芯片渗透美国公司"》[②]《WTO 未能应对中国及其产业政策》[③]等诸多负面的新闻报道批评中国，甚至直白地说"我们要非常明确我们有权利拒绝中国欺骗、违反规则、不公平行为"[④]，"长期以来，中国政府一直因限制性经济政策而受到批评，这些政策将外国公司拒之于大好经济之外，并有利于当地企业，尤其是大型国有企业"[⑤]。进入 2019 年，相关负面舆论并未停止，美国总统特朗普在会见巴西领导人时公开说自己相当担心中国在南美洲和中美洲日益增强的政治影响带来的潜在威胁。此外，2018 年，由于贸易摩擦消极影响报道的扩散以及"一带一路"倡议的负面传播，英国的《金融时报》副主编菲利普·斯蒂芬斯在一次访谈中陈述说："我们（欧洲）怀疑中国这么做（一带一路）的意图，会不会是中国玩的一个权力游戏。"[⑥]这些言论的负面影响是存在的。虽然有各种原因，但个别国家宣布停止"一带一路"项目或者修改相关条款不得不说在一定程度上也是受这些负面报道的影响。事实上，这些负面舆论严重影响了中国与沿线国家在文化产业方面的合作氛围，尤其是导致了一些已经在当地开展合作的文化企业不得不积极应对负面舆论带来的市场萎缩问题。

三、积极影响

正如硬币终有两面，中美贸易摩擦在对彼此带来负面影响的同时，又对彼此改善贸易结构、提高自身贸易水平有着积极作用，还对中国与"一带一路"沿线国家文

---

① In China, "Free Trade" Means Steal What You Want [EB/OL]. https://www.realclearpolitics.com/articles/2018/06/20/in_china_free_trade_means_steal_what_you_want_137322.html.

② "The Big Hack: How China Used a Tiny Chip to Infiltrate U. S. Companies"[EB/OL]. https://www.bloomberg.com/news/features/2018-10-04/the-big-hack-how-china-used-a-tiny-chip-to-infiltrate-america-s-top-companies.

③ WTO not equipped to deal with China and its industrial policies: US[EB/OL]. https://economictimes.indiatimes.com/news/international/business/wto-not-equipped-to-deal-with-china-and-its-industrial-policies-us/articleshow/66191988.cms.

④ US must police China's unfair trade practices: Larry Summers, FOXNews [EB/OL]. https://www.foxbusiness.com/business-leaders/the-us-china-conundrum-larry-summers.

⑤ How the trade war could make China even stronger, CNN Business [EB/OL]. https://edition.cnn.com/2018/10/04/business/us-trade-war-impact-china-economy/index.html.

⑥ "一带一路"五年评估全球访谈：菲利普·斯蒂芬斯[EB/OL]. http://www.ftchinese.com/story/001080386? adchannelID=&full=y.

化产业合作起到了增加合作机会、提高合作水平等积极影响。

(一) 增加中国与“一带一路”沿线国家文化产业合作的机会

美国是全球文化产业最发达的国家。中美建交四十年来，中国文化及相关企业为提高自身水平积极与美国文化企业在多方面合作，但由于中美贸易摩擦带来的负面舆论导致中美合作受到一定的影响。为满足中国民众不断增长的、多样化的文化需求，中国文化企业就积极与“一带一路”沿线国家文化企业合作。以电影业为例，中美两国因为贸易摩擦未能就电影进口数量进一步谈判，所以给中国和“一带一路”沿线国家在电影方面的合作带来更多的机会。2017 年，中国一共引进了 89 部外国影片，其中，除了引进美国电影之外，还大量引进了印度、泰国、西班牙等国家的电影。这种情况在 2018 年也同样存在，且在 2019 年将有所增加。同时，中国与“一带一路”沿线国家在联合拍摄电视剧、电影、纪录片，联合举办文化活动方面也呈现了增长趋势。除早年中缅合拍了电视连续剧《舞乐传奇》，中印合拍了电影《功夫瑜伽》《大唐玄奘》《大闹天竺》，中国同伊朗合拍 10 集系列电视纪录片《重走丝绸之路》之外，中国同“一带一路”沿线国家近年来合作举办了“一带一路”国际合作高峰论坛等大型活动，而这一论坛在 2019 年又将迎来更多的参与者并解决合作中遇到的问题、障碍，从而促进合作顺利开展。

(二) 促进中国与“一带一路”沿线国家在文化产业核心领域合作

由文化产业发展的关键公式“底蕴＋创意＋版权＋品牌＋产业链＝文化‘钱’途无限”①可以看到，文化产业的发展关键还在于底蕴、创意、版权、品牌、产业链几大核心要素，而中国文化产业发展的弱势就在这些方面。中美贸易摩擦就像压死骆驼的最后一根稻草，促进中国文化产业在中国经济转型升级的背景下调整发展思路，走上以创意为主的高端线路。因为在中国对美加征税项目的清单中，除了电脑及相关配件之外，还包括新闻出版业必需的印刷版、印刷机、打印机、木浆、纸张、油墨等基本材料及设备，包括广播电视产业必需的广播电视发送设备、电视摄像机、视频摄录一体机、自动数据处理系统的液晶监视器、单色的数据/图形显示管等零部附件，这些项目是中国文化产业核心领域及“互联网＋”文化产业发展的基础。为了降低成本、满足国内民众的需求、增加文化产业的收入，中国在未来势必会加快探索研发、制造核心文化产业所需设备、技术以及部件的政策、方法、手段、人才

① 蔡尚伟，车南林. 文化产业精要读本[M]. 南京：江苏人民出版社，江苏凤凰美术出版社，2015：98.

以及管理等，促进文化产业核心领域技术、产品等不断升级。同时，诸如印度、俄罗斯、埃及、泰国等"一带一路"沿线国家文化产业的核心领域也较为发达，并且中国与这些国家已经建立了良好的合作基础。中国政府、媒体、企业都曾经和"一带一路"沿线国家签订了诸如《中华人民共和国国家新闻出版广电总局与印度共和国新闻广播部关于视听合拍的协议》《中国国际广播电台与埃及广播电视联盟"开罗之声"电台合作协议》《华策影视与俄罗斯 CTC 传媒、NMG 战略合作协议》之类的协议，而这又将促进中国与沿线国家文化产业尤其是核心领域进一步的合作。

(三) 提高中国与"一带一路"沿线国家文化贸易和产业合作水平

就"走出去"而言，由于美国加征关税导致原产于中国的文化商品对美国出口数量减少，中国除了将文化商品转向出口到"一带一路"沿线国家之外，最核心的还是会强化诸如《"一带一路"文化发展行动计划(2016—2020 年)》在"'一带一路'文化贸易合作"的作用，尤其是要"围绕演艺、电影、电视、广播、音乐、动漫、游戏、游艺、数字文化、创意设计、文化科技装备、艺术品及授权产品等领域，开拓完善国际合作渠道"。[①] 此外，中国还会制定更加合理的政策敦促相关文化企业深入"一带一路"沿线国家与当地文化企业合作，一方面生产符合当地民众需求的文化产品，另一方面生产符合世界民众需求的文化产品再出口到世界各国。同时，中美贸易摩擦也促进中国与"一带一路"沿线国家已有的各种文化产业合作，面对逐渐增加的竞争对手和逐渐增强的竞争，精准定位竞争存在的主要方面，细化合作方向、合作内容、合作形式，生产更加具有竞争能力的文化商品以及相关商品。就"引进来"而言，中国与"一带一路"沿线国家关系逐渐深入，"一带一路"沿线诸如以色列、捷克、波兰、印度、俄罗斯等国家在文化及相关商品的生产上占有明显优势，因此，中美贸易摩擦又敦促中国文化企业加速引进这些国家的企业，推动新的合作，形成新的合作成果，从而提高合作水平。

四、对策建议

中美贸易摩擦对中国文化产业以及中国与"一带一路"国家文化产业合作的影响除了在成本、进出口方面有立竿见影的效果之外，深层次的影响更是长期的。面

---

① 中华人民共和国国家发展和改革委员会. 文化部"一带一路"文化发展行动计划(2016—2020 年)[EB/OL]. http://www.ndrc.gov.cn/fzgggz/fzgh/ghwb/gjjgh/201707/t20170720_855005.html.

对这种影响中国文化产业只有提高自己的整体实力和核心实力，才能积极应对贸易摩擦带来的系列问题，才能继续保持与美国文化产业的多项合作，同时强化与“一带一路”沿线国家文化产业多方面合作，促进彼此发展。

（一）调整思路，提高自身水平，形成文化产业的中国特色

表面上看，中美贸易摩擦主要是对中国文化产业发展所需的基本硬件、设备、设施等方面的影响更大，但是这也反映出中国文化产业发展自身存在着实力不足的问题。事实上，中国文化产业在 GDP 中的占比未达 5%。这与文化产业在美国 GDP 中占 12%左右，在澳大利亚 GDP 中占 11%左右，在韩国 GDP 中占 9%左右相比，还差距甚远。这也表明中国文化产业还有较大的发展空间，因此，中国文化产业可以借助中美贸易摩擦，积极调整发展思路，提高自身水平，形成文化产业发展的中国特色。

1. 着力寻找中国文化产业发展的短板，针对性解决问题

文化产业作为可循环经济的典型代表，总体上具有低污染、低消耗、高收益、高科技含量等优点，在国民经济增长过程中起到了巨大的作用。对国家和个人而言，文化产业最直接的表现为三创，即一“创富”，二“创美”，三“创新”。[①] 既然文化产业有如此大的作用，而中美贸易摩擦又充分反映了中国文化产业发展在高新文化科技方面的短板以及主要依靠进口美国高新文化科技商品解决文化产业发展所需的技术问题，因此，着力寻找中国文化产业发展的短板，并针对性地解决问题就极为重要。具体来说，可以充分依靠国家文化产业方面的智库专家借助“程序主义模式分析法”，利用当前先进的技术、资源、手段找到文化产业发展在各要素尤其是文化科技方面存在的问题，梳理在版权保护、产业链发展、品牌推广以及赢利模式创新等方面存在的问题，并根据这些问题找到对应性的发展战略。

2. 积极发挥文化产业发展要素的整体功能，提高整体实力

文化产业发展包括了市场、文化资源、人力资源、资本、文化科技、管理、政策等七大核心要素。中国无疑是世界上最大的文化产业市场，世界市场这块大蛋糕亦有中国文化产业的一席之地，但是，如何发展市场所具有的导向功能，引导中国文化产业发展值得思考。中国也拥有祖先留下的，反映人类劳动成果和思维活动的、物质的、精神的文化遗产，包括了历史人物、文化古迹、建筑、工艺、语言、文字、戏

---

① 蔡尚伟，车南林. 文化产业精要读本[M]. 南京：江苏人民出版社，江苏凤凰美术出版社，2015：20.

曲、民俗、宗教等诸多文化资源，采用何种方法进一步挖掘这些资源甚为重要。中国的人力资源丰富，但是，文化产业核心人才的创新能力需要着力培养，因为只有着力培养文化人才的创新能力，才能保证中国文化产业发展后劲。中国大型文化资本也相对较充足，但是投资什么，如何规避风险也是资本所担忧的。此次，中美贸易摩擦充分暴露了中国在文化科技、管理以及政策上所存在的缺陷，所以在未来着实提高这三方面的实力，十分重要。总的来说，只有充分利用国家提供的资金、项目，制定的各项推动政策，宏观统筹各要素，发挥各要素的整体功能，迅速调整文化产业的整体结构才能提高中国文化产业的整体实力。

3. 重点发展核心文化产业，提高中国文化产业的核心实力

文化产业发展较好的国家，其以电影、电视、动漫、游戏等为主的核心文化产业发展得都较好，且核心文化产业的产值在 GDP 中所占的比例基本上都超过了 5%，而中国核心文化产业的发展还相对滞后。这是因为核心文化产业的发展所依赖的创意、版权和品牌三大要素还存在一定的问题。另外，此次，中国对原产于美国的商品加征关税的项目中，有百余项是核心文化产业发展所需的相关商品，尤其是高端设备。因此，在未来，中国文化产业着力提高文化产业的核心实力是重中之重。这一方面要重点解决创意欠缺、版权保护不利、品牌推广欠缺等问题，另一方面还要充分解决文化科技欠发达、产业链欠完整等问题。在此基础上，中国文化产业才能充分利用中国文化资源、政策、资金等重点发展拥有一套知识产权保护的、完整产业链的影视产业、动漫游戏产业，尤其是基于“互联网＋”和 AI 的影视产业、动漫游戏产业。

(二) 加强了解，积极与美国版权产业互动、合作

文化产业在美国被称为版权产业，且分为了核心版权产业、部分版权产业、边缘支撑产业、交叉产业四个小类。早在《版权产业在美国经济中表现报告(2016)》(Copyright Industries in the U. S. Economy)就显示，2015 年美国总体版权产业对美国 GDP 的贡献约 21 亿美元，在 GDP 中的占比为 11.69%，且解决了 1 140 万人的就业问题，其中，核心版权产业对美国 GDP 的贡献超过了 12 亿美元，在 GDP 中的占比为 6.88%，且解决了 550 万人的就业问题。① 虽然中美贸易摩擦时而发生，但是美国版权产业尤其是推动核心产业发展的高新文化科技高校、科研单位、

---

① Copyright Industry in the US Economy 2016, http://www.iipawebsite.com/pdf/2016CpyrtRptFull.PDF.

企业以及影视企业确实有许多地方值得学习，因此积极与其互动、合作可促进彼此发展。

1. 积极与美国高新文化科技高校、科研单位以及企业互动、合作

美国版权产业的发展主要依靠高新文化科技。多年前，就有研究者提到美国文化产业发展的主要经验在于科技发展与人才培养、良好的竞争性市场环境、产业链各环节的大力扶持及知识产权的保护。① 而此次，中美贸易摩擦所呈现的问题就是中国文化产业发展所需的高新文化科技依然是中国短板，且从华为事件来看中国科技人才的创新能力欠佳。因此，积极与美国高新文化科技高校、科研单位以及企业交流、互动、合作，打开中国科技人才的思维最为重要。事实上，国家留学基金委每年都会从全国 2 000 多所大学中选拔优秀人才到美国学习，这些学习归来的人才也着实为中国文化科技起到了重要的推动作用，但是这一行为还要继续加强，并且严格选拔标准、在美学习考核以及归国评估。除了国家公派科技人才深入美国学习，中国还要在强化政策支持、资金辅助以及合理管理等方式方面努力促进中国高新文化科技企业与美国方面交流、互动、合作，促进彼此了解，形成利于彼此发展的成果。

2. 积极与美国影视企业合作，利用成果促进“一带一路”国家重新认知中国

早在 2011 年，美国电影、电视产业服务项目的出口贸易顺差达 122 亿美元，占全美政府以外贸易顺差总量的 6%。② 美国电影协会的报告显示，2017 年美国电影国际市场排名前十的国家分别是中国、日本、英国、印度、韩国、法国、德国、俄罗斯、澳大利亚、墨西哥。其中，在排名第一的中国市场中的收入是 7.9 亿美元，远高于日本的 2 亿美元。③ 2018 年的情况也基本如此。另外，美国影视产业几乎占据全球 80%的份额，在印度、泰国、埃及、越南等众多拥有广大的市场资源，而这基本由其成熟的影视企业包揽。这样的基础，正好促进中美两国的影视企业互动、合作，并于通过合作成果在“一带一路”沿线国家中传播中国，强化沿线民众对中国的认知。为此，一方面是要充分借助中美两国政府签订的文化合作协议、协定、文化合作执行计划积极参与大型项目，在影视产业的核心环节互动、合作，并形成多样化的合作成果；另一方面是要充分借助中美两国大型文化企业、集团、公司等签订

---

① 张毅. 美国文化产业发展的经验与启示[J]. 商业时代，2011(24).

② 陈焱. 好莱坞模式：美国电影产业研究[M]. 北京：北京联合出版公司，2014：3.

③ 2017 Theme Report _ A comprehensive analysis and survey of the theatrical and home entertainment market environment(THEME) for 2017. MPAA. https://www.mpaa.org.

的影视合作协议，从联合执导、联合演出、联合拍摄、联合制作、联合发行等方面深入合作，走出合作特色。

（三）重视合作，强化与“一带一路”沿线国家文化产业合作

历来，中国与“丝绸之路”沿线国家在各方面的合作就已长期开展，而“一带一路”倡议提出五年来，中国与“一带一路”沿线国家的合作更是上了一个新的台阶。“合作共赢”毕竟是这个时代的主题，面对中美贸易摩擦对中国与“一带一路”沿线国家文化产业合作带来的消极影响和积极影响，中国与“一带一路”沿线国家文化产业深入合作促进彼此共同发展才是硬道理。

1. 巩固与“一带一路”合作的基础，扩大合作范围

五年来，中国不仅与“一带一路”沿线国家联合拍摄了多部电影、电视剧、纪录片，联合开展了书画展、电影展、艺术交流巡回展等多项会展，联合举办了“一带一路”媒体合作论坛、“一带一路”国际合作论坛、“2016—2017 年中俄媒体交流年”“2017 年中国—中东欧国家媒体年”等多项活动，还在文化旅游与文化产业投资、进出口等方面密切合作。2018 年的中国进口博览会，共有 82 个国家、3 个国际组织设立 71 个展台，展览面积约 3 万平方米。印度尼西亚、越南、巴基斯坦、南非、埃及、俄罗斯、英国、匈牙利、德国、加拿大、巴西、墨西哥等 12 个国家为主宾国。① 中国与“一带一路”沿线国家文化产业的合作可以说全面开花，但是，中美贸易摩擦导致的在“一带一路”沿线国家的竞争还要积极应对。因此，中国与“一带一路”沿线国家在文化产业合作方面还要在巩固现有合作基础之上，通过继续强化或者增加贸易自由区、贸易自由港等手段不断扩大双方贸易合作并扩大在“一带一路”沿线的合作范围，通过税收优惠、土地供给等手段扩大引进“一带一路”沿线国家文化企业在中国合作的范围。

2. 深化与“一带一路”现有的合作，提高合作实效

正如前面所述，五年来，中国与“一带一路”沿线国家文化产业的合作涵盖了方方面面，仅影视方面，双方不仅在 DTMB 传输覆盖网络建设和“中国巨幕”系统及其专用母版制作技术等影视基础设施、技术方面合作，构建了“丝路电视国际合作共同体”“一带一路新闻合作联盟”等交流机制，还在联合拍摄方面取得了一定的成果，如中印合拍三部电影，中捷合拍了动画片《熊猫和小鼹鼠》，中俄合拍了电视剧

---

① 国际在线. 习近平同出席首届中国国际进口博览会的外国领导人共同巡馆[EB/OL]. http://news.cri.cn/20181105/e1a1f68b-132a-6346-a07a-92e6936e84d2.html.

《晴朗的天空》等①，但是这些合作的效果还不是很显著。以电影《功夫瑜伽》为例，这部电影有唐季礼这个好导演，也有成龙、迪莎·帕塔尼等著名演员，但是在豆瓣上的评分只有5分，相对较低。因此，未来还要继续调研中国与"一带一路"沿线国家民众的文化需求，挖掘中国与"一带一路"沿线国家的文化资源，整合中国与"一带一路"沿线国家的优秀文化人才、智库，借助文化产业方面的政策、资金、项目等深化现有合作，才能切实提高合作实效，应对中美贸易摩擦带来的负面影响，并且切实满足民众日益增长的文化需求。

3. 创新与"一带一路"合作的路径，开拓合作未来

中国与"一带一路"的合作路径主要在文化交流、联合举办活动、联合拍摄影视作品等方面，但是要看到，中美贸易摩擦除了在文化及相关商品的进出口贸易方面带来直接影响之外，深层次竞争带来的影响更大，因此，中国与"一带一路"沿线国家的文化产业合作还要切实厘清双方的供需特点，寻求新的合作模式，创新合作路径。以中国与希腊、埃及等文化底蕴深厚的国家合作为例，双方须注意到"文化资源丰富但是需要产业现代转化能力"的特点，切实采用"引进＋挖掘"模式，以"算法"与大数据挖掘技术为工具，探索拍摄网络电影、电视剧、纪录片的新路径，并基于此路径引导线下的文化旅游合作。而中国与伊朗、印度尼西亚等宗教属性强的国家，则又要注意到"消费群体单一、宗教文化用品需求量大"的特点，切实采用"稳定＋丰富"模式，并基于手工艺制作技术，合作生产满足宗教文化需求的宗教文化产品。换句话说，"一带一路"沿线国家众多，且每个国家的文化资源、文化需求不同，而中美贸易摩擦带来的竞争并不会影响所有方面，因此，中国利用现有合作基础，深入了解竞争、需求与供给情况，并根据不同情况创新路径，才能探索合作的新未来。

作者简介

车南林（1981—　），四川乐山人，博士，成都大学文学与新闻传播学院副教授，四川传媒学院"一带一路"文化传播研究中心副主任，四川大学文化产业研究中心研究助理，研究方向为文化产业、新闻传播。

---

① 广电总局童刚：与"一带一路"沿线国家影视作品合作会越来越多[EB/OL]. 中国电影网，https://www.chinafilm.com/xwzx/1499.jhtml.

蔡尚伟(1970—),四川中江人,博士,四川大学文学与新闻学院教授、博士生导师,四川大学文化产业中心主任,研究方向为文化产业、新闻传播。

唐耕砚(1995—),四川自贡人,四川省社会科学院新闻传播研究所硕士研究生,四川大学文化产业研究中心研究助理,研究方向为文化产业、新闻传播。

The Impact of Sino-US Trade Friction on the Cultural Industries of China and the Belt and Road and Its Countermeasures

Che Nanlin Cai Shangwei Tang Gengyan

Abstract: The Sino-US trade frictions upgraded in 2018 not only increased the cost of the Chinese cultural industries, reduced China's import and export of US cultural products, reduced the added value of the core and related fields of the Chinese cultural industries, but also affected the cultural industries cooperation between China and the B&R. Meanwhile, Sino-US trade frictions will also increase the cooperation opportunities of cultural industries between China and the B&R, and raise the level of cultural trade and industrial cooperation between China and the B&R. Based on this, in order to help Chinese cultural industries to develop stably, this article follows the "problem-target-oriented" thinking and to and puts some suggestions, such as, to enhance the overall strength and core strength of the Chinese cultural industries under the background of Sino-US trade friction, to actively interact and cooperate with the US high-tech cultural technology and film and television corporations, and to innovate and cooperate with the national cultural industries along the B&R according to the "proceduralism model analysis method".

Key words: Sino-US trade friction; the Belt and Road; Cultural industries; Win-win cooperation

版权经济

我国文旅特色小镇 IP 定位研究*

秦宗财　朱　蓉

摘　要:本文基于产城人文融合的视角对文旅特色小镇的 IP 定位进行研究。研究表明:文旅特色小镇是我国当前特色小镇中的主流形态,IP 是彰显文旅特色小镇"特色"的关键环节。目前特色文旅小镇未形成特色或特色不强,关键在于 IP 未能有效开发。从特色文旅小镇 IP 的定位来看,要立足于产城人文融合发展的重点任务,从资源禀赋、整合传播、人文生态、产业资源、市场需求等整体视角综合定位特色文旅小镇 IP。

关键词:产城人文融合;文旅特色小镇;IP 定位

一、引　言

近年来我国特色小镇兴起建设热潮。2017 年国家有关部门分两批公布了总计 403 个特色小镇,提出若干年内要在全国建 1 000 个特色小镇。实际上各地准备和规划的特色小镇远超过这个规划目标。各地省级、市级,甚至县级也规划筹建各自"特色小镇"。根据第一批特色小镇的资料分析,按功能类型占比看,旅游发展型居多,占 33%以上;历史文化型次之,约占 20%,合计占比超过 50%。本文研究的文旅特色小镇就是以富集的历史文化资源或现代创意文化资源为基础,发展以文化旅游为主导或支撑的产业体系,形成以特色文化为灵魂、旅游产业为动力、生态环境优美、"产城人文"深度融合的特定区域。

所谓"产城人文融合",其本质就是寻求文旅特色小镇在功能上能够实现"生产、生活、生态"的有机融合发展。2017 年 12 月 4 日国家发改委等四部委联合发布了《关于规范推进特色小镇和特色小城镇建设的若干意见》,指出"产城人文融

---

* 本文系扬州大学高层次人才科研项目、江苏高校优势学科建设工程"扬州大学马克思主义理论"学科建设项目阶段性成果。

合”发展有四个“要”：一是要充分发挥市场主体作用；二是要坚持因地制宜，突出特色，打造具有持续竞争力的独特产业优势；三是要以人为核心，统筹生产、生活、生态空间布局；四是要高起点规划、高标准建设、精准投资，提升土地集约化利用水平，建设特色具有明确产业定位、文化内涵、一定旅游和社区功能的小镇。

文旅特色小镇的灵魂是特色文化，因此特色文化品牌的塑造必然是文旅特色小镇建设的关键环节。从产品的品牌和市场效应关系来看，产品有品牌未必有市场，有市场未必有品牌。而 IP 是当前我国市场经济高度繁荣背景下发展起来的既具品牌特征又具市场特征的文化标识现象。因此，文旅特色小镇“产城人文”融合建设首先应突出“特色”，而 IP 正是彰显文旅特色小镇“特色”的关键环节。

二、相关文献回顾

近年来我国为推动区域产业转型发展，优化城镇化结构，积极建设特色小(城)镇，因而特色小镇研究逐渐成为热点。其中在文化旅游热的推动下，文旅特色小镇更是成为研究重点。学界从不同学科、研究视角、研究内容和方法上对文旅特色小镇展开研究。文旅特色小镇的独特性、文化空间、运营机制、治理特色、建筑特色设计、文化与旅游产业等成为重点关注内容。

在文旅特色小镇的独特性方面的研究，如郑甲苏(2010)提出文旅特色小镇以文化产业为发展主轴的战略思路；赵佩佩等人(2016)从小镇文化的核心属性、建设重点及创新模式等方面提出了建设特色；厉华笑等人(2016)探讨了文旅特色小镇规划的思维、理念、方法、内容及运营机制等特色；闵学勤(2016)从治理主体、运行机制、网络创新等方面分析了文旅特色小镇的精准治理特色；张鹏等人(2017)则深入探讨了文旅特色小镇建筑特色设计。

在文旅特色小镇的文化空间方面的研究，如陈立旭(2016)认为提高文旅特色小镇的吸引力、向心力，要培育小镇新文化的凝聚力；王梦飞(2017)分析了特色小镇与地域文化协同创新关系；谢青青等人(2017)从文化场域的视角分析了文旅特色小镇的特色产业培育、空间形态、公共服务体系以及民族文化保护传承等问题。

关于文旅特色小镇文化与旅游协同发展的研究，如段亚琼等(2013)认为文旅特色小镇建设要兼顾文化传承与特色旅游；乔海燕(2016)提出文旅特色小镇灵魂在于文化，应深入挖掘文化自然资源，“以文活镇”；汤临佳(2017)提出将工业旅游融入小镇建设，以此推动产业、环境和人文“三位一体”有机发展。

关于文旅特色小镇 IP 的研究，专门研究的成果较少，郭湘闽等(2018)基于 IP

（知识产权），审视传统文化型特色小镇营建方式，提出以文化 IP 为核心的营建方法。上述研究颇具启示意义。但如何寻求特色文旅小镇的“特色”，影响文旅特色小镇“特色”的因素有哪些，文旅特色小镇的“特色”又如何表现，目前学界尚未有研究结论，而这些问题恰恰是特色文旅小镇营建设计首要考虑因素。当前文旅特色小镇建设出现了“特色不显”“定位不明”等问题，表明此问题亟须研究解决。

三、当前我国文旅特色小镇建设中 IP 定位问题

文旅特色小镇 IP 定位要立足于小镇既有特色文化资源禀赋，选择小镇 IP 主题，明确小镇 IP 定位。而纵观国内众多文旅特色小镇未能形成良好的 IP 效应，根本原因在于 IP 文化内容挖掘不够，IP 定位策划不准，或不够专、精、深，从而导致小镇 IP 文化特色不彰。

（一）IP 内容要素不凸显，核心价值未体现

一些文旅特色小镇缺乏文化主题的认识，其历史文化资源挖掘不够，没有经过充分研究，其特色内容要素不凸显，缺乏独特的核心价值。由于“重形轻魂”，出现了披着古建的外衣，做着现代餐饮、住宿、酒吧的商业街区或综合体。如陕西某特色小镇，大量建设仿古建筑、山寨景点，甚至造假作假，人为地虚造历史文化遗存；同时不是根据市场需求建设美食一条街、商业街、毫无文化特色的酒店等。这些不仅不能满足人们对精神文化需求，而且是对历史文化的践踏。

（二）特色内涵挖掘不够，IP 缺乏吸引力

一些文旅特色小镇在文化资源开发中，错误地选择了文化影响力较弱、内涵不突出的文化资源，或者选择不符合主流文化、被历史淘汰的历史文化资源进行开发，内涵挖掘不足，难以满足游客的文化体验需求，市场效果自然大打折扣，更不能打造出相应的产业体系。大多数失败的文旅小镇就是文化内涵不突出，没有很好开发出真正吸引游客的 IP。

（三）IP 发展主题混乱，发展定位不清晰

部分文旅特色小镇历史文化底蕴深厚、资源丰富，这应是小镇的优势所在。但在建设规划时，由于没有进行文化主线梳理以及文化主题凝练，导致小镇建设定位不明晰，文化主题散乱，无法形成文化 IP 核心主题的凝聚效应，难以形成主题突出的整体效果，难以给游客留下深刻的文化 IP 印象。如浙江某风情小镇，历史文化与现代文化混乱，把历史文化资源开发成古今文化、东西文化大杂烩，造成文化主题混乱，缺乏核心文化 IP 引领作用。

三、产城人文融合是文旅特色小镇 IP 定位与开发的方向

近年来国家发布的关于特色小(城)镇建设的系列指导文件,明确了特色小(城)镇发展的方向和建设的要求。这也为文旅特色小镇 IP 定位和开发提供了指导方向。

(一) 产城人文融合是文旅特色小镇建设的重点任务

随着我国经济社会进入了以品质求生存的发展阶段,诸多转型升级迫在眉睫。一方面,随着原有劳动力、土地、资源等低成本发展优势的消失,产业发展面临着转型升级;另一方面,大型城市的发展瓶颈及乡村空心化的两极分化现象严重,城乡一体化发展刻不容缓。由此,在我国经济转型和城乡统筹发展的历史阶段,具有自身特色的小城镇逐渐扮演着重要的角色。近年来,从国家一系列政策文件中可以看出,产城人文融合发展成为我国小(城)镇建设、发展的方向。

表 1　产城人文融合相关政策

时间	政策文件	主要内容
2014.3	《国家新型城镇化规划(2014—2020 年)》	按照控制数量、提高质量、节约用地、体现特色的要求,推动小城镇发展与疏解大城市中心城区功能相结合、与特色产业发展相结合、与服务“三农”相结合……具有特色资源、区域优势的小城镇,要通过规划引导、市场运作,培育成为文化旅游、商贸物流、资源加工、交通枢纽等专业特色镇
2015.10	《中共中央关于制定国民经济和社会发展第十三个五年规划的建议》	发展特色县域经济,加快培育中小城市和特色小城镇,促进农产品精深加工和农村服务业发展,拓展农民增收渠道,完善农民收入增长支持政策体系,增强农村发展内生动力
2016.2	《国务院关于深入推进新型城镇化建设的若干意见》	提出加快特色镇发展,充分发挥市场主体作用,推动小城镇发展与疏解大城市中心城区功能相结合、与特色产业发展相结合、与服务“三农”相结合。发展具有特色优势的魅力小镇,带动实现现代化和农民就近城镇化
2016.2	国家发改委举行新闻发布会介绍新型城镇化和特色小镇建设有关情况及经验	介绍新型城镇化和特色小镇建设有关情况,并就浙江、贵州推进特色小镇的做法,云栖小镇、旧州镇各自特色,做了经验介绍和推广
2016.3	《中华人民共和国国民经济和社会发展第十三个五年规划纲要》	加快发展中小城市和特色镇,因地制宜发展特色鲜明、产城融合、充满魅力的小城镇

（续表）

时间	政策文件	主要内容
2016.7	《住房城乡建设部 国家发展改革委 财政部关于开展特色小镇培育工作的通知》	制定了2020年培育1000个左右的各具特色、富有活力的休闲旅游、商贸物流、现代制造、教育科技、传统文化、美丽宜居等特色小镇的目标，引领带动全国小城镇建设
2016.8	《住房城乡建设部关于做好2016年特色小镇推荐工作的通知》	全国特色小镇培育工作进入推进阶段。公布了特色小镇的申报程序、申报标准及推荐材料
2016.10	中央财经领导小组办公室、国家发展改革委、住房城乡建设部联合召开特色小城镇建设经验交流会	指出推进特色小城镇建设的理念在于“新”，核心在于“特”，根本在于“改”
2016.10	《住房城乡建设部关于公布第一批中国特色小镇名单的通知》	认定了127个全国第一批特色小镇培育名单
2016.10	《国家发展改革委关于加快美丽特色小（城）镇建设的指导意见》	特色小（城）镇包括特色小镇、小城镇两种形态。特色小镇主要指聚焦特色产业和新兴产业，集聚发展要素，不同于行政建制镇和产业园区的创新创业平台。发展美丽特色小（城）镇是推进供给侧结构性改革的重要平台，是深入推进新型城镇化的重要抓手
2017.1	《住房城乡建设部 国家开发银行关于推进开发性金融支持小城镇建设的通知》	各级住房城乡建设部门、国家开发银行各分行要充分认识开发性金融支持小城镇建设的重要意义，加强部行协作，强化资金保障，全面提升小城镇的建设水平和发展质量
2017.7	《住房城乡建设部关于保持和彰显特色小镇特色若干问题的通知》	提出特色小镇培育尚处于起步阶段，部分地方存在不注重特色的问题。各地要坚持按照绿色发展的要求，有序推进特色小镇的规划建设发展。提出三项要求：一是尊重小镇现有格局，不盲目拆老街区；二是保持小镇宜居尺度，不盲目盖高楼；三是传承小镇传统文化，不盲目搬袭外来文化
2017.12	《国家发展改革委 国土资源部 环境保护部 住房城乡建设部关于规范推进特色小镇和特色小城镇建设的若干意见》	明确特色小镇和特色小城镇概念，提出建设的总体要求和重点任务，并对组织实施提出要求

如前所述，国家发改委等四部委《关于规范推进特色小镇和特色小城镇建设的若干意见》中提出要有效推进“三生”融合，促进产城人文融合发展。具体讲有五大培育要求：一是产业形态特色鲜明。即在定位上，小镇产业要做“特”，做“精”，做

“强”，产业要素集聚程度要高，吸纳就业能力要强。二是构建和谐宜居的美丽环境。即空间布局与周边自然环境相协调，居住区开放融合，建筑彰显传统文化和地域特色，镇区环境优美，干净整洁，店铺布局有管控，公园绿地贴近生活、工作，美丽乡村建设成效突出等。三是要彰显特色的传统文化。即充分挖掘小镇特色文化资源，历史文化遗存得到很好的保护和利用，非物质文化遗产实现良好的活态传承，形成别具特色的文化标识，公共文化服务体系建设完善，公共文化传播方式丰富多彩，优秀传统文化得到弘扬，居民思想道德和文化素质显著提高。四是要具备便捷完善的设施服务。即基础设施完善，生活污水有效治理，生活饮用水符合卫生标准，各类防灾防火设施符合标准；公共服务设施完善，服务质量较高，教育、医疗、文化、商业等服务覆盖小镇及周边地区。五是要有充满活力的体制机制。即发展理念有创新，经济发展模式有创新；规划建设管理有创新，鼓励多规协调；省市县支持政策有创新，镇村融合发展有创新，体制机制建设促进小镇健康发展，激发内生动力等。

综上所述，产城人文融合发展，不仅在一般意义上对所有特色小镇有指导意义，对文旅特色小镇更具有现实针对性。

（二）产城人文融合对文旅特色小镇 IP 定位的要求

具体体现在特色内容、特色产业、特色功能的建设要求上。

1. 主题内容：要以满足人民日益多元化的精神生活需要为旨归

文旅特色小镇，不仅要满足人们在吃喝住行等物质方面上的享受，更要在精神文化方面满足人们多元化的需求。不断满足人民日益增长的美好生活需要，是文旅特色小镇建设的基本出发点和落脚点，也是文旅特色小镇 IP 开发的总方针。以安徽三河古镇为例：该镇是中国历史文化名镇，自然资源和历史文化资源富集。该镇在前期建设规划中，坚持保护和合理开发相结合的原则，按照人们的生活需要、生产需要、生态保护需要相结合的思路，挖掘小镇古建筑南北融合的特色，建设主题上突出小镇明清至民国时期的建筑风貌，多渠道投入大量资金，加强了小镇公共文化服务、基础设施等建设，不仅在小镇的空间格局、建筑布局、建筑结构、民居材料和装饰方面凸显了地域特色，而且在公共文化服务、医疗卫生、社会保障等方面全面提升，形成“产、城、人、文”四位一体有机结合发展的特色小镇。小镇居民收入大幅增长，生活幸福指数不断提高，同时也拉动周边乡村经济，促进农业结构调整和农村经济发展，带动农民富裕。三河古镇作为文旅特色小镇，每年吸引大量游客，仅 2017 年国庆黄金周期间，三河古镇共计接待游客量 30.5 万人次，同比增长了23.98%(数据来源:《合肥晚报》2017年10月9日)。

2. 特色产业:要引领小镇传统产业转型升级

经过改革开放以来的发展,我国经济总量虽然已达到世界前列,但是经济发展方式亟须转型升级,一方面低水平、高消耗的粗放型发展方式没有得到根本转变;另一方面文化产业和现代旅游业仍有巨大提升空间。文旅特色小镇的经济结构和产业体系要突出"特色"二字。而"特色"的呈现,首先要塑之以魂,形成小镇IP的核心价值和形象,以此统筹小镇经济结构和产业体系,进而探寻"IP文化创意+传统产业""IP+科技+传统产业""IP+传统产业+旅游"等发展途径,以行业高端引领,带动传统产业转型升级。以浙江桐庐县分水镇为例:该镇打造制笔历史文化IP,塑造国内最大的笔类制造基地和出口基地的形象,名闻遐迩,产生良好的品牌效应。该镇将制笔IP与文化创意设计、先进制造技术、传统的制笔工艺相融合,开发出一套高效、环保、绿色的新型制笔工艺产业体系,不仅为分水镇的制笔产业高质量、高效率发展提供强大支撑,同时也推动了我国制笔业转型升级。特色历史小镇中隐藏的丰富的IP基因和资源及其创造性的传承、创意性的成果,对于小镇经济和城市经济产业转型升级都有着独特的作用。因此,文旅特色小镇IP的开发,要从小镇发展整体运营战略上,带动小镇传统产业转型升级,推动小镇经济结构的调整,发挥引领作用。

3. 区域功能:以带动城乡融合发展为最终目标

党的十八大以来,推进新型城镇化建设成为中国经济社会发展的强大引擎。中国特色的新型城镇化和传统城镇化①的不同,突出地表现在三点:一是以人为本,以人为核心,切实保护居民的利益;二是与现代城乡产业相辅相成,实现城乡统筹可持续发展;三是最终目标实现城乡共同分享改革开放的物质和精神文化成果,实现城乡居民无差别。从上述意义上理解,特色小镇的功能包含统筹协调、城乡一体、富裕文明、生态宜居、成果共享等。其中,文旅特色小镇更是突出文旅产业对城乡融合发展的黏结和融合的作用。

按照区域核心城市—中心城市—小城镇—建制镇或小镇—乡村的都市圈网状分布看,小镇或小城镇成为联系两头的重要环节。以安徽合肥都市圈文旅特色为例:该区域内分布了如肥西三河古镇、当涂太白镇、来安汊河镇、六安独山镇、庐江

---

① 传统城镇化就是指人口向城镇集中的过程,这个过程表现为两个方面,一方面是城市数目的增加,另一方面是城市人口规模不断扩大。

汤池镇、淮南毛集镇、天长铜城镇、金寨梅山、霍山佛子岭、马鞍山濮塘镇、肥东长临河镇、滁州福喜镇、中庙文旅小镇等文旅特色小镇。统筹建设上述小镇品牌 IP，将会形成辐射力强的品牌效益，一方面可以较快地接受都市圈的中心城市产业、人口转移，既可以避免城市圈城市的“城市病”，实现中心城市和小城镇的有机融合，共同提升发展的质量和水平；另一方面，可以就地吸纳农村人口就业，实现人口城镇化和结构转型的双重目标。合肥市所辖的长丰、肥东等县，在 20 世纪末发展都处于较低水平。21 世纪以来，由于合肥市的辐射带动和特色文旅小城镇等各类小镇的兴起，经济水平有了大幅度提高，城乡差距明显缩小。

四、基于产城人文融合的文旅特色小镇 IP 的定位策略

产城人文融合发展客观上要求文旅特色小镇 IP 开发要综合考量小镇的资源禀赋、IP 整合传播方式、小镇功能定位和空间布局、小镇产业资源以及受众消费需求等诸因素。

（一）根据资源禀赋定位小镇 IP 主题

文旅特色小镇的资源禀赋包括历史文化资源、山水景观资源、传统产业文化资源等，尤其历史文化资源相对比较丰富。其 IP 主题定位要着眼于小镇整体的资源禀赋，凝练出既能整合、统筹利用小镇资源又能彰显小镇特色的主题。综观国内外具有代表性的文旅特色小镇都是立足本土文化，深入挖掘文化自然资源，构建清晰的文化主线，打造小镇特色鲜明的文化主线和主题，形成强大的文化影响力，创造 IP。

理清小镇历史文化发展脉络，从发展主线中选择 IP 主题。对历史文化资源丰富的小镇，首先选择影响力较大的历史文化资源如民俗、名人、传说、神话等，理清各项文化资源之间的内涵和脉络，进而串联、整合、提升，梳理出一条文化主线。如西班牙堂·吉诃德风车小镇，仅仅依托小说中虚拟人物以及小镇上几架风车，就与欧洲中世纪的骑士文化这一影响力较大的文化结合起来，形成了小镇特色文化主线。浙江莲都古堰画乡小镇，历史文化资源丰富，既有乡村文化、船帮文化、民俗文化等传统历史文化，还有巴比松油画等现代艺术。小镇结合旅游发展趋势以及现代文化创意产业，突出“乡愁与艺术”的 IP 主线。

文旅特色小镇主题是小镇留给游客最直接的印象，也是小镇鲜活文化的体现，围绕小镇文化资源和人文景观，在理清文化内涵和联系的基础上，尽量把小镇所有历史文化串起来，统一到文化主线上来，统一到一个主题 IP 标签上，展现独特的文

化意蕴，提升各景点、旅游产品之间的凝聚力。如英国莎士比亚故居小镇，文化主线十分清晰，整个小镇以莎士比亚的 IP 主线，展现莎士比亚出生、读书、生活到归隐、逝世整个生活历程。镇上每一处店铺、每一条街区，甚至每一张休息座椅，都和莎士比亚有关。同时，小镇举办的各类文化活动，也和莎士比亚生活历程相关。又如安徽西递遗产小镇，围绕古徽州文化遗存和非遗传承两大主线，把历史文化场景贯穿于小镇的衣、食、住、行、玩等方面，以古村落、古民居静态展示和传统徽州婚俗表演、民俗祭祖等动态历史文化活动，重现古代徽州地区生产、生活场景，让游客一提到西递遗产小镇，就会想到"徽州文化"。

（二）基于整合传播定位小镇 IP 形象

当 IP 渗透进旅游业，塑造 IP 即代表着要塑造独特的产物，使游客可以快速定位到旅游目的地，包括 VI 设计、旅游项目打造、影音作品创作、文创产品设计等，这也暗示旅游 IP 一定要有代表性以及强大的影响力。就文旅特色小镇 IP 的设计来说，要考虑如下因素：

第一，IP 设计要考虑到文旅特色小镇的人文精神，即 IP 的核心价值观。这是 IP 的灵魂，是 IP 蕴含的隐形因素，也是符号设计最为困难的因素。但它一旦表达成功，与受众价值观产生共鸣，则影响力是深远的，这是忠实粉丝形成的基础。

第二，IP 设计要将小镇特色呈现与受众需求相结合。基于受众寻求新奇的旅游心理特征，IP 设计要充分展现文旅特色小镇自然山水、历史人文的特色。

第三，IP 设计要将符号表达与多媒介间演绎转化相结合，有利于实现小镇 IP 的整合传播。对于特色小镇来说，IP 是形象认知的产品，是简单鲜明有特色的元素和符号，应该具扩展性。例如浙江大云镇推出"云宝"IP 形象，安徽殷港艺创小镇推出"学豹"IP 卡通形象等，通过短视频、微信表情包等方式，借助全媒体传播小镇形象。

第四，IP 设计要与小镇以文化旅游产业为主导或支撑的产业体系相结合，将 IP 设计形象与小镇的景区打造、旅游线路的串联、旅游产品的设计、旅游项目形象设计以及基础设施等有机结合，使之整体上协调、统一。

（三）根据人文生态定位小镇 IP 功能

文旅特色小镇最主要的资本是特色历史文化资本，通过对历史文化资本的整合与文旅特色小镇内涵相融合，强化文旅特色小镇文化场域的自主化特征，使旅游者摆脱日常生活中的烦恼与枯燥，实现对差异化文化的体验和"诗意地栖居"的渴望，激发旅游行为和消费行为，实现文化资本向经济资本和社会资本的转换。如此而言，一个成熟的、有特色的文旅小镇，从自然到人文，从生活到生产，从公共文化到产业文化，均应处于一个相互紧密联系、彼此依存、相互作用的有机体之中。

因此，无论整体功能定位还是局部项目功能定位，文旅特色小镇 IP 要立足于小镇人文生态格局，强化人文环境和生态环境的保护，将人文资源与自然资源密切结合，以不可复制的地理位置和特色的历史文化元素等综合条件，发展以文化旅游产业为主导或支撑的产业体系。以深圳市华侨城甘坑客家文化小镇为例：该镇是在甘坑村（起源于明清时期）的基础上打造的集深圳本土民俗、田园休闲、生态度假、文化展示、科普教育为一体的多元复合型文化旅游目的地，也是了解深圳原住民文化的一个重要窗口。从人文生态来看，该镇具有 350 多年的客家文化发展历史脉络，拥有 300 多户原住民；从自然生态来看，小镇拥有山地、河道、湿地、水库、古村落、城市绿化带等山水自然资源；从产业基础来看，小镇拥有电子信息产业、商贸物流产业、珠宝产业等处于活跃期的产业业态。依据上述资源分析，小镇选取甘坑特有的客家文化为 IP，围绕“山、水、田、园、村、谷、城”等生态资源，构建了“生态公园体验区”“核心文化休闲区”“客家文化展示区”“居民生活服务区”等五大功能区域，将生态绿化、生活社区、商业服务区、文创产业区等有机分布，小镇形成功能协调、彼此依存的有机整体。

（四）根据产业资源定位小镇 IP 业态

针对小镇可以规模式开发的历史文化资源或自然资源，应充分利用现代方式和现代化手段，采取多种形式拓宽文化传承，形成鲜明的 IP 文化品牌，打造充满活力的 IP 新兴业态。

第一，借助小镇既有文化品牌 IP，拓展相关产业业态。如小镇通过定期或不定期组织开展和积极争取国内各级乃至国际的各类文化节庆活动和文化展会，提升小镇文化品牌知名度，从而为小镇产业带来机会。如瑞士达沃斯小镇，依托世界经济论坛，打造无与伦比的文化品牌，其后依托良好的环境资源和旅游资源，形成了以旅游、会展、休闲为一体的旅游小镇。又如浙江乌镇互联网小镇，在依托江南水乡这一强大的文化品牌，同时又积极引进世界互联网大会这一品牌，融入新型文化旅游业态，打造出一个全新文旅目的地。

第二，将小镇 IP 内涵赋予到文化创意产品中，多层次开发文化产品，将 IP 产业化，进而形成小镇特色文化创意产业业态。在文旅特色小镇 IP 开发中，以历史传说、事件、名人古迹等作为开发题材，创意性的将民俗文化、元素融合到旅游商品的开发设计中，创造出具有时代气息和文化气息的 IP 主题。挖掘小镇历史文化中涉及衣、食、住、行、娱等生活方面资源，同时结合现代艺术创意，找准 IP 定位，将这些文化资源具体化、产品化、人格化。如丁蜀紫砂小镇，围绕紫砂文化这一特色文化资源及其相关的承载历史记忆的空间载体，聚焦紫砂文化的产业文化遗产的属性，把现代文化创意融入传统文化资源，打造紫砂 IP，形成文化创意、生产制造、工艺美术、收藏鉴赏、文化旅游等紫砂全产业链，推动陶瓷文化创意产业集聚发展。在紫砂文化创意产业方面，打造"紫砂文化创意产业集聚区"，采用"创造＋创意(服务平台)＋体验"模式，引导传统的工艺美术、创新设计与其他消费品类的设计、制造、销售进行"跨界"融合，初步形成品牌特色的各个"大师工作室"，实现紫砂产业"小而精""特而强"的提升发展。又如浙江龙泉青瓷小镇，凭着优越的自然条件和丰富的瓷土资源及传统制瓷工艺，大力发展青瓷原料、包装瓷、日用瓷、艺术瓷、仿古瓷等产业，青瓷企业产值超过 2 亿元，初步实现产业集聚。同时，小镇聚集了 1 位国家级大师、1 位省级大师、3 位丽水市级大师、1 位丽水市级非遗传承人和众多民间传统制瓷老艺人。

第三，结合小镇自然资源，发展摄影、写生、油画等现代艺术创意产业业态。部分文旅特色小镇可以借助特色小镇风景优美、传统文化氛围浓厚等优势，结合现代文化创意产业，发展摄影、写生、油画等艺术创意产业。如安徽宏村艺术小镇，以保存良好的明清民居这一世界文化遗产为依托，积极拓展文化旅游内涵，发展写生、摄影现代艺术产业。小镇以"艺术体验和休闲度假"为主题，不断延伸写生和摄影产业链，打造艺术写生基地、摄影影视创作基地。利用山地车节、摄影大展等活动以及网络媒体对外推介宏村"艺术小镇"，吸引社会资金投入，不断完善宏村艺术写生摄影产业链。组织谋划宏村写生艺术节，邀请艺术院校、书画大家、摄影达人参与，积极营造宏村镇"艺术小镇"艺术氛围。目前，小镇先后举办十二届乡村摄影大展、国际山地车公开赛及首届写生艺术节、全国滑翔伞定点联赛等重大赛事活动，培育写生基地 52 家、艺术大师工作室 23 家，吸引全国 200 余家院校师生观光写生。

第四，小镇 IP 结合优势传统产业资源，促进传统产业业态转型升级，开发新型产业链，形成产业增量，打造文旅特色小镇。如安徽巢湖三瓜公社小镇，在仅有普通乡村文化的基础上，深入挖掘乡村旅游、体验新需求，积极与电子商务相结合，创建西瓜、南瓜、冬瓜的"三瓜"自有 IP，推动增量资源开发，形成了乡村旅游、体验、休闲、购物等多产业融合发展的文化产业链。

(五) 根据市场需求定位小镇 IP 产品

随着人们生活水平的提高，文化需求也发生改变，由过去的以中低端文化产品和服务的基本型文化消费向注重文化产品质量与价值的发展型消费以及更加注重个性化的享受型消费转变。面对人们文化消费需求的转变，不管是传统文化资源的创新利用还是文化创意的设计与开发，都是从供给端入手，提供优质内容，减少低俗供给和低端供给，从而优化文化产业的内容和结构。因此，小镇立足于市场需求，借助"文化 IP+"，加强供给侧改革，促进产业转型升级。一是"文化创意+IP产品"，核心是加强 IP 产品与创意创造紧密结合，重视 IP 产品或服务的文化内涵建设，提升 IP 产品或服务的价值增值。二是"补齐短板"，核心在于摒弃 IP 产品的低端生产供给，借助技术创新，推动 IP 产业的高端化、智能化、绿色化和服务化，培育发展新产业。三是"精致生产"，核心是发扬"工匠精神"，IP 产品生产或服务不是盲目追求做大，而是不断追求聚焦精细追求精细，做到最佳最好，提升 IP 产品品质。

日本熊本县"熊本熊"是通过创建自有 IP 而推动增量资源、实现产品开发的典型案例。相比京都、奈良等文化重镇，熊本这个农业县在日本并没有什么知名度，旅游资源更是缺乏。熊本县政府为了吸引更多的游客前来观光，在 2010 年创作了酷萌的"熊本熊"作为本地区的标志。通过 2010 年"熊本熊失踪事件"、2013 年"熊本熊丢了红脸蛋"、2014 年"熊本熊亮相红白歌会"等一系列营销推广活动在 Facebook 和 Twitter 等社交媒体上与关注它的人积极互动，熊本熊成了熊本县的代言。为了更好地推广和宣传熊本县的形象，熊本县政府在"熊本熊"IP 形象创立伊始，采取"免收版权费"的策略，允许企业免费使用该 IP 形象，仅仅两年内就先后吸引了超过 9 000 家企业申请合作。在充分了解"熊本熊"粉丝的消费需求基础上，熊本县开发了系列 IP 产品，涉及衣食住行游购娱等整个产业链，仅在 2013 年，就有 1.639 3 万件商品使用了它的形象，以至这个面颊两坨绯红、样子蠢萌的熊本熊在微信朋友圈和微博里通过表情包等形式迅速传播。在熊本熊这个超级"IP"横空出世的 5 年内，熊本县旅游发展的经络就被打通了，旅游人数增长了近 20%，并且势头持续向好。

参考文献

[1] 国家发改委，等. 关于规范推荐特色小镇和特色小城镇建设的若干意见[OL]. http://

ghs. ndrc. gov. cn/zttp/xxczhjs/ghzc/201712/t20171205_869705. html.

[2] 任泽薇,等. 申遗背景下剑门蜀道旅游 IP 策划初探[J]. 旅游纵览,2018(02):128—129.

[3] 谢青青,吴忠军. 文化场域视角下的民族地区旅游特色小镇建设研究[J]. 广西经济管理干部学院学报,2017(1):99—102.

[4] 秦宗财,方影. 我国文化产业供给侧动力要素与结构性改革路径[J]. 江西社会科学,2017(9):75—83.

作者简介

秦宗财(1974—),安徽芜湖人,扬州大学新闻与传媒学院教授、博士生导师,研究方向为文化传播学、文化创意产业。

朱　蓉(1984—),安徽合肥人,北京大学艺术学院硕士研究生,研究方向为文化创意产业。

Research on IP Location of Culture-oriented Travel Characteristic Townlet

Qin Zongcai Zhu Rong

Abstract: Based on the perspective of cultural integration of Industry, City and Humanities, this paper researches the IP positioning of the culture-oriented travel Characteristic Townlet. The results demonstrate the culture-oriented travel Characteristic Townlet is the mainstream form of the characteristic town in our country at present. IP is the key link to highlight the "characteristic" of the culture-oriented travel Characteristic Townlet. At present, the culture-oriented travel Characteristic Townlets have not formed the characteristic or the characteristic is not strong, and the key lies in the fact that IP is not effectively developed. Considening IP positioning of culture-oriented travel Characteristic Townlet, we must base on the key task of humanistic integration development of production city, and comprehensively locate culture-oriented travel Characteristic Townlet's IP from the overall perspective of resource endowment, integrated communication, humanistic ecology, industrial resources, market demand and so on.

Key words: Integration of Industry and City and Humanities; the culture-oriented travel Characteristic Townlet; IP Orientation

续集和 IP 改编对电影票房的影响[*]
——基于中国电影市场的实证研究

刘雯雯　侯　娜

摘　要:近年来,随着中国电影产业的蓬勃发展,续集和 IP 改编逐渐彰显出其独特的影响力,成为影响电影票房的重要因素。本文运用回归分析法,以 2013 年 1 月至 2017 年 11 月间上映的 177 部电影为样本,研究了续集和 IP 改编电影与票房之间的关系、影响期限,以及口碑在其中的调节作用。研究结果表明,续集和 IP 改编对电影票房有显著的正向影响,但续集和 IP 改编对电影票房的整体解释力会因影片的放映时段而不同,这种影响的有效窗口期为 8 天,从第 9 天起显著性消失,即在上映第 9 天及以后,续集和 IP 改编将不再是影响票房的主要因素。同时,研究还发现口碑在续集和 IP 改编对电影票房的正向影响中起调节作用。此结论对提升我国电影票房和促进电影行业的健康化发展具有指导意义。

关键词:电影票房;续集;IP 改编;口碑

一、引　言

电影极富活力与生命力,在文化产业中占有重要地位。从 2009 年到 2017 年,中国内地年度总票房持续走高,9 年总增长量达到 832%,快速增长的中国电影市场正在缩短和北美市场的距离,而对优质、多元化内容的渴求也成为电影市场发展的直接主题。在这一背景下续集和 IP 改编凭借其可以提供给影片精准调研和预估的保底优势,成为电影市场最具效率、最具性价比的内容解决方案。其中 IP (Intellectual Property)改编指的是在有一定粉丝数量的原创网络小说、歌曲、游戏、动漫等基础上创作改编而成的影视作品;续集一般是指对某些票房和口碑良好

* 基金项目:横向课题“移动互联网商业模式重构与创新”(2016HXZXJGXY013)、“企业战略变革与转型研究”(2018ZXJGXY007)。

的影视作品进行延续，形成系列作品。而无论是 IP 改编还是续集电影，相较于其他电影其母本与前作电影已经聚合了规模庞大的粉丝群体，都具有良好的品牌溢出效应，产生良好的关注度与票房号召力。基于两者共同的品牌依恋效应，本文将续集和 IP 改编放在一起作为品牌信号进行研究。

基于信号理论认为，电影在上映前期，续集和 IP 改编作为重要信号，会积极影响票房；而在上映后期，观众对于电影的口碑评价信息逐渐成为消费者赖以参考的独立信息，因此口碑会对续集和 IP 改编的有效性产生削弱作用。因此，本文期望通过对续集和 IP 改编与电影票房关系的研究，进一步解释续集和 IP 改编对电影票房影响的期限，以及口碑作为第三方独立信息对续集和 IP 改编的有效性产生的调节作用，为国产电影票房的预测和中国电影产业的发展提供指导。

二、文献回顾及理论假设

（一）续集和 IP 改编对电影票房的影响

对于续集和 IP 改编对票房的影响，Ravid 认为存在显著影响，而 Sochay 则持相反的观点。Sood 提出，一部电影是否是续集或改编与电影的经济成功紧密相关。国内学者侯永等人从品牌延伸理论视角研究了续集与母产品之间的票房依存关系。实证研究发现，由于续集在创作团队、艺术风格、故事内容等方面与母产品有高度的传承性，使得续集不仅能够继承母产品良好的口碑，观众还会根据母产品的质量信息评价推断续集的品质，进而对票房产生正向的推动作用。此外在内容意义上，续集加强了广义上的“文化熟悉”（cultural familarity）。熟悉的文化内容还可以通过 IP 改编进行跨媒介生产。“文化熟悉”积极影响票房，也就说续集与改编对电影票房有正向作用。但王铮和许敏则认为，对于大多数消费者来说，是否翻拍或者续集并不重要。

综上可见，学术界对于续集和 IP 改编对电影票房影响的研究可谓众说纷纭，各持己见，因此非常有必要根据研究的内容和目的探讨它们之间的关系。本文基于信号理论，研究续集和 IP 改编对电影票房的影响。信号理论（Signal theory）认为：在信息不对称的情形下，企业通过释放可见信号向消费者传递交易中不可直接观察的信息，降低交易中的不确定性。电影作为一种典型的体验产品，消费者在购买产品之前无法准确判断产品质量，因此经验产品的交易双方关于产品信息不对称的现象更加明显，消费者更需要市场信号对经验产品的质量进行预测，进而做出购买决策。而为了促进电影的销售，制片方一般会通过释放能够反映电影高质量的信号,来降低消费者购买决策的不确定性,因此影片信号可对票房绩效产生影响。在本研究中,续集和IP改编作为品牌变量可以被视为影片信号,因为续集和IP改编的故事内容、人物关系和艺术风格都会延续母产品,因此,续集和IP改编的质量有可能与母产品处于同样的水平,且这一信号甚至在电影制作之前就已经存在。其次,母产品的体验经历会提高消费者对电影品牌的好感,从而增加观看续集和IP改编的可能性。因此,本文提出以下假设:

H1:续集和IP改编对电影票房有显著的正向影响。

(二)电影口碑的调节作用

电影作为一次性体验品,消费者在观影前很难判断电影质量,且不会为了同一部电影而重复支付资源。因此,消费者会寻找关于电影质量的信息,进而决策是否消费。Chaffe和Steven证实了社会群体之间关于电影交流行为的存在性,并且这种行为会对其他消费者的观影决策产生诱导作用。当消费者从封闭的电影院走出,就会迫切希望将自己的观影经历与他人分享,即电影口碑是由观看过电影的消费者生成的。

关于电影口碑的研究主要分成两类,一类是研究电影口碑对于票房的影响;另一类是关注电影票房的预测,而把电影口碑作为一种影响因素。这些研究的方向虽然不同,但研究结论基本一致,都认为电影口碑会对电影票房产生影响。在电影口碑对票房影响的研究中,一般以口碑数量(Volume)和口碑效价(Valence)作为衡量电影口碑的维度。Liu、Elberse和Eliashberg等学者都在各自的研究中探讨了网络口碑数量与票房之间的关系,结论也较为一致,认为口碑数量对电影票房的影响显著。评论数量越多,说明有越多的消费者参与到对产品的讨论中,这不仅反映了消费者人群的规模,也反映了消费者对该产品的关注度。关注度进而会引发热度,而热度越高,其他消费者触及该产品的机会就越多,越会促进销售。口碑效价即消费者对于产品评价态度的方向,即正负性,反映电影口碑整体趋势是积极的还是消极的。Clemons等认为口碑效价是通过说服效应来引导消费者的行为,口碑效价通过影响消费者的感情态度,说服消费者购买或者不购买产品。在口碑效价与电影票房关系的研究中,研究结论可谓是众说纷纭。Liu和Duan的研究结果表明口碑效价对电影票房的影响不明显,而Dellarocas的研究结果证明口碑效价对电影票房有显著影响。也有学者将口碑效价的正面与负面剥离,并发现正面的口碑对消费者购买决策的影响是积极的,而负面的口碑信息对于购买行为的作用则恰恰相反。由此可见,关于口碑效价的结论并未统一。

后续的研究也有将口碑一致性(Variance)作为指标维度的,口碑一致性程度越高,说明电影的可信度越高。有的研究指出产品评论的一致性会存在消极影响,有的则发现评论一致性有助于提升产品销量,也有的研究者发现没有显著影响。在口碑一致性影响机制的研究中,Chernev 认为,口碑一致性会降低消费者搜寻信息的成本,这有助于刺激消费者做出购买决策,当口碑不一致时会存在某种显著属性,消费者会更倾向于将该属性作为判断产品质量的标准。但口碑一致性在一定程度上也增加了消费者对产品的疑问,消费者会怀疑这种一致性的可信度,而这种怀疑会挫伤消费者的购买欲望。

通过上述文献回顾,可以发现他们都是将口碑作为影响票房的直接因素。而在信号理论中,消费者对电影做出购买决策时要综合考虑电影的搜索属性与经验属性,因此,任何一种单一属性的影响都不能判断该信号的有效性。基于此困境,Basuroy 认为,随时间推移,独立信息的出现将会减少关于经验属性评估的不确定性以及信息不对称,因此信号与独立信息会存在负相互作用,即产品或服务推出后,消费者更倾向于依靠独立信息来辨别信号的可信程度,并且相信独立信息在评价产品质量时比信号更可靠。在电影行业中,电影口碑信息即可视为独立信息,对于消费者购买决策的形成具有很大的影响。信号和独立信息的交互作用可以通过以下两种方式进行测试:(1) 在产品引入期时进行检验;(2) 产品推出一段时间后进行检验。

关于电影质量的独立信息一般是由影评专家在电影发行前提供的。在电影上映前,对一部电影的批评意见(正面或负面)的共识越大,潜在观众对其的质量评价就越低。在电影上映时,那些潜在观众会通过看过电影的人的口口相传获得关于电影质量的独立信息。而在电影上映一段时间后,电影的口碑数量越高,其潜在观众对质量的不确定性就越低。因此,如果口碑一致性和口碑数量被视为独立信息,它将会对续集和 IP 改编对票房收入的影响产生削弱效应。综上所述,为了验证续集和 IP 改编的信号作用,本文将信号与独立信息加入电影票房回归模型中。在电影引入期,加入口碑一致性(Variance)与续集和 IP 改编的交互项;在电影上映后期,加入口碑数量(Volume)与续集和 IP 改编的交互项。如果交互项与主变量(续集和 IP 改编)存在显著相反关系,则可验证口碑是有效的调节变量。综合上述讨论,我们提出如下假设:

H2:口碑一致性对续集和 IP 改编的有效性起到削弱作用。

H3:口碑数量在续集和 IP 改编的有效性起到削弱作用。

三、实证研究

（一）研究方法及研究框架

本文致力于探索续集和IP改编电影与票房之间的关系、影响期限，以及口碑在其中的调节作用，因此共设计了两个研究，共三个回归模型。在研究一（即模型一）中，将每日累计票房与续集和IP改编进行回归，应用电影在上映期内28天的数据来检验续集和IP改编对电影票房影响的窗口期，并以此时间点进行下一步研究。接下来，在研究二（即模型二见图1和模型三如图2）中，根据模型一所测算出的窗口期，将数据集划分为续集和IP改编强影响期和弱影响期，并且分别在模型二、模型三两个不同时期加入信号和独立信息的交互项，以验证口碑对续集和IP改编效用的调节作用。

电影票房是本研究的被解释变量，续集和IP改编是解释变量，口碑（口碑一致性、口碑数量）是调节变量，其他变量如主要制片方、电影类型、明星效应、排片量、法定节假日、竞争、评分因素是控制变量，直接影响电影票房。

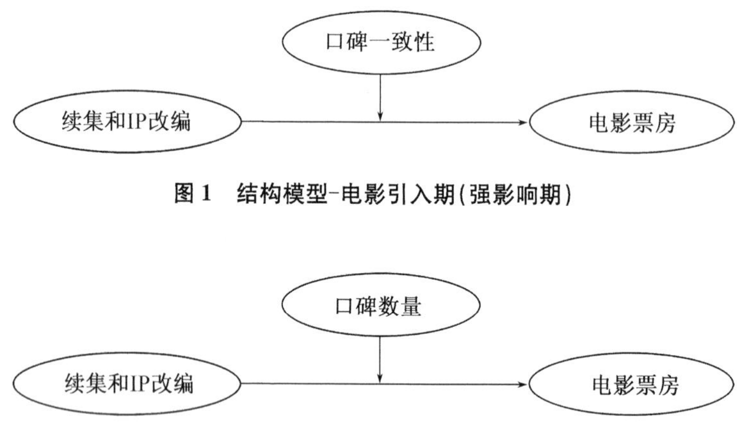

图1　结构模型-电影引入期(强影响期)

图2　结构模型-电影上映后期(弱影响期)

（二）数据来源

本文依照由娱乐产业咨询公司艺恩咨询运营的中国票房网（http://www.cbooo.cn/）公布的中国内地电影票房排名总榜单，首先选取了在中国内地市场总票房超过1亿元的国产电影样本，共519部，并通过猫眼电影专业版、其他公开渠道交叉验证榜单排名的真实性；其次，由于样本中含有部分如《非诚勿扰》(2009)、《无极》(2005)等上映年代相对久远的电影，考虑到数据可得性和市场偏好的波动性，仅保留 2013 年 1 月至 2017 年 11 月间上映的样本；最后剔除无效数据，仅保留数据真实且完整的样本共 177 部。

此外，每日票房收入、每日排片采集自猫眼电影专业版，涵盖电影上映前一周（如点映、首映礼、见面会、电影节等活动的排片和票房）和上映后前四周的有效数据，共 11 111 条；主要制片方、电影类型、主演阵容、导演、上映日期等其他数据均采自不同数据源，包括时光网、豆瓣电影、腾讯娱乐白皮书、艺恩咨询行业研究报告。

续集和 IP 改编数据参考了中国最大的互联网综合服务提供商腾讯公司每年发布的《腾讯娱乐白皮书》中，有关“国产 IP 电影概况”的信息，以及豆瓣“中国小说改编电影”专题，并通过网络搜索的方式逐一验证。

口碑数据全部采集自豆瓣电影。豆瓣电影是中国电影在线社区之一，选取豆瓣电影作为口碑的属于源，一是因为其拥有最大的影迷群体和电影库，用户及数据体量庞大；二是相比于猫眼电影、淘票票、糯米电影、时光网等这些“以售卖电影票为主要盈利点”的 B2C 在线社区，“以电影宣传横幅广告（banner）”为主要营收渠道的豆瓣电影卖点中不包括“更高评分”，且有意降低“水军”对评分的影响，因此用户评论和电影评分计算机制更为真实可信，可参考性极强。每部电影的介绍界面中，都设有用户评论区，包括用户 ID、评价时间、评分、具体评价内容及参考价值的信息，如《战狼 2》至今共收获 221 488 条用户评论。本研究通过运用 Python 2.0 软件，利用爬虫程序收集了样本电影上映前一周至上映后四周区间内的数据，总计 418 572 条评论相关数据。变量描述见表 1。

表 1　变量描述

序号	变量名称	变量符号	计算方法	数据源
1	每日票房收入	DAYBO	每日票房收入（万元）	猫眼专业版、艺恩电影智库
2	主要制片方	PRODUCER	虚拟变量，如果是大厂制作，则赋值 1，反之为 0	时光网
3	电影类型	GENRE	虚拟变量，电影根据其属性被分为八个类型，1 代表喜剧片、爱情片、动作片、奇幻片；0 代表卡通片、剧情片、惊悚片、悬疑片	时光网
4	续集和 IP 改编	IP	虚拟变量，如果电影为续集或 IP 改编电影，则赋值 1，反之为 0	腾讯娱乐白皮书、时光网、豆瓣电影

（续表）

序号	变量名称	变量符号	计算方法	数据源
5	明星效应	STAR	虚拟变量，演员阵容中如果有演员名列电影上映当年的“最具商业价值排行 TOP10 榜单”，则赋值 1，反之为 0	腾讯娱乐白皮书、时光网
6	每日排片量	SCREEN	即放映场次（场），排片量越多，代表可放映场次越多	猫眼专业版
7	法定节假日	HOLIDAY	虚拟变量，若电影上映当周为法定节假日，则赋值 1，反之为 0	时光网
8	竞争	CPT	电影上映当周竞争影片的个数	时光网
9	评分	VALENCE	电影在 10—50 分区间内打分，本文使用自有数据起至上映后四周内的移动平均数	豆瓣电影
10	口碑数量	VOLUME	在电影上映前一周至上映后四周区间内累计评论数量	豆瓣电影
11	口碑一致性	VARIANCE	根据映前评论打分，将不同分数段评论数量除以总评论数量的平方加总	豆瓣电影

（三）模型描述

研究一：将每日累计票房与续集和 IP 改编进行回归，数据从上映前第 7 日回归到第 28 日，主要目的为测量续集和 IP 改编对电影票房的影响，以及有效影响期限的窗口期。回归模型为：

$$DAYBOi,t=\alpha10+\beta11PRODUCERi,t+\beta12IPi,t+\beta13STARi,t+\beta14HOLIDAYi,t+\beta15CPTi,t+\beta16GENREi,t+\beta17SCREENi,t+\beta18VALENCEi,t+\varepsilon it$$

研究二：以研究一为基础，在获得模型一的研究结果后，将数据集分割为续集和 IP 改编对电影票房影响的强有效期和弱有效期，采用面板数据，应用混合效应模型，固定时间效应和个体效应，在强有效期即前期模型（模型二）中，加入续集和 IP 改编与口碑一致性的交互项（IP×VARIANCE），用来检验口碑在电影上映前期的调节效应，回归模型为：

$$BOXOFFICEi,t=\alpha20+\beta21PRODUCERi,t+\beta22IPi,t+\beta23STARi,t+\beta24HOLIDAYi,t+\beta25CPTi,t+\beta26GENREi,t+\beta27SCREENi,t+\beta28IP\times VARIANCEi,t+\beta29VARIANCEi,t+\varepsilon it$$

在弱有效期即后期模型（模型三）中，加入续集和 IP 改编与口碑数量的交互项（IP×VOLUME），从而检验在电影上映后期，口碑在其中的调节效应，回归模型为：

$$BOXOFFICEi,t = \alpha 30 + \beta 31PRODUCERi,t + \beta 32IPi,t + \beta 33STARi,t + \beta 34HOLIDAYi,t + \beta 35CPTi,t + \beta 36GENREi,t + \beta 37SCREENi,t + \beta 38IP \times VOLUMEi,t + \beta 39VOLUMEi,t + \varepsilon it$$

四、实证分析

本研究应用 2013 年 1 月至 2017 年 11 月间上映的 177 部电影上映后 4 周内即 28 天的票房表现数据，设计了三个模型来进行假设检验。在模型一中，采用横截面数据将每日累计票房与续集和 IP 改编进行回归。为保证模型中应用的数据和观众做购票决策时所获得的信息是相同的，因此均采用事前数据。模型一的回归结果如下表所示。

结果显示，续集和 IP 改编在电影上映的前 8 天显著正向影响电影票房，且相关系数在电影上映首日就达到顶峰，回归系数达到 2 767（$p<0.01$），说明如果是续集和 IP 改编电影，则会在上映第一天多带来 2 767 万元的票房收入。因此，H1 成立。排片量持续显著正向影响电影票房，在第二天回归系数达到峰值 0.157（$p<0.01$），说明每增加一场次排片，将会多带来 1 570 元票房收入，即排片量的多少直接影响了电影票房的总收入。此外，法定节假日在电影上映前期持续显著正向影响电影票房（$p<0.01$）。评分从上映第二天起与票房呈显著正相关，说明在电影上映后，观众会根据已观影观众对电影的打分来判断是否有兴趣去观影。其他变量如主要制片方、明星效应、竞争在本研究中均无显著性影响。

由此，本文将续集和 IP 改编对票房的影响分为两个阶段：上映 8 天内为强影响期，上映第 9 天及以后为弱影响期。在模型一结果的基础之上，本文在下一步的研究中根据影响的窗口期将数据分为两部分，即上映首周数据（模型二）和第二周及以后的数据（模型三），并在模型中分别加入交互项以验证口碑在其中的调节效应，以及信号理论中所提到的独立信息对信号的影响。

表 3 结果显示，两个模型的回归结果与模型一基本相符。续集和 IP 改编对票房保持显著的正向影响（$p<0.01$），排片量和法定节假日均对票房保持显著的正向影响（$p<0.01$）。续集和 IP 改编与口碑一致性的交互项负相关（$p<0.05$），印证了口碑一致性对续集和 IP 改编的影响有削弱作用，因此 H2 成立。

表 2 模型一：回归结果

VARIABLES	Day 1	Day 2	Day 3	Day 4	Day 5	Day 6	Day 7	Day 8	Day 9	Day 10
PRODUCER	1 022 (702.1)	−47.73 (436.3)	−69.07 (480.8)	−844.5* (464.3)	−596.2 (410.5)	−587.6 (389.2)	−421.8 (496.3)	−170.1 (349.9)	63.98 (238.2)	−379.4 (445.2)
IP	2 767*** (722.1)	1 217*** (456)	1 099** (504.7)	979.7** (484.3)	1 077** (433.5)	802.7* (413.7)	1 407*** (518.1)	694.8* (371.4)	66.88 (253)	277.5 (471.2)
STAR	540.6 (756.7)	115.5 (470.5)	−66.1 (522.2)	410.4 (501.4)	882.9** (446.7)	511.1 (422.7)	795.1 (537.4)	20.09 (387.5)	−40.54 (260.2)	199.8 (483.7)
SCREEN	0.072 4*** (0.012)	0.157*** (0.011)	0.150*** (0.012)	0.131*** (0.012)	0.116*** (0.011)	0.113*** (0.010)	0.047 8*** (0.008)	0.098 8*** (0.012)	0.147*** (0.007)	0.065 2*** (0.008)
VALENCE	−45.51 (46.37)	53.61* (31.37)	76.23** (35.14)	97.54*** (33.88)	84.57*** (30.46)	68.21** (28.89)	90.40** (37.03)	57.09** (26.52)	24.38 (18.19)	53.44 (33.11)
GENRE	1 605* (866.3)	615.7 (538.2)	702.7 (595.2)	375 (573)	393.7 (509.6)	249.9 (486.9)	873.8 (613.2)	413.9 (441.6)	−53.35 (297.1)	333.8 (552.1)
HOLIDAY	973.3 (738.7)	1 288*** (458)	1 474*** (509.3)	1 827*** (487.8)	1 722*** (434.8)	1 554*** (412.6)	1 863*** (525.6)	402.4 (388.3)	−837.8*** (264.6)	−251.5 (477.3)
CPT	−46.16 (218.1)	−3.513 (132)	36.23 (146.1)	−10.63 (140.1)	−67.79 (124.6)	5.506 (118.3)	69.91 (149.5)	63.66 (105.7)	87.58 (71.84)	87.63 (134.8)
Constant	177.5 (−1 773)	−4 159*** (−1 195)	−4 507*** (−1 340)	−4 723*** (−1 277)	−4 438*** (−1 136)	−3 984*** (−1 067)	−3 628*** (−1 360)	−2 569*** (−951.3)	−2 569*** (−951.3)	−1 579** (−650.4)
F-Value	9.62***	35.12***	24.30***	19.60***	20.88***	21.60***	8.65***	14.91***	56.70***	9.99***
Observations	177	177	177	177	177	177	177	177	177	177
Adj. R-squared	0.313	0.626	0.536	0.483	0.499	0.507	0.292	0.415	0.415	0.730

Standard errors in parentheses，*** $p<0.01$，** $p<0.05$，* $p<0$

表 3　实验二回归结果，稳健标准误方法处理

	Model 2：Opening Week		Model 3：Week 2 & Beyond	
	BOXSOEFICE	Coef.	S. E.	Coef.
PRODUCER	−421.5	373.5	−75.09	100.5
IP	2,301***	881.6	−396.2*	236.0
STAR	118.5	426.4	−52.98	114.1
HOLIDAY	1,145***	431.8	−389.4**	187.2
CPT	29.69	102.9	15.95	23.25
GENRE	281.2	260.5	−2 446	2 551
SCREEN	0.126***	0.016	0.0940***	0.014
IP×VARIANCE	−2 219**	1 340		
VARIANCE	−1 119***	667.8		
IP×VOLUME			150.9**	90.53
VOLUME			−10.92	17.14
CONSTANT	−1 229**	548.8	−73.26	103.0
F-Value	14.30***	17.86***		
Observations	1 403	3 480		
Adj. R-squared	0.475	0.815		

Robust standard errors in parentheses，*** $p<0.01$，** $p<0.05$，* $p<0.1$

模型三结果显示，续集和 IP 改编对票房有显著的负向影响（$p<0.1$），说明续集和 IP 改编在电影上映第二周以后，对票房的影响能力减弱，且由于续集和改编电影本身带给观众较高的期望值（高质量），一旦未达到观众预期，则甚至会给票房带来负面影响。和首周相同，排片量对票房有显著的正向影响（$p<0.01$），体现出排片量对票房毋庸置疑的促进作用。然而，法定节假日的回归系数为负（$p<0.05$），说明虽然电影上映首周是法定节假日会大大提升票房，但如果上映第二周以后还是法定节假日，将会被其他在当周上映的电影四面夹击，从而对票房产生负向影响。续集和 IP 改编与口碑数量的交互项为正（与主变量方向相反，$p<0.05$），证实了口碑数量对票房有修正的调节效应，因此 H3 成立。

五、研究结果启示

本文利用2013年1月至2017年11月间上映的177部电影上映后4周内票房表现数据，对续集和IP改编电影与票房之间的关系进行了回归分析，我们发现：

(1) 续集和IP改编对电影票房有显著的正向影响。但这种影响的有效窗口期为8天，从第9天起显著性消失，即在上映第9天及以后，续集和IP改编将不再是影响票房的主要因素。这背后的逻辑在于，续集和IP改编电影的票房要依赖于其原生作品的销售收入，其原生作品是被市场大批量用户所验证过的内容，代表着消费者的偏好与需求。原生作品的粉丝往往会成为电影刚上映时贡献票房的主力军，其消费黏性毋庸置疑。且电影票不同于其他产品，买过之后不能退票，也就意味着影院无法取消已有消费者买票的电影场次，因此狂热的粉丝会在买票时，对于明后天的电影票也各买一张，通过这种"锁场"的方式锁住上映场次和票房。这种由粉丝贡献的票房在上映前几天较为明显，而随着时间的推移，粉丝贡献热度会逐渐减退。其机理在于：① 在电影上映后期，各大网站的评论即口碑将成为观众做出决策的重要参考信息之一，如实验一结果中VALENCE口碑效价(给电影打的分数)显著，在实验二VOLUME VARIANCE也会基于信号理论产生影响，即口碑一致性被视为独立信息时，它将会对续集和IP改编(信号)对票房收入的影响产生一个衰减效应。② 竞争因素也是造成这种结果的一个非常重要因素。在此部电影上映的同时又有新的电影上映，这会为消费者提供更多的选择。粉丝消费者会在新鲜感与熟悉感的博弈中，被剥夺选择，转而选择效用更高的新电影。③ 节假日因素。实验一中节假日显著，电影为了获得更高票房往往选择在节假日上映，然而首周是节假日，第二周及以后不一定是，也会影响票房。

续集和IP改编，凭借其可以提供给影片精准调研和预估的保底优势，受到了电影制作方的青睐。因此，我们建议创作者审慎续集和IP改编，精心挑选剧本。但更应该根据续集和IP改编对电影票房影响的周期效应，在电影导入期(强影响期)与电影上映后期(弱影响期)制定不同的营销策略。例如在上映一周内强化粉丝效应，营销原生作品的品牌价值，而在上映一周后积极关注电影的口碑走向。

(2) 口碑在续集和IP改编对电影票房的正向影响中起调节作用，即口碑一致性对续集和IP改编的有效性起到削弱作用，口碑数量在续集和IP改编的有效性起到削弱作用。在电影上映前，对一部电影的批评意见(正面或负面)的共识越大，消费者的特定需求越难明确。在产品共鸣理论下，消费偏好同质性越高，消费者对产品的吻合度越低,支付意愿也越低。在产品引入期,将续集和 IP 改编视为信号,口碑一致性视为独立信息进行信号检测时,口碑一致性续集和 IP 改编对票房收入的影响产生一个衰减效应。这种衰减效应是基于消费者独特性需求的。消费者购买产品时为了与其他消费者区分开来,往往偏好独特性。评论的一致性会使消费者觉得与其他人之间没有差异性,他们觉得自己的个性受到了冲击。并且电影属于体验产品,评论的一致性会降低消费者对电影的感知度,进而会降低购买意愿。而电影上映第二周之后,口碑数量越多,续集和 IP 改编对票房的影响越大。

此外,本研究也存在以下不足。第一,本文未考虑电影票房与排片量之间的内生性。一般国外学者多采用两阶段模型或工具变量法解决内生性,而中国市场具有特殊性,发行商和电影院之间会通过在上映前签订合同的方式保证影片上映后三周的排片量,因此内生性所造成的影响较小。第二,本文根据中国市场的特殊性,把电影类型分为两大类而没有单独处理。国外对电影类型有明确规定,而中国还未形成统一标准,后续研究可尝试作区分测量。第三,本文的模型虽能很好地解释自变量和因变量之间的关系,但由于中国电影制作方数据的保密性,一些潜在因素如制作成本、宣传费用等未纳入模型中。后期的研究可以继续扩大样本量,进一步减弱实验中的不确定性。

参考文献

[1] 中国电影产业研究报告[R].北京:中国电影出版社,2017.

[2] Ravid S A. Information, blockbusters, and stars: A study of the film industry[J]. Journal of Business, 1999, 72(4): 463—492.

[3] Sood S, Drezee X. Brand Extensions of Experiential Goods: Movie Sequel Evaluations [J]. Journal of Consumer Research, 2006, 33(12): 352—360.

[4] 侯永,王铁男,李向阳.续集电影品牌溢出效应的形成机理:从信号理论与品牌延伸理论的视角[J].管理评论,2014,26(07):125—137.

[5] 王铮,许敏.电影票房的影响因素分析——基于 Logit 模型的研究[J].经济问题探索,2013(11):96—102.

[6] Spence M. Job Market Signaling[J]. Quarterly Journal of Economics, 1973, 87(3): 355—374.

[7] Ra, A R, Monroe K. The moderating effect of prior knowledge on cue utilization in product evaluations. journal of Consumer Research, 1988, 15(2): 253—264.

[8] Eliashberg, Jehoshua, Monhanbir S, et al. Modeling Goes to Hollywood: Predicting Individual Differences in Movie Enjoyment[J]. Management Science, 1994, 40 (9): 51—73.

[9] Nelson P. Advertising as Information[J]. Journal of Political Economy, 1974, 82(4): 29—54.

[10] Kirmani A, Rao A R. No Pain, No Gain: A Critical Review of the Literature on Signaling Unobservable Product Quality[J]. Journal of Marketing, 2000, 64(4): 66—79.

[11] Henning-Thurau T, Houston M B. Can good marketing carry a bad product? Evidence from the motion picture industry [J]. Marketing letters, 2006, 17(3): 205—219.

[12] Moul C. Measuring Word of Mouth's Impaction Theatrical Movie Admissions[J]. Journal of Economics & Management Strategy, 2007, 16(4): 859—892.

[13] Fetscherin M. The Main Determinants of Bollywood Movie Box Office Sales[J]. Journal of Global Marketing, 2010, 23(5): 461—476.

[14] Chalfee S H. Mass Media and Interpersonal Channels: Competitive, Convergent, or Complementary? in Inter/Media: Interpersonal Communication in a Media World[J]. Gary Gumpert and Robert Cathcart, eds. New York: Oxford University Press. 1982, 57—77.

[15] 黄可.新媒介环境中电影网络口碑影响机制分析[J].当代电影,2016(03):194—197.

[16] Dellarocas C, Zhang X M, Awad N F. Exploring the value of online product reviews in forecasting sales: The case of motion pictures[J]. Journal of Interactive Marketing, 2007, 21 (4):23—45.

[17] Liu Y. Word of Mouth for Movies: Its Dynamics and Impact on Box Office Revenue [J]. Social Science Electronic Publishing, 2006, 70(3): 74—89.

[18] Duan W, GU B, Whinston A B. Do online reviews matter? An empirical investigation of panel data[J]. Decision Support Systems, 2008, 45(4):1007—1016.

[19] Elberse A, Eliashberg J. Demand and supply dynamics for sequentially released products in international market: The case of motion pictures[J]. Marketing Science, 2003(3): 329—254.

[20] GodesS D, Mayzlin D. Using Online Conversations to Study Word-of-mouth Communication[J]. Marketing Science, 2004(4): 545—560.

[21] Ardant Johan. Role of Product-related Conversation in the diffusion of a new product [J]. Journal of Marketing Research, 1967, 4(3): 291—295.

[22] Clemons E K, Gao Guodong, Hittl M. When Online Reviews Meet Hyper Differentiation: A Study of the Craft Beer Industry [J]. Journal of Management Information Systems, 2006(2): 149—171.

[23] 龚诗阳，刘霞，刘洋，赵平. 网络口碑决定产品命运吗——对线上图书评论的实证分析[J]. 南开管理评论，2012，15(04)：118—128.

[24] Tang T, Fang E, Wang F. Is neutral really neutral? The effects of neutral user-generated content on product sales. Journal of Marketing, 2014, 78(4), 41—58.

[25] Ye Q, Law R, Gu B. The impact of online user reviews on hotel room sales. International Journal of Hospitality Management, 2009, 28(1): 180—182.

[26] Kim E, Lee B. E-CRM and Digitization of Word of Mouth[J]. International Journal of Management Science, 2015, 11 (3): 47—60.

[27] Cherenva A. Context Effects without a Context: Attribute Balance as a Reason for Choice[J]. Journal of Consumer Research, 2005, 32(2): 213—223.

[28] Vanittersum K, Pennings, Wansink B. The validity of attribute-importance measurement: A review[J]. Journal of Business Research, 2007, 60(11): 1177—1190.

[29] Luce M F. Choosing to Avoid: coping with Negatively Emotion-Laden Consumer Decisions[J]. Journal of Consumer Research, 1998, 24(4): 409—433.

[30] Basuroy S, Chantterjee S, Ravid S A. How critical are review? The box office effects of film critical, star power and budget[J]. Journal of Marketing, 2003, 43(2):103—117.

[31] Albrecht, James W. A Procedure for Testing the Signaling Hypothesis[J]. Journal of Public Economics, 1981, 15(1): 123—132

[32] Allonji, Joseph G. Charles R. Pierre. Employer Learning and Statistical Discrimination[J]. Quarterly Journal of Economist, 2001, 116 (1): 31—50.

[33] Eliashberg J, Shungan S M. Film Critics: influencers or Predictors? [J]. Journal of Marketing, 1997, 61(4):68—78.

[34] Basuroy S, Desaik, Talukdar D. An empirical investigation of signaling in the motion picture industry[J]. Journal of Marketing Research, 2006, 43(2): 287—295.

[35] Liyman B R. Predicting success of the atrical movies: An empirical study[J]. Journal of Popular Culture, 1983(4): 159.

[36] Babu Nahata, STtaffan Ringbom. Price Discrimination using Linear and Nonlinear Pricing Simultaneously[J]. Economics Letters, 2007, (2): 267—271.

[37] Vogel, Harold. Entertainment Industry Economics: A guide for Financial Analysis [J]. Cambridge, UK: Cambridge University Press, 2001, 5, 35.

[38] Chenxinlei, Chenyunxin, Charles B. Weinberg. Learning about movies: the impact of movie release types on the nationwide box office[J]. J Cult Econ, 2012, 37: 359—386.

[39] Mckenzie, Revealed word-of-mouth demand and adaptive supply: survival of motion

pictures at the Australian box office[J]. Cult Econ, 2009, 33: 279—299.

[40] Amit Joshi, Huifang Mao. Adapting to succeed? Leveraging the brand equity of best sellers to succeed at the box office[J]. Journal of the Academy of Marketing, 2012, 40: 558—571.

[41] Jones J M, C. J. , Ritz. Incorporating Distribution into New Product Diffusion Models [J]. International Journal of Research in Marketing. 1991, 8:91—112.

[42] Neelamegham, Ramya and Pradeep Chintagun . "A bayesian model to Forecast New Product Performance in Domestic and International Markets," Marketing Science[J]. 1999,18 (2), 115—36.

[43] Thirtha Dhar, Guanghui Sun, Charles B. Weinberg. The long-term box office performance of sequel movies[J]. Mark Lett, 2012, 23: 13—29.

[44] Laerceneux. Buzz and recommendations on the Internet. What impacts on box-office success? [J]. Recherche et Applications en Marketing, 2007, 22: 43—62.

[45] King T. Does film criticism affect box office earnings? Evidence from movies released in the US in 2003[J]. Journal of Cultural Economics, 2007, 31(3), 171—186.

[46] Heckman J. Varieties of selection biasnal[J]. 1990, 58(6), 1785—1803.

[47] Laracker D F, Rusticus T O. On the use of instrumental variables in accounting research[J]. Journal of Accounting and Economics, 2010, 49(3), 186—205.

作者简介

刘雯雯(1981—),山东济南人,北京林业大学经济管理学院副教授,博士,研究方向为战略管理。

侯　娜(1994—),山西忻州人,北京林业大学经济管理学院硕士研究生,研究方向为战略管理。

The Influence of Sequel and IP Adaptation on Box Office —Based on Empirical Research of Chinese Film Market

Liu Wenwen Hou Na

Abstract: In recent years, with the vigorous development of China's film industry, sequels and IP adaptations have demonstrated their unique influence gradually and become an important factor affecting the box office of movies. In this paper, the regression analysis method was used to study the relationship between sequels and IP adaptations and the box office, the influence period, as well as the moderating effect of word-of-mouth in the 177 films released from January 2013 to November 2017 as samples. The research results show that the sequels and IP adaptations have significant positive influence on film, but the sequels and IP adaptations based explanatory power of film as a whole will be different due to the duration of the film. The effective window period of this impact is 8 days, and will disappear significantly from the 9th day, that is, sequel and IP adaptations will no longer be the main factors affecting the box office from the 9th day of screening and later on. At the same time, the study also found that word-of-mouth played a regulatory role in the positive impact of the sequel and IP adaptation on the box office of the movie. This conclusion has guiding significance for improving the box office of China's movies and promoting the healthy development of the film industry.

Key words: movie box office; Sequel; IP adaptation; word-of-mouth

情感认知：微电影与沙动画的受众差异研究[*]

吴　浚　钱凤德　高　洋

摘　要：为了探究受众在微电影与沙动画两种影像艺术形式方面的情感认知差异，本研究尝试以受众的审美体验及喜好认知为研究对象，用量化研究的方法探讨受众对影像作品构成元素的认知情况。通过统计分析二者吸引受众的内因，系统评估不同因素对影视、动画作品认知的贡献度。结果发现，微电影方面受试者没有因性别、年龄、职业、学历和专业背景的不同对作品认知存在差异。沙动画方面受试者的性别与文化特质深度、优质创意强度存在显著差异，受试者的职业与专业背景也与文化特质深度、优质创意强度及作品喜好度存在显著差异。与此同时，微电影与沙动画在技术层面的9个要素对作品不同维度的总体评价贡献度也不尽相同。由此可见，不同受众群体对不同艺术形式的情感认知过程是不同的，艺术作品的情感认知是复杂的。研究不同艺术作品情感认知的特点，对于提高艺术作品的文化信息传播效率具有重要意义。

关键词：沙动画；微电影；情感认知；受众差异

一、绪　论

文化创意产业已然成为重点生态产业，上海、杭州等地已将文化创意产业列为推动发展的重点计划。文化创意蕴含了文化和创意两种要素，它将“文化”融入商品，在商品过程中赋予“创意”为必要条件，用以提升商品的价值，同时对建构品牌辨识度亦有相对的助益（郑自隆，2013）。文化创意的意义在于对文化元素的提取，它通过隐喻、转喻和戏剧化来赋予作品新的审美意义（颜惠芸、林伯贤，2013）。

---

* 基金项目：2017 教育部人文社会科学项目“当代博物馆文化信息传达有效性评估”（17YJC760063）。

1990 年代初期以来，全球经济已从工业时代过渡到知识经济时代，21 世纪初步入了“美学经济”时代，美感时代来临，实用功能不再是购买商品唯一的考量。蔡淑梨(2015)认为，品牌生活风格已成为一种消费趋势，隐含在风格与趋势背后的则是消费者的品位与美学主张，强调具有文化风格与突显生活形态的感质商品，易受消费者青睐。近年来，伴随“美学经济”雷厉风行，商品对消费者来说不再是生理或是物质上的需求，而是心灵上的满足(Caves，2000；廖世义等，2009)，文化消费成为消费市场的新趋势，以文化为基础的创意商品可以唤起受众的认知和感受(颜惠芸、林荣泰，2012)。因此，探求受众对文化创意产品的认知与感受对促进产业发展多有助益。

“微电影”指带有故事性的“微型短片”，具有三微特征，即微时长(30 秒—60 分钟)、微制作周期(1—7 天或数周)和微投资规模(李琦玮，2014)。“沙动画”指采用沙(或细小颗粒状的物质，如面粉、盐等)用逐格拍摄连续放映而成的动画影像，不包含沙绘画及沙画表演影像(吴浚，2017；石昌杰，2010)。影像作为文化创意的重要载体之一，由图像、声音、动作等构成生动的视听感知场域。艺术家通过影像营造美感，表达创意，如何让受众在视听中感同身受、心领神会，是个复杂且值得探讨的议题。一般情况下，艺术创作者与观赏者多各据一方，少有交集。该现象在独立影像创作中尤甚，纯粹自我表达的创作方式虽然最大限度展现了艺术家的个人审美，却在一定程度上排除了观者的审美及认知经验，导致作品在最终呈现时陷入“曲高和寡”的窘境，以至传播效果大打折扣。本研究选取微电影和沙动画作为研究对象，探求受众对二者的情感认知差异。

二、理论基础

影视艺术作品也是一种审美及娱乐的产品，通过提供虚拟情境，为受众提供视觉、听觉的生理和心理享受，使其仿佛身临其境，进而唤起受众的情感，并获得精神享受和审美愉悦(科林伍德，1985)。电影语言学意义上的文本概念，并非指作品，而是构成作品的语言符号及其编码过程(贾磊磊，1996；尼克・布朗，1994)。读解文本，需要对一部影片的段落构成、镜头组接、影像结构、声音元素等多方面的表意功能，进行尽可能详尽的关联性研读(彭吉象，2016)。影视艺术可以通过纯形式特征给予受众视觉、听觉的生理享受，获得生理、心理的快感。影视艺术有一种代偿与宣泄作用，即受众在银幕的作用下获得愿望的代偿性满足，同时使其压抑的情感得到宣泄。“艺术形式与我们的感觉、理智和情感生活所具有的动态形式是同构的形式……因此，艺术品也就是情感的形式或是能够将内在情感系统地呈现出来以供我们示人的形式”(苏珊·朗格，1983)。艺术形式的逻辑表明，一些与我们情感生活的相似性反映了我们内部体验的基本动力模型，这些情感的动力模型被艺术符号表达成为一个完全无法分割的整体(福比尼，2004)。情感认知论者认为忧伤的音乐之所以使人忧伤，并不是唤起了听众的忧伤之情，忧伤是听者可以从音乐中听到的一种音乐表现属性(彼得·基维，2010)。在认知过程中，由于多方原因所致，当主体尚不能透过智力活动认知及把握对象时，深藏于主体心理深层的先天人类及个体经验，会通过情感的形式活动起来，以体验的形式直观对象(时光，1997)。Gobe(2009)指出，情感化是21世纪产品成功的关键，需要从情感面与消费者交流，并重视消费者的感受。具有情感特性的产品除了可以带动消费者的喜好，还可持续创造具竞争优势的品牌(Kumar、Townsend和Vorhies，2015)。因而，受众对微电影与沙动画的情感认知差异是值得研究的重要议题。

创作影视动画作品的过程实则是不断编码，而受众的阅听过程中则是不断译码和解码的过程，根本上是如何通过艺术创作唤起受众的情感共鸣，受众欣赏过程中能否形成感同身受的情感体验则显得尤为重要。Gilligan和Bower(1984)在网络理论中指出，当情感价值与学习者的心境一致时，会增加需要记忆项目结点的激活水平，被试者回忆时就会表现出心境一致性效应。Flexser和Tulving(1978)的编码特异性原则强调，成功回忆或再认识取决于提取信息时可利用信息与储存信息之间的一致性程度。外部信息与受众的内在信息一致性程度愈高，认知的效果便越好。美国著名认知语言学家Lakoff(1987)认为：“人的认知模式是以命题和各种意象的方式储存在大脑中，在人与世界的交往中起着重要的作用，它不仅储存信息，而且对输入的信息进行重组。理想化认知模式的价值在于它对我们生活的经历和行为方式高度概括，为我们认知世界提供了一个简约的、理想化的认知框架。”弗拉维尔、米勒(2002)指出：“认知过程是人通过感觉、知觉、记忆、想象、思维等形式反映客观事物的特性、联系或关系的认识，也包括对态度对象的认识知觉、理解、信念和评价，即包括对态度的认识，也包括对态度对象的评论与选择、相信或怀疑，或赞成或反对等。”由上可知，透过受众对微电影与沙动画的具体认知差异分析，可一窥受众对作品外显信息的认知规律，为微电影、沙动画艺术创作及推广传播提供些许参照。

三、研究方法

(一) 研究架构

影视作品要趋于完整离不开受众认知，根据传播学、认知学理论及影视艺术设计原理，林荣泰、钱凤德、吴浚等(2017)建构出影视艺术作品的认知结构(表1)。

表1　影视艺术认知架构

	艺术家(编码)			
	编码	符码转换	解码	
深刻感受	C7－1 情绪表达	C8－1 角色认同	C9－1 心灵契合	感动吗? 认知目的
	C7－2 表演技巧	C8－2 生活经验	C9－2 情感共鸣	
	C7－3 形象特征	C8－3 个性鲜明	C9－3 深植人心	
正确认知	B4－1 节奏韵律	B5－1 心境转换	B6－1 感同身受	了解吗? 解读中介
	B4－2 空间环境	B5－2 情景氛围	B6－2 身临其境	
	B4－3 情节桥段	B5－3 故事内核	B6－3 主题认知	
吸引注意	A1－1 声音创作	A2－1 情绪感染	A3－1 超越真实	看到吗? 认知基础
	A1－2 镜头语言	A2－2 整合片段	A3－2 真实体验	
	A1－3 视觉特效	A2－3 激发想象	A3－3 营造意境	
	技术层	语义层	效果层	
	受众(解码)			

创作者将视觉特效、镜头语言、声音创作等进行编码，受众通过影片进行解码，经过看到—了解—感动的认知过程。影视作品借由吸引注意、正确认知最终使受众深刻感动。影视动画创作在技术层、语义层、效果层的建构直接影响受众对影片的认知度。本研究将重点探讨影视艺术在三个层面的特点及经验，并借由不同性别、年龄、职业、学历、专业背景受众的认知提供真实的声音。

(二) 问卷设计与实施

研究过程包含以下几个步骤：

(1) 问卷设计。问卷包含基本资料(性别、年龄、职业、学历、专业背景)。本研究重点在探讨受众对沙动画与微电影的情感认知差异，为了使所选样本的创作者处于同一水准，故采用笔者担任导演的原创微电影《素人艺术》与沙动画《像》为研究对象，对两个作品分别进行评估，以表1中左侧编码的九个要素请受众分别打分，另增加文化特质深度、优质创意强度、作品喜好度 3 项总评，评分采用百分制 1(不认同)—100(非常认同)，最后让受众选出影片的九个要素中印象最深的要素。

(2) 取样过程。先后 4 次将不同专业的受试者共计 109 位邀请至实验室，事先为大家讲解本次问卷的目的和填表说明，之后为受试者分别播放影视作品《素人艺术》及沙动画作品《像》，观看结束后告知问卷填答说明，邀请其进行网络问卷填写。

(3) 受试者。本研究的受试者包括院校师生及社会人士，所有受试者在观看前已被告知，有一系列认知的测试将在随影片结束后进行，大家在充分了解后，同意配合参与相关测试。受试者共 109 人，整理后共获得有效问卷 101 份，其中男性 43 人(42.6%)，女性 58 人(57.4%)；年龄分布则为 20—29 岁 76 人(75.2%)，其次为 19 岁以下 14 人(14.9%)，30—39 岁 8 人(7.9%)，40—49 岁 2 人(2.0%)，50 岁以上 1 人；专业背景依序为艺术相关 53 人(52.5%)，其他 48 人(47.5%)；职业影视动画相关为 43 人(42.6%)，其他职业为 58 人(57.4%)。人数总计 101 人，受试者配合度高，研究进行颇为顺利。James(2014)研究指出，当量化研究的有效样本数达到 30 时，均值的分布趋于稳定。本研究的有效样本数为 101，其结果可用来进行探索性研究。

四、受众对微电影和沙动画的情感认知结果

(一) 信效度分析

本研究通过探讨量表各构面的内部一致性及单题删减后各向度 Cronbachα 系数的减损大小，来考验该问卷的信度，以此作为选题参考标准及评估量表信度的优劣。问卷分析发现：Cronbachα 系数为 0.931，Sapp(2002)指出，Cronbachα 系数在 0.8—0.9 为可接受，0.9 以上则具有良好的信度，可知本研究的问卷具有良好的信度。特性各构面及内容单题之校正总相关情形从 0.713—0.778，“删除后 α 系数”情形 0.920—0.924，可知选题之间的内部一致性较高，选题设置合理。通过效度分析可知：KMO 系数为 0.86，有较高价值；Sig 值为 0.000，达强显著；特征值为 5.79，可解释预设用途 64.32%变异量。各题因素负荷量从 0.706—0.822，共同性从 0.603—0.692。Sapp(2002)研究指出，因素负荷量达 0.5 以上者为佳，达 0.7 以上为理想状态，共同性达 0.3 以上为佳，达 0.5 以上为理想状态。本研究各题的因素负荷量及共同性皆高于理想状态的标准值，具有很好的效度。

(二) 受众不同性别,在影视动画特质评测上有差异

以受试者个人基本资料中的性别为自变项,影视动画的 3 个总体评测为依变项,依照每个构面来进行检定,采用独立样本 t 检验来检测不同性别在影视动画作品的特质评测是否有显著差异,整理结果如表 2。在"文化特质深度""优质创意强度""作品喜好度"三个总体测评中针对微电影男性与女性的认知未见显著差异;针对沙动画在"文化特质深度"上显示男性评分显著高于女性($t=1.63$,$p<0.05$);在"优质创意强度"方面,女性评分则显著高于男性($t=2.38$,$p<0.01$)。微电影以写实影像方式进行呈现,画面多为自然生活的再现,受众在观赏时从画面直接进行读解便能获得较为全面的信息。而沙动画则是以写意性、意象化的方式呈现,给人更多的自我想象与建构空间。在观赏时,男性更注重影片的内部意涵而关注文化性,女性更倾向于想象的建构,重视创意强度。

表 2 性别与特性评测差异 t 检验分析表

影片类型	构面	性别	N	M	Sd	t 值	比较系数 sig
沙动画	文化特质深度	男 女	43 58	97.09 91.47	14.95 9.98	1.63*	男>女
	优质创意强度	男 女	43 58	85.28 91.26	14.80 8.35	2.38**	男<女

* $p<0.05$. ** $p<0.01$

(三) 年龄、职业、学历、专业背景与特性评测差异变异数分析

对年龄、教育背景与 3 项总评特性分别进行变异数差异检测。检测结果显示,年龄、职业、学历、专业背景的不同在微电影的情感认知方面未呈现显著差异,但观赏者职业和专业背景的不同对沙动画的认知存在显著差异。详见表 3 所示。

表 3 职业、专业背景与特性评测显著差异变异数分析表

影片类型	背景	构面	变异来源	SS	Df	MS	F	事后比较
沙动画	职业	文化特质深度	Between Groups Within Groups Total	1 254.87 14 285.30 15 540.16	1 99 100	1 254.87 144.30	8.70**	1>2
		优质创意强度	Between Groups Within Groups Total	1 259.39 12 793.29 14 052.67	1 99 100	1 259.39 129.26	9.75**	1>2

（续表）

影片类型	背景	构面	变异来源	SS	Df	MS	F	事后比较
		作品喜好度	Between Groups Within Groups Total	1 379.05 10 040.27 11 419.33	1 99 100	1 379.05 101.42	13.60***	1>2
沙动画	专业背景	优质创意强度	Between Groups Within Groups Total	704.58 13 348.10 14 052.67	1 99 100	704.58 134.83	5.25*	1>2
		作品喜好度	Between Groups Within Groups Total	679.46 10739.87 11419.33	1 99 100	679.46 108.48	6.26*	1>2

* $p<0.05$. ** $p<0.01$. *** $p<0.01$

（1）不同职业的受众在沙动画认知中"文化特质深度""优质创意强度""作品喜好度"均呈现显著差异，其中作品喜好度为强显著（$F=13.60$，$p<.001$）。事后比较可知，影视动画相关职业的受众对上述三个总评项中的评分皆显著高于普通职业。

（2）不同专业背景的受众在沙动画认知中，文化特质深度方面没有显著差异，"优质创意强度"与"作品喜好度"皆呈现显著差异。事后比较可知，艺术相关专业的受众其评分显著高于其他专业受众。

对沙动画认知中的显著差异主要由艺术因素所致，艺术相关的专业背景及职业对三项总评的评分都显著高于非艺术相关，亦反映出艺术素养较高的受众对沙动画的文化特质及优质创意有更深的体会，所以对作品的喜好度也更高。

（四）微电影与沙动画九要素之相依样本 *t* 检验结果

将微电影与沙动画认知结果进行相依样本 t 检验（表 4），左侧为影视动画 9 项要素总体评定，右侧为受众选择印象最深的要素情况比较。总体评定一栏显示了所有受试者对于两种不同形态的影视动画作品认知结果。如下表所示，微电影与沙动画在 9 个要素中均呈现显著差异，且平均得分沙动画均高于微电影，其中在视觉特效、镜头语言、声音创作、情节桥段、空间环境、形象特征 6 个要素上，微电影与沙动画呈现显著强差异（$p<0.001$）。右侧印象最深要素的被选择情况显示，受众对微电影与沙动画在视觉特效、空间环境和表演技巧 3 个要素的选择没有显著差异，在镜头语言、声音创作、情节桥段、节奏韵律、形象特征、情绪表达 6 个要素的选择上微电影与沙动画均呈现显著差异，且沙动画显著高于微电影。

表 4 "9 要素"在微电影与沙动画的相依样本 t 检验

影片类型	N	九个要素总体评价				印象深刻的要素			
		Q	Mean	sd	t 值	Q	Mean	sd	t 值
微电影	101	A1－3	80.11	17.56	5.03***	A1－3	0.59	0.49	0.16
沙动画	101		88.89	11.62			0.58	0.50	
微电影	101	A1－2	80.50	17.79	4.14***	A1－2	0.24	0.43	2.78**
沙动画	101		87.57	13.26			0.39	0.49	
微电影	101	A1－1	79.64	18.44	4.05***	A1－1	0.41	0.49	4.95***
沙动画	101		86.26	16.97			0.66	0.48	
微电影	101	B4－3	80.34	17.57	4.35***	B4－3	0.54	0.50	2.53*
沙动画	101		86.72	16.23			0.69	0.46	
微电影	101	B4－2	82.42	16.04	3.61***	B4－2	0.50	0.50	0.46
沙动画	101		87.52	11.76			0.52	0.50	
微电影	101	B4－1	82.08	16.17	3.18**	B4－1	0.39	0.49	3.69***
沙动画	101		86.78	13.00			0.60	0.49	
微电影	101	C7－3	80.19	15.86	4.58***	C7－3	0.46	0.50	2.93**
沙动画	101		87.07	12.98			0.61	0.49	
微电影	101	C7－2	78.59	19.32	2.74**	C7－2	0.58	0.50	0.84
沙动画	101		83.84	20.58			0.63	0.48	
微电影	101	C7－1	80.92	18.96	2.66**	C7－1	0.49	0.50	2.40*
沙动画	101		85.89	15.82			0.63	0.48	

* $p<0.05$. ** $p<0.01$, *** $p<0.001$

（五）微电影与沙动画总评的回归分析

分别将微电影与沙动画的"文化特质深度""优质创意强度""作品喜好度"为依变项，作品的视觉特效、镜头语音、声音创作、情节桥段、空间环境、节奏韵律、形象特征、表演技巧、情绪表达等 9 个技术要素作为预测变项，进行多元回归分析，以了解各要素与文化特质、优质创意或喜好度的关联性。结果发现，9 个要素对作品不同维度的总体评价贡献度存在显著不同，如表 5 所示。

（1）微电影方面，9 个要素与文化特质深度的回归分析，只有"视觉特效"与之存在显著性；与优质创意强度的回归分析中只有声音创作、情节桥段与节奏韵律与之存在显著性；与作品喜好度的回归分析中只有声音创作、表演技巧及情绪表达与之存在显著性。

（2）沙动画方面，9个要素与文化特质深度的回归分析中，镜头语言、声音创作与形象特征与之存在显著性；与优质创意强度的回归分析中，只有情节桥段与之存在显著性；与作品喜好度的回归分析中，视觉特效、形象特征及表演技巧与之存在显著性。

表5 “9要素”对微电影与沙动画总评影响的回归分析

影片类型	依变项	预测变项	回归系数B	标准化回归系数β	t值
微电影	文化特质深度	视觉特效	11.454	0.383	4.011***
	R=.531 Rsq=.282 F=3.970***				
	优质创意强度	声音创作	0.168	0.189	2.024*
		情节桥段	0.201	0.216	2.248*
		节奏韵律	0.258	0.255	2.758**
	R=.839 Rsq=.704 F=24.018***				
	作品喜好度	声音创作	0.275	0.328	3.336***
		表演技巧	0.172	0.216	2.096*
		情绪表达	0.407	0.501	4.268***
	R=.820 Rsq=.672 F=20.760***				
沙动画	文化特质深度	镜头语言	0.360	0.383	3.272**
		声音创作	0.175	0.238	2.085*
		形象特征	0.352	0.367	2.381*
	R=.803 Rsq=.646 F=18.415***				
	优质创意强度	情节桥段	0.366	0.501	4.717***
	R=.877 Rsq=.769 F=33.730***				
	作品喜好度	视觉特效	0.293	0.319	2.241*
		形象特征	0.290	0.352	2.046*
		表演技巧	0.101	0.194	1.990*
	R=.748 Rsq=.559 F=12.813***				

* $p<0.05$. ** $p<0.01$. *** $p<0.001$.

通过上表还可进一步看出，微电影文化特质深度的整体预测变项与依变项系数R为0.531，9个预测变项对“文化特质深度”的解释变异量为28.2%，F值为3.970，达0.001的显著水准。其中“视觉特效”的β值为0.383，达0.001显著水准,解释变异量较低,说明视觉特效对文化特质深度的贡献度不高,但仍呈现强显著相关,值得关注。优质创意强度的整体预测变项与依变项系数 R 为 0.839,9 个预测变项对“优质创意强度”的解释变异量为 70.4%,F 值为 24.018,达 0.001 之显著水准。其中“声音创作”的 β 值为 0.189,达 0.05 显著相关,“情节桥段”的 β 值为 0.201,达 0.05 显著相关,“节奏韵律”的 β 值为 0.255,达 0.01 显著相关,可见这 3 个预测变项与创意强度呈现显著正相关,三者的优劣会直接影响微电影作品的创意强度呈现。作品喜好度的整体预测变项与依变项系数 R 为 0.820,9 个预测变项对“作品喜好度”的解释变异量为 67.2%,F 值为 20.760,达 0.001 之显著水准。其中“声音创作”的 β 值为 0.328,达 0.001 显著相关,“表演技巧”的 β 值为 0.216,达 0.05 显著相关,“情绪表达”的 β 值为 0.501,达 0.001 显著相关,可见这 3 个预测变项与作品喜好度呈现显著正相关,其中“声音创作”与“情绪表达”呈现强显著,二者的表达对作品喜好度影响较大。

沙动画文化特质深度的整体预测变项与依变项系数 R 为 0.803,9 个预测变项对“文化特质深度”的解释变异量为 64.6%,F 值为 18.415,达 0.001 显著水准;其中“镜头语言”的 β 值为 0.383,达 0.01 显著水准;“声音设计”的 β 值为 0.238,达 0.05 显著水准;“形象特征”的 β 值为 0.367,达 0.05 显著水准。优质创意强度的整体预测变项与依变项系数 R 为 0.877,9 个预测变项对“优质创意强度”的解释变异量为 76.9%,F 值为 33.730,达 0.001 之显著水准,其中“情节桥段”的 β 值为 0.501,达 0.001 显著水准,“情节桥段”对沙动画的创意强度有强显著正相关。作品喜好度的整体预测变项与依变项系数 R 为 0.748,9 个预测变项对“作品喜好度”的解释变异量为 55.9%,F 值为 12.813,达 0.001 之显著水准,其中“视觉特效”的 β 值为 0.319,达 0.05 显著相关,“形象特征”的 β 值为 0.352,达 0.05 显著相关,“表演技巧”的 β 值为 0.194,达 0.05 显著相关,可见这 3 个预测变项与作品喜好度呈现显著正相关。

比较可知,微电影与沙动画在“文化特质深度”“优质创意强度”“作品喜好度”的认知体验中显著相关的要素有所不同:文化特质方面,微电影因其写实性画面表现所呈现的视觉信息已极为丰富,受众主要经由“视觉特效”进行意象性联想,而沙动画则是由形象、声音、镜头三者共筑视听场域引发受众感知,二者皆以“虚”境提供受众对文化的勾连与想象。优质创意方面,微电影以情节、节奏、声音的协同合力编织了完整“叙事”经纬,而沙动画的“情节桥段”亦是对叙事的完形再现。整体喜好度方面则呈现出较大差异,微电影从表演、声音、情绪由外而内完整再现角色的人格特质，以情感人引人入胜，而沙动画则是从视觉、形象、表演三者所呈现的外在形态吸引受众注意并获得认同。9 要素在微电影与沙动画中对受众认知其文化特色、优质创意、喜好度的影响亦不乏共性，具体如下："声音创作"对微电影的优质创意强度和喜好度皆呈显著正相关，对沙动画的文化特质深度呈显著正相关，可见声音作为影视动画听觉要素，对营造氛围感知文化、激发想象感受创意多有助益。"视觉特效"对微电影的文化特质深度呈强显著正相关，对沙动画的作品喜好度呈显著正相关，在二者创作中适当合理运用视觉特效可提高受众认知。"情节桥段"对二者的优质创意强度皆呈显著正相关，在沙动画中呈强显著，说明在影视动画的设计中，借由情节桥段的巧设妙置可唤起受众对创意的认知，获得情感共振。"表演技巧"对二者的喜好度皆呈显著正相关，角色是引领受众读解作品的核心要素，其举手投足之间呈现出的性格特征、情绪变化等能与受众快速建构交流互动的场域，在情感认知上获得感同身受的体会与感动，所以微电影与动画中精彩生动的表演技巧是不容忽视的。

五、结　论

本研究系影视动画的系列研究之一，以影视动画模型为架构，以量化研究探讨受众对微电影与沙动画的情感认知情况，以获知受众对外在形态及内在构成因素的情感认知差异。研究结果显示：

（一）不同专业背景的受众对微电影和沙动画的认知重点并不相同

不同性别、职业、专业背景的受众在微电影的情感认知方面并无差异，而在沙动画的情感认知均与以上几个方面存有不同程度的差异，其中因不同职业背景在"文化特质深度""优质创意强度""作品喜好度"上的差异尤为突出，动画专业背景的受众对上述三个总评项的评分皆显著高于普通职业背景的受众，艺术相关专业背景的受众其评分显著高于其他专业受众。以上结果充分说明，微电影作为传统影像的一种具体的艺术形式，已经为大众充分熟知，在情感认知过程方面，不同性别、年龄、职业的受众在作品解读方面已经形成了相对比较统一的范式；而沙动画由于作品少，形式新，无论是非专业受众还是专业受众，其对作品的解读和情感认知自然还存一定的陌生度，伴随而生的便是对作品认知的差异性，此种现象充分说明新颖的艺术形式更能引起受众对它的好奇与关注。而要实现艺术作品文化信息的有效传播，必须考虑在文化创意及表现形式方面的不断创新，也再次说明了当下全媒体趋势下，艺术作品综合创新的重要性。

(二) 受众对微电影与沙动画 9 要素的认知差异

微电影与沙动画在 9 个要素中均呈现显著差异,且平均得分沙动画皆高于微电影,其中在视觉特效、镜头语言、声音创作、情节桥段、空间环境、形象特征 6 个要素上,微电影与沙动画均呈现显著差异,且沙动画显著高于微电影。可见,以实拍为主的微电影较以艺术性、抽象性见长的沙动画而言,受众在 9 个要素的评价中更乐于接受沙动画的意象性表达方式,沙动画在形象特征、情节桥段上较之微电影更具个性化和灵活性,因而使受众在情绪表达的感知上能获得更好的体验和共鸣。这说明沙动画作为一种创新的艺术表现形式,在激发受众想象空间和情感认知方面优于传统的影像形式,意象化的艺术表现形式或许是未来艺术创作的重要趋势之一。

(三) 影像创作的 9 要素在对微电影与沙动画的认知贡献度不同

(1) 从作品认知评价方面看,"文化特质深度"与微电影的"视觉特效"呈显著正相关,也与沙动画的"镜头语言""声音创作""形象特征"均呈显著正相关;"优质创意强度"上,微电影的"声音创作""情节桥段""节奏韵律"均呈与其显著正相关;沙动画的"情节桥段"呈显著正相关,"情节桥段"在微电影与沙动画中均与作品的"优质创意强度"显著相关;"作品喜好度"上,与微电影的"声音创作""表演技巧""情绪表达"均呈显著正相关;与沙动画的"视觉特效""形象特征""表演技巧"呈显著正相关,"表演技巧"在微电影与沙动画中均与"作品喜好度"显著正相关。

(2) 从创作要素方面看,"视觉特效"与微电影的"文化特质深度"及沙动画的"作品喜好度"呈显著正相关;"声音创作"与微电影的"优质创意强度""作品喜好度"及沙动画的"文化特质深度"呈显著正相关;"情节桥段"与微电影及沙动画的"优质创意强度"呈显著正相关;"表演技巧"与微电影、沙动画的"作品喜好度"呈显著正相关。

沙动画和微电影虽然皆以动态影像进行意识形态的表达,但因其形式与表现技术的差异,创作者在信息编码时方法有别,各有侧重,而受众在认知读解作品时也存有差异。正如姚斯"期待视野"所言,由于诸多要素的不同,导致受众对价值判断和情感接受方面存在差异,或过滤或同化。沙动画中影响受众喜好以及认知作品创意与内涵的要素,多见形象特征、镜头语言等外显因素,视听觉的张力可为受众带来更多的想象空间与自我意念的建构。微电影则多是透过节奏韵律、情绪表达等内隐的方式表达创作者的立场和价值观。值得注意的是,在影响受众作品喜好度的因素中,"表演技巧"显示出较为普遍的影响作用,同样具有普遍影响作用的还有“情节桥段”对于作品“创意认知”的影响。艺术作品的创作既要积极创新寻求突破，也要重视传承被共同认可的技术与形式。受众对微电影与沙动画的情感认知差异是复杂的，本研究透过比较研究，对研究架构(表1)中技术层(编码)的9要素与总评之间的认知关系进行了论证。鉴于其复杂性，未来可继续探究语义层(符码转换)与效果层(解码)之间的深层次关系，为受众对二者的认知与影像的有效传播作更深入的探讨。

参考文献

[1] 郑自隆. 文创行销[M]. 台北：五南出版社，2013.

[2] 颜惠芸、林伯贤. 文创商品之设计与行销方式探讨[J]. 设计与环境，2013(1).

[3] 蔡淑梨. 美学企业管理的获利模式[M]. 台北：远流出版社，2015.

[4] Caves R E. Creative Industries: Contracts between Art and Commerce, Cambridge, Massachusetts: Harvard University Press[M], 2000.

[5] 廖世义，黄钰婷，谭子文. 行销管理美学要素之初探[J]. 行销评论，2009(1).

[6] 颜惠芸，林荣泰. 从文创产业的感质商品到商业模式的设计加值[J]. 艺术学报，2012(2).

[7] 李琦玮. 城市行销微电影的符号学分析——以“心城市故事”为例[J]. 城市学学刊，2014(1).

[8] 吴浚. 实验沙动画的发展及特色分析[J]. 书画世界，2017(1).

[9] 石昌杰. “艺・数”进行式[M]. 台北：台北市政府文化局，2010.

[10] 科林伍德. 艺术原理[M]. 北京：中国社会科学出版社，1985.

[11] 贾磊磊. 电影语言学导论[M]. 北京：中国电影出版社，1996.

[12] 尼克・布朗. 电影理论史评[M]. 北京：中国电影出版社，1994.

[13] 彭吉象. 影视美学[M]. 北京：北京大学出版社，2016.

[14] 苏珊・朗格. 艺术问题[M]. 滕守尧，朱疆源，译. 北京：中国社会科学出版社，1983.

[15] 福比尼. 西方音乐美学史[M]. 修子建译. 长沙：湖南文艺出版社，2004.

[16] 彼得・基维. 纯音乐：音乐体验的哲学思考[M]. 徐红媛，王少明，刘天石，等，译，长沙：湖南文艺出版社，2010.

[17] 时光. 论认知过程中的情感[J]. 西南民族学院学报(哲学社会科学版)，1997(2).

[18] Gobe M. Emotionalbranding[M]. NewYork，NY：AllworthPress, 2009.

[19] Kumar M, Townsend J D, Vorhies D W. Enhancing consumers' affection for a brand using product design[J]. Journal of Product Innovation Management, 32(5), 2015.

[20] Gilligan S G, Bower G H. Cognitive consequences of emotional arousal. In C. Izard, J. Kagen. & R. Zajonc(Eds.). Emotions, cognition, and behavior[M]. New York: Cambridge University Press, 1984.

[21] Flexser A J, Tulving E. Retrieval independence in recognition and recall. Psychological Review[J]. 85, 1978.

[22] Lakoff G. Women, Fire and Dangerous Things: What Categories Reveal About the Mind[M]. Chicago and London: The University of Chicago Press, 1987.

[23] 弗拉维尔、米勒. 认知发展[M]. 邓赐平,译. 上海:华东师范大学出版社,2002.

[24] Rungtin Lin, Fengde Qian, Jun Wu, WenTing Fang, Jin Y. A Pilot Study of Communication Matrix for Evaluating Artworks[C]. In International Conference on Cross-Cultural Design. Springer, Cham. 2017

[25] James R Lewis. Usability: Lessons Learned ... and Yet to Be Learned[J]. International Journal of Hunman-Computer Interaction, 30(9), 2014.

[26] Sapp M. Psychological and educational test scores[M]. Springfield, IL: Charles C Thomas Publisher, Ltd. 2002.

作者简介

吴　浚(1985—),湖北恩施人,安徽师范大学新闻与传播学院副教授,硕士研究生导师,台湾艺术大学创意产业设计研究所博士生,研究方向为创意产业设计、影视动画、民间艺术。

钱凤德(1977—),山东临沂人,南京工业大学艺术设计学院副教授,博士,硕士研究生导师,研究方向为文创产业、城市形象。

高　洋(1991—),福建武夷山人,台湾艺术大学创意产业设计研究所博士生,研究方向为创意产业设计。

Emotional Cognition: Research on Audience Differences between Micro Film and Sand Animation

Wu Jun Qian Fengde Gao Yang

Abstract: In order to explore the emotional cognition differences between the audience in the two video art forms of micro film and sand animation, this study attempts to use the quantitative research method to explore the audience's cognition situation of the elements of video works by choosing the audience's aesthetic experience and preference cognition as the research object. Through statistical analysis of the internal attracting factors, the system evaluates the contribution of different factors to the cognition of film, television and animation works. It was found that there was no difference in the cognition of the micro film in terms of gender, age, occupation, education and professional background while there were significant differences in the gender, cultural traits and high-quality creative intensity of the subjects in the cognition of sand animation; Moreover, the occupation and professional background of the subjects also differed significantly from the cultural traits depth, the high-quality creative intensity and the preference of the works. Meanwhile, the contribution of the nine elements in technical layer to the overall evaluation of the microfilm and sand animation work from different dimensions are not the same. It can be seen that different audiences have different emotional cognition processes for different art forms. The emotional cognition of art works is complex. Studying the characteristics of emotional cognition of different works of art is significantly important for improving the efficiency of cultural information dissemination of art works.

Key words: Sand Animation; micro film; emotional cognition; audience differences.

博士论坛

文化与科技融合背景下江苏文化产业结构升级与路径选择*

陈　鑫　张苏缘

摘　要:基于文化与科技深度融合背景下江苏文化产业发展现状、江苏科技产业发展现状以及江苏文化与科技融合发展现状分析,本文探讨文化与科技融合对文化产业结构转型升级的作用机理,从技术扩散与产业融合两个角度描述了具体影响机理与路径。通过构建文化与科技融合指标体系,从融合发展基础、融合发展环境与融合发展能力三个一级指标出发,综合评价得出文化科技融合发展综合指数,发现江苏省文化与科技融合不断加深。最后,本文提出推动江苏文化产业结构升级的对策建议。

关键词:文化产业;文化科技;结构升级

一、问题的提出

近年来,国家高度关注及重视文化与科技融合发展的工作,把文化科技创新融合设立为文化工作的阶段目标和发展方向。随着数字信息时代的到来,文化产业要想实现可持续发展,需要促进文化与科技融合,发展新型文化业态,提高文化产业规模化、集约化、专业化水平。加快文化与科技融合发展的步伐,不仅是落实国家对文化科技融合发展的重要战略举措,同时也是推动江苏文化高质量建设的重要保障。

"十二五"以来,江苏省积极探索文化与科技发展路径,深度挖掘文化科技融合发展内在潜力,大力创新文化与科技融合发展模式,积极培育文化产业新业态,不

* 基金项目:江苏省决策咨询研究基地课题"江苏省文化消费升级战略与有效路径研究"(19SSL051);文化和旅游智库项目"文化产品与服务内容品质提升战略研究——以江苏探索为例"(18ZK07);江苏省社科应用研究精品工程课题"公共文化视角下江苏文化政策研究"(19SYB-025)。

断完善文化发展服务环境，优化文化创新环境，进一步提高了江苏省文化产业综合竞争力。通过充分发挥科技产业的支撑作用，文化科技创新环境不断得到改善，文化产品中科技含量和创新含量的比重不断提高。通过运用新进技术对传统文化产业进行改造，文化产业发展方式不断得到改进，新兴文化产业发展模式逐步推进，文化产业自主创新及科技创新能力显著提高。

江苏省文化产业发展迅速，文化产业增加值由 2007 年的 570 亿元增加至 2017 年的 4 254.54 亿元，10 年期间增幅达 8 倍左右；文化产业增加值占 GDP 比重从 2007 年的 2.19%增长至 2017 年的 4.95%，提升 2.76 个百分点，文化产业发展对江苏经济贡献程度显著增加。同时，江苏省的南京市与苏州市在 2017 年均成功入选国家文化消费试点城市，城市居民生活质量不断提高，人民生活消费需求向着多样化、多层次方向迈进。为满足人民对美好生活的需求，江苏文化产业利用高科技与文化产业的深度融合，新兴文化产业快速发展。

在江苏省文化与科技不断融合发展背景下，文化产业的发展还存在文化与科技融合相关人才匮乏、知识产权保护力度欠缺、科技发展相对滞后、投融资能力较弱、文化与科技融合管理机制不通畅等不足，阻碍了文化产业高质量发展。因此，本文针对江苏省文化与科技融合发展存在的问题，积极探索适合的发展路径，进一步实现江苏省文化产业结构转型升级。

二、文化科技融合背景下江苏文化产业发展现状

(一) 江苏文化产业发展现状

1. 文化产业整体实力不断提升

2016 年全省文化产业增加值达到 3 863.9 亿元(位居全国第二)，占 GDP 比重达 5%(位居全国第五)。2016 年年底，全省共有文化企业 10 万余家(位居全国第二)，从业人员超过 220 万人。其中规模以上企业 7 578 家，占全国的 15.16%；从业人员超过 120 万人，营业收入 1.44 万亿元；企业总资产规模、主营业务总收入均超 1 万亿元。全省拥有 67 家文化类上市挂牌企业，净资产总额达 562 亿元，总市值超过 1 930 亿元。2017 年，省属 6 家文化企业资产总额超过 1 200 亿元，凤凰出版传媒集团、江苏有线多次入选“全国文化企业 30 强”。

2. 居民文化消费水平不断提高

随着居民收入水平提高和支付能力的增强，江苏文化消费市场呈现出规模持续扩大发展态势，文化消费正在由“精英消费”向“大众消费”模式转变。纵向看，

2013—2015 年，江苏居民人均文化娱乐消费支出从 1 141.9 元上升为 1 266.7 元，年均增速为 5.32%；横向对比看，江苏人均文化消费支出仅次于北京和上海，位列全国第三、省域第一。2017 年，江苏省南京、苏州成功入选国家文化消费试点城市。随着居民生活质量逐步提高，人民群众多样化、多层次的精神需求快速增长，文化消费水平的增加和内容的拓展必将为文化产业的发展升级提供巨大的发展空间和市场。

表 1　2013—2015 年居民人均文化娱乐消费支出

单位:元	2013	2014	2015	平均增速
北京	2 133.3	2 333.7	2 592.1	10.23%
上海	1 822.1	2 149.6	2 372.8	14.12%
江苏	1 141.9	1 204.6	1 266.7	5.32%
广东	871.6	1 015.5	1 139.6	14.35%
浙江	880.5	927.2	1 093	11.42%

3. 文化产业结构不断优化

整体文化产业结构在不断优化。2015 年，全省文化及相关产业的法人单位数达到 121 450 个，其中文化服务业法人单位数 75 402 个，占比最高达到 62.08%，同比上升 1.8 个百分点，增速高达 28.15%；文化制造业法人单位数 26 111 个，占比 21.50%，同比降低 2.14 个百分点；文化批发和零售业法人单位数 19 937 个，占比 16.42%，同比上升 0.34 个百分点。江苏文化产业发展的突出特点是民营文化企业的大力繁荣发展。2015 年，在规模以上文化企业中，全省文化制造业企业 2 730 家、文化批发和零售业企业 1 088 家、文化服务业企业 3 051 家，占比分别为 39.74%、15.84%、44.42%，分别位居全国第二、第二、第一。规模以上民营文化企业 5 070 家，占规模以上文化企业的 74.4%，民营文化企业近年来发展繁荣，已成为全省文化产业发展的生力军。民营文化企业显著改善了文化产业的结构布局，提升了文化产业的市场竞争力。

(二) 江苏省科技产业发展现状

1. 科技进步率不断提升

通过江苏省统计局公布的数据可知，2013—2017 年江苏省科技进步正在快速增长阶段。2013 年江苏省科技进步率为 57.5%，2014 年江苏省科技进步率为 59.00%，2015 年江苏省科技进步率为 60%，2016 年江苏省科技进步率为 61%，2017 年江苏省科技进步率为 62%。科技进步飞快，带来江苏省其他产业快速发展，为相关产业发展提供高科技渠道，提高生产效率、生产质量，增加生产效益，丰富人民日常生活，给各行各业带来了可观利益。

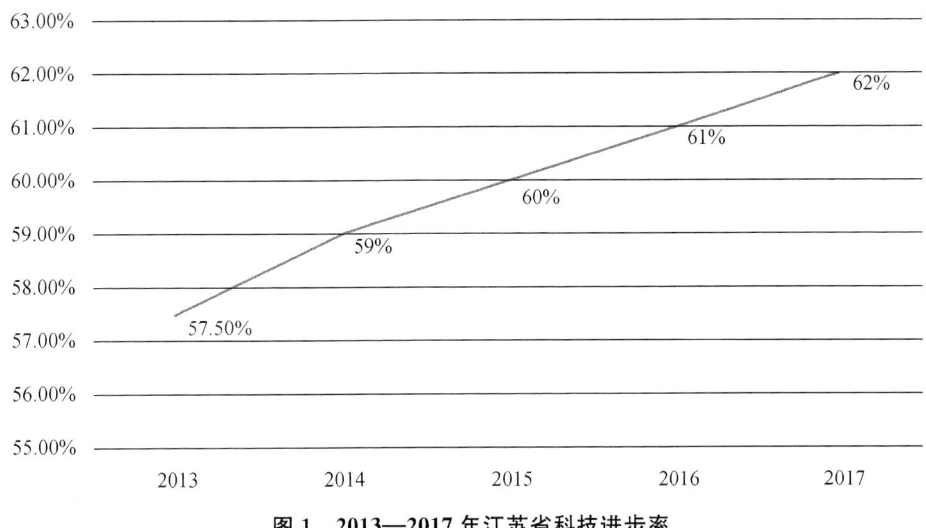

图 1　2013—2017 年江苏省科技进步率

2. **科研人员投入稳步提升**

技术创新水平的提高不仅需要大量的研发资金的注入，而且还需要投入人力资源，人才是技术创新的主体和核心。2013—2017 年江苏科技活动人员数以及研究发展人员数如图 2 中所示。从图 2 中可以看出，江苏从事科研活动人员除 2016 年以外，整体呈现出大幅上涨趋势，由 2013 年的 108.05 万人上升到 2017 年的 122 万人，说明江苏在技术创新人才投入方面保持良好的发展态势。

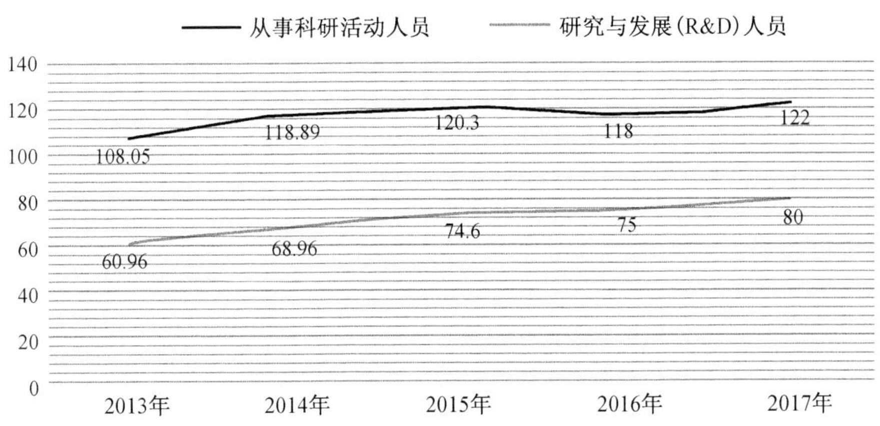

图 2　2013—2017 年江苏科学技术从业人员

3. 研发投入不断增加,研究投入强度提高

R&D经费支出是技术创新投入的重要指标,反映了用于技术创新的研发投入量;R&D投入强度即R&D经费支出占地区生产总值的比重,则衡量了技术创新能力和竞争力。江苏2013—2017年R&D经费投入变动如图3所示。从图3可以看出,2013—2017年江苏R&D经费支出显著增长,2017年的研发经费支出相比2013年增长了将近1.6倍。从R&D经费投入强度来看,江苏R&D经费投入强度也呈现逐年增加的趋势,到2017年已达到2.7%。随着R&D投入的不断增加,江苏的技术创新能力和竞争力将会不断提高。

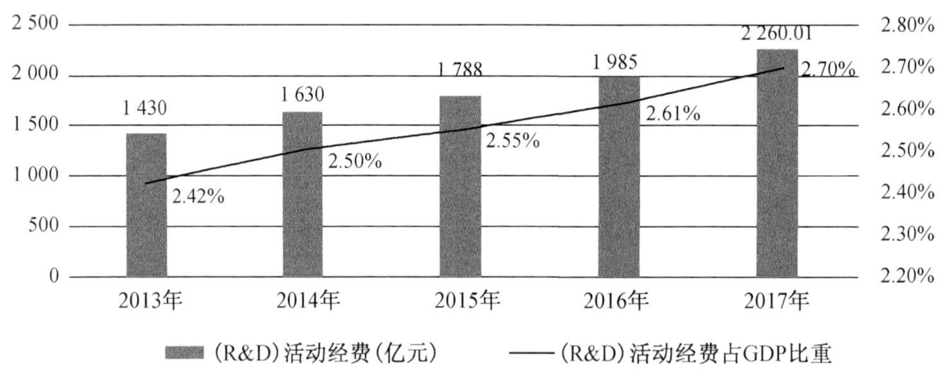

图3 2013—2017年江苏省R&D活动经费投入变动

(三) 江苏省文化与科技融合发展现状

1. 江苏省文化部门科学技术投入经费不断增加

通过图4可知,2013年江苏省文化旅游厅公布的文化部门科学技术支出额为16.21亿元,占总财政拨款比例的0.03%;2014年江苏省文化旅游厅公布的文化部门科学技术支出额为54.44亿元,占总财政拨款比例的0.10%;2015年江苏省文化旅游厅公布的文化部门科学技术支出额为220.51亿元,占总财政拨款比例的0.38%;2016、2017年的指标分别为116.18亿元、109.02亿元,占比分别为0.18%、0.16%。2015年呈现的极速增长主要是因为:2015年省级财政追加江苏省文化厅(机关)省级高层次创新创业人才引进计划专项资金,省级财政追加了江苏省重大文化活动专项资金和"三馆一站"免费开放经费。而2016年呈现的减少47.31%,主要原因是2016年省级财政减少了南京博物院的研发资金。2017年财政减少了江苏省文化厅(机关)机关保障经费。

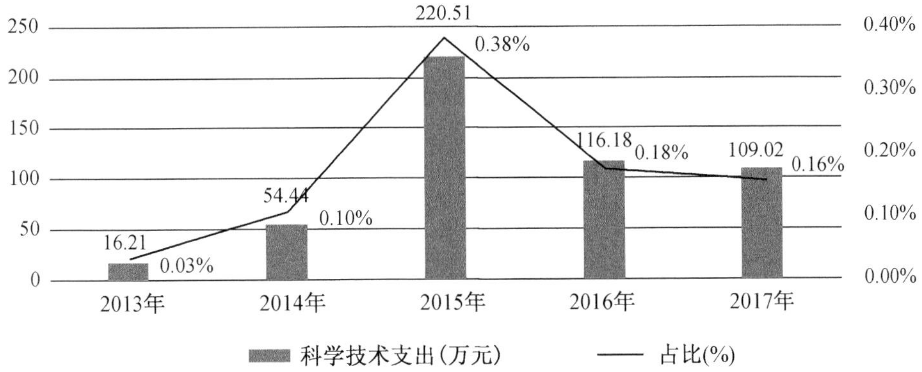

图 4　2013—2017 年江苏省文化部门科学投入变动情况

2. 文艺科研机构及从业人员呈现略微降低趋势

根据江苏省文化旅游厅公布数据可知，江苏省文艺科研机构数近几年呈现略微下降趋势，2013 年江苏省文艺科研机构数为 10 家，2014、2015 年文艺科研机构数为 9 家，到 2017 年江苏省文艺科研机构数降为 7 家。文艺科研机构的降低除与政策趋向间合并有一定联系，还与江苏省文化与金融目前融合程度不深有关。在文艺科研从业人数方面，同样呈现出略有下降的趋势。2013 年江苏省文艺科研从业人数为 110 人，2015 年降为 93 人，2016 年、2017 年分别为 101 和 90 人。江苏省文化产业发展所需的文化与科技类人才还比较缺乏。江苏省文化类人才主要集中于产业价值链的中低端，缺乏具有高创新能力的处于价值链高端的人才。江苏省文化产业从业人员的专业素质能力相对较低，难以满足新时代文化产业与多产业融合发展的需求；同时国际化复合型人才欠缺。

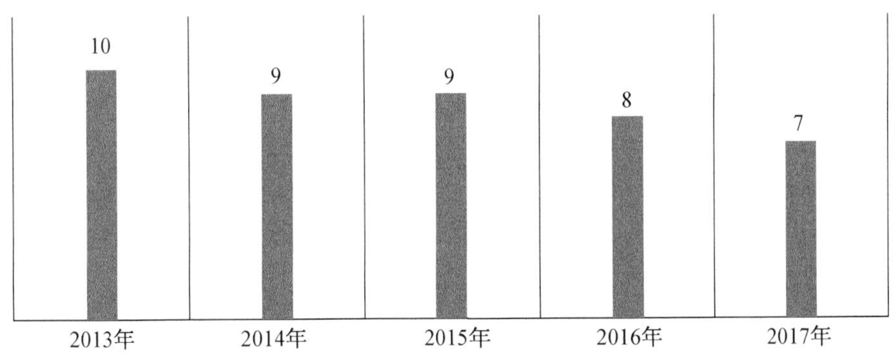

图 5　2013—2017 年文艺科研机构数

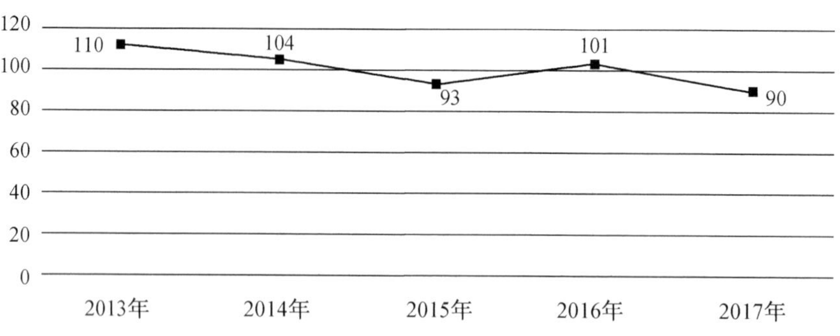

图 6　2013—2017 年文艺科研从业人员数

3. 文化发明专利占比较低

从文化专利授权总量来(见表 2)看,2013 年至 2014 年,江苏的文化专利授权数量从 2.2 万项下降到 1.2 万项,降幅达到 46.8%,占全国的比重也从 24.1%下降到 16.2%。从文化专利中最具科技含量的文化发明专利来看,2013 年至 2014 年,江苏文化发明专利的增长速度为 14.4,而实用型专利及外观设计专利则持续下降,特别是外观设计专利,相比于 2013 年下降了近一半。在文化专利授权中,大部分专利都属于外观设计、实用新型专利,文化发明专利占比较低,说明目前文化专利的水平有待进一步提高,专利创造重心应继续向技术水平较高的发明专利倾斜。只有这样,才能不断提升文化产业的科技创新水平,使文化发明专利引领文化产业科技创新发展的"龙头"作用更加突出。截至 2016 年年末,全省共有文化科技申报专利近 5 000 项,但相比于江苏省将近 10 万多家的文化企业而言,文化专利授权的数量过少,成为江苏省文化产品科技含量提升的限制性因素之一。

表 2　2013—2014 年江苏省文化专利授权情况(单位:项)

指标	2013	2014	增长(%)
文化专利授权总数	21 727	11 558	−46.8
占全国比重	24.1	16.2	—
其中:发明专利	585	669	14.4
实用新型专利	3 360	2 592	−22.9
外观设计专利	17 782	8 279	−53.3

三、文化科技融合促进文化产业结构升级的作用机理

(一) 技术扩散

由于技术具有扩散性,技术创新能够带来外部性。技术的可复制、可传播、可编码性,能够使新技术一旦被开发出来即可在不同企业、不同产业、不同地区之间自由流动。同时,新技术一旦研发成功并投入使用,很容易被同行业竞争者进行技术模仿,并且竞争者为更好适应市场需求,占有更多市场份额,会在模仿原有技术基础上进行改进,进行二次创新。因此,技术扩散过程也是技术创新的一个过程,技术通过渗透、扩散、模仿等实现技术创新。技术不仅能够在同一部门进行扩散与渗透,不同部门间同样存在着扩散渗透,从而加快其他产业产品升级换代,最终实现整个产业完成转型升级。因此,以数字化高新科技为代表的数字内容、动漫游戏、数字媒体、创意设计等一批新兴业态发展迅速,正推动传统文化产业向创意高端变革,已成为江苏实现文化产业升级换代的重要途径。

(二) 产业融合

熊彼特(J. A. Schumpeter)在《经济发展理论》中提出创新是一种内在因素,是对各种生产要素进行重新组合后的产物,创新是构建"一种新的生产函数",同时也是一个"创造性毁灭"的过程。产业融合创新过程中,常面临原来产业链的重新分裂与新产业链的创新组合。由于现在分工方式已由原有线性生产工艺分工演变为"模块式"分工,这种"模块式"产业化分工已经能够快速加快产业间融合发展与创新步伐。现代技术在文化产业融合方面,主要体现在文化产业业态的整合与创新,文化产业与信息技术、网络技术、数字技术对接,派生出网络游戏、网络视听、手机文化、网络出版、数字节目、三维动画等一系列新的文化业态,赋予了江苏文化产业新的内涵。文化与科技的融合,使得文化产品的业态不断扩张,通过网络、移动终端 App 等先进技术进行语音、视频、图片和文字等信息的沟通和传播,极大地拓宽了文化品牌的传播渠道和传播形式,提高了江苏文化产业的竞争力。

四、文化与科技融合对江苏文化产业结构转型升级研究

(一) 指标选择和模型构建

1. 指标选择

本文在参考国内学者倪芝青对杭州文化科技融合研究指标体系构建的基础上,借鉴学者宋英良在《文化与科技融合视域下山东文化产业发展路径研究》一文

中的指标体系构建，选择融合发展基础、融合发展环境及融合发展能力 3 个一级指标，知识产权、创新基础、人才资源、财力投入、竞争力、发展规模等 6 个二级指标，以及发明专利授权数等 20 个三级指标，进而全面系统地反映出文化与科技的融合发展。

2. **数据来源**

本研究课题的数据来源主要来源江苏统计局、江苏文化旅游厅网站公布的数据。遵从客观原则，本研究尽可能采用现有的各种统计数据，部分指标值经过人均计算、百分比计算、加和计算等获得。需要说明的是，由于现有统计数据的局限，有些创新文化方面的要素不得不忽略考量，或者采用易于度量的指标来替代。对于缺失数据的现象，本研究采取不处理的方式，待指标值均已完成测算和 0—1 的标准化后，赋予缺失数据的记录为 0，即缺失数据的地区在该项指标上被赋予最低指数值，以此也可以提示各地重视文化建设数据的统计与及时公开。

3. **模型构建**

(1) 基准值选择

基准值即被称为可接受的标准值，用来对比参考，充当一个大致被认可的标准。基准值的确定一般是基于某一科学理论基础的设定值，或是某一值被大众广泛认可与同意。基于目前国内对文化与科技融合的理论机制建设尚不完善，因此本文采用同意值作为基准值，并将基准值默认为 100，进而测算出下一年的发展指数。

(2) 测评方法

江苏省文化与科技融合的发展指数可以使用线性加权评分法测算，公式如下：

$$ETIA = \sum_{i=1}^{ni}[\sum_{j=1}^{nj}(\sum_{k=1}^{nk}P_{ijk}W_{ijk})W_{ij}]W_i$$

$$ETIA_i = \sum_{j=1}^{nj}[\sum_{k=1}^{nk}(P_{ijk})W_{ijk}]W_{ij}$$

$$ETIA_j = \sum_{k=1}^{nk}P_{ijk}W_{ijk} \tag{1}$$

$$P_{ijk} = \frac{X_{ijk}}{X_{ijkB}}$$

$ETIA$ 表示综合发展指数；n_i 表示一级指标个数，n_j 表示二级指标个数，n_k 表示三级指标个数；X_{ijk} 表示第 i 个一级指标下的第 j 项二级指标下的第 k 项三级指标的原始数值；X_{ijkB} 表示第 i 个一级指标下的第 j 项二级指标下的第 k 项三级指标的基准值;W_{ijk} 表示第 i 个一级指标下的第 j 项二级指标下的第 k 项三级指标的权重;W_{ij} 表示第 i 个一级指标下的第 j 项二级指标的权重;W_i 表示第 i 个一级指标下的权重。

(二) 测算结果与评价

根据上述指标体系构建标准、权重确定及测算方法确立,得出本文文化与科技融合发展研究指标体系,如下表所示:

表 3　江苏文化与科技融合发展评价指标体系

一级指标及权重	二级指标及权重	三级指标及权重
融合发展基础(0.25)	知识产权(0.6)	发明专利授权数(件)(0.55)
		省级以上品牌和驰名或著名商标数(个)(0.45)
	创新基础(0.4)	国家级文化产业园区或基地数(家)(0.35)
		文化产业重点项目数(个)(0.15)
		文化产业园面积数(万平方米)(0.2)
		开设文化类专业的本科院校数(0.3)
融合发展环境(0.35)	人才资源(0.55)	文化产业从业人员数(万人)(0.4)
		研究与发展人员(万人)(0.4)
		高等学校在校学生数(万人)(0.2)
	财力投入(0.45)	财政科技拨款占地方财政支出比重(%)(0.3)
		文化体育传媒支出占地方财政支出比重(%)(0.2)
		人均文教娱乐服务全年支出(元)(0.35)
		重点文化产业项目投资额(亿元)(0.15)
融合发展能力(0.40)	竞争力(0.55)	文化产业增加值占 GDP 的比重(%)(0.35)
		省重点文化企业数(数)(0.25)
		高新技术产业增加值占工业增加值比重(%)(0.25)
		工业新产品产值率(0.15)
	发展规模(0.45)	文化产业增加值(0.4)
		高新技术产业增加值(0.4)
		工业新产品产值(0.2)

测算结果如表 4 所示:

表 4　2013—2016 年江苏文化与科技融合发展情况

年份	融合发展基础	融合发展环境	融合发展能力
2013	107.07	106.64	109.63
2014	103.08	102.23	115.06
2015	104.11	103.89	108.45
2016	102.86	106.93	108.21

在以 2012 年江苏文化与科技融合发展程度作为基准值的情况下，通过测算得出 2013 年江苏文化与科技融合发展综合指数为 108.85，即 2013 年比 2012 年同比增长 8.85%；以 2013 年为基准期，测算得出 2014 年江苏文化与科技融合发展综合指数为 109.83，同比增长 9.83%；以 2014 年为基准期，测算得出 2015 年江苏文化与科技融合发展综合指数为 104.06，同比增长 4.06%；以 2015 年为基准期，测算得出 2016 年江苏文化与科技融合发展综合指数为 105.12，同比增长 5.12%。

对一级指标进行分析时，以 2012 年为基准期，2013 年江苏省文化科技融合发展基础指数为 107.07，同比增长 7.07%，融合发展环境指数同比增长 6.64%，融合发展能力指数同比增长 9.63%。每一年每一项指标值均大于 100，说明江苏省文化科技融合无论在融合基础、融合环境，还是在融合能力方面，都具有不断增长的特点。并且通过表格能够看出，在融合发展基础、融合发展环境、融合发展能力三个方面，融合发展能力增长速度最明显，且在 2014 年出现 15.06%的增长水平。究其原因，除了与当年科技水平快速提高以外，还可能与数据统计有较大关系。数据值的缺失，造成其他年份数据统计上的遗漏，造成统计结果相差较大。

（三）文化科技融合与江苏文化产业结构转型升级研究

为研究文化科技融合背景带来的江苏文化产业结构转型升级，本文选取以上一年作为基准期，2013—2016 年江苏文化与科技融合发展的综合指数，用文化及相关产业增加值现价增速代表文化产业结构升级情况。相关数值由下表 5 所示：

表 5　江苏文化科技融合与江苏文化产业增加值增速情况

年份	文化与科技融合发展综合指数（以上一年为基准）	文化及相关产业增加值现价增速（%）
2013	108.85	15.92
2014	109.83	17.26
2015	104.06	9.94
2016	105.12	10.97

通过对以上两个指标值作散点图及拟合曲线可以发现，文化与科技融合发展综合指数与文化产业增加值增速间呈现出线性相关关系，且具有明显的正向相关关系，由此可以推断文化科技融合有利于江苏文化产业结构的转型升级，即江苏文化与科技融合速度越快，江苏文化产业增加值增速越大，越有利于推进文化产业结构转型升级。

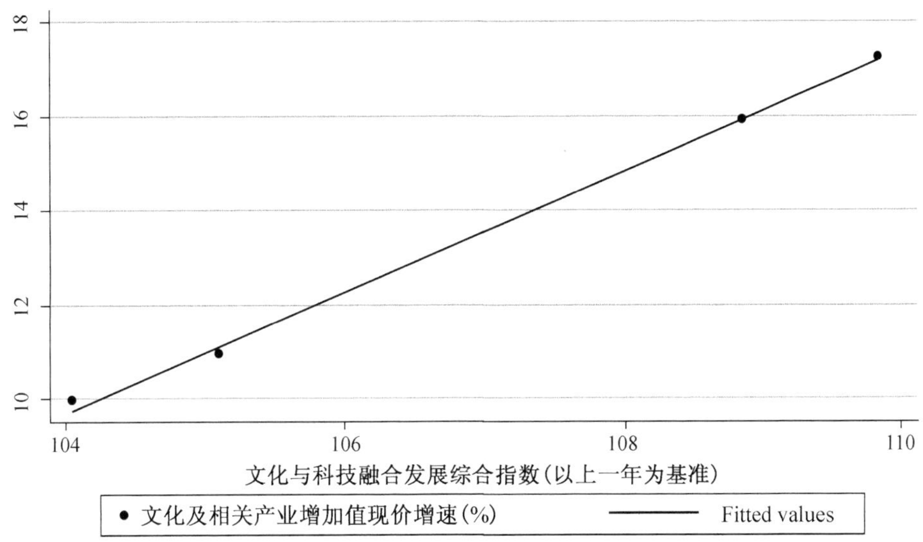

图 7　文化与科技融合发展综合指数与文化及相关产业增加值现价增速散点图

五、结论与建议

本文通过构建江苏省文化与科技融合指标体系，最终测算出江苏省文化与科技融合发展综合指数，同时测算出江苏文化与金融发展下融合发展基础指数、融合发展环境指数、融合发展能力指数等一级指标测算结果。通过分析一级指标测算结果可以发现：① 江苏省文化与科技融合发展环境、融合发展基础及融合发展能力在 2013—2016 年间均呈现出较上一年增长趋势，增长程度不等，存在 2016 年融合发展能力为 25.06%的增长速度，也存在 2014 年融合发展环境为 2.23%的速度。② 通过比较融合发展基础、融合发展环境与融合发展能力三个方面，可以看出，江苏省文化与科技融合发展在融合发展能力方面增速较快，以 2012 年为基准期，2013 年融合发展能力指数是 109.63，以 2015 年为基准期，2016 年融合发展能力指数是 125.06。③ 在文化与科技融合发展综合指数方面，整体融合总和指数同样较上一年有所增长，但增长指数不一，增长幅度不同。2014 年，江苏文化与科技融合发展综合指数最大，综合指数值为 109.83，这很大程度上得益于融合发展能力指数之高。其余年份融合发展综合指数相差不大，说明近几年江苏省文化与科技融合发展趋于平稳，加快文化科技融合力度，还需政府及企业等各方面做出相应努力。④ 通过散点图可以看出，文化与科技融合发展增速与江苏文化产业增加值增速具有明显线性正相关关系，即文化与科技的融合程度加深，能够带来江苏文化产业结构转型升级。

因此，基于以上研究结果及结论，为加快江苏省文化产业结构转型升级，本文提出以下建议：

（一）完善文化与科技融合体系，优化文化产业发展环境

江苏省作为我国经济强省之一，拥有先进科技技术与丰富文化资源，想要将文化产业发展成江苏省经济发展的支柱性产业，尚须进一步努力。首先需要积极紧抓互联网时代浪潮，充分发挥科技化与信息化优势，完善文化与科技融合机制体制，注重发挥文化产业与科技产业相互促进作用，不断优化文化产业新业态发展环境，培育新兴文化产业茁壮成长，增强江苏省文化产业核心竞争力。其次健全文化科技融合管理体制机制，建立出权责分明、得失清晰的跨部门合作机制，完善文化与科技融合发展的督查机制和制度，实现文化产业新业态概念、分类及模式等问题规范化。同时完善与文化科技领域相关的对外交流政策法制，重点与先进文化产业发展地区保持密切交流与合作，扶持江苏省文化科技企业发展走向领先型与示范性道路。

（二）强化科技创新，培育文化产业新业态

无论是农业制造业等传统产业，还是文化产业等新兴产业，其发展都离不开高科技的支持作用，需要利用技术创新推动文化产品及服务的创新。通过推动大数据、“互联网＋”、人工智能等高科技在数字创作、创意生产等领域的广泛应用，创新文化产业发展模式，拓宽文化产业新业态的发展渠道。在生产制作方面，鼓励文化产品的研发与生产利用现代核心技术，大幅提升文化产品制作的科技水平。积极引导与运用信息技术、多媒体技术、网络技术、3D 动漫引擎、数字媒体创作工具等现代高科技技术手段，丰富与创新文化产品的生产、管理与传播方式，促进文化产业与当地农业、制造业、服务业等融合发展及联动创新。

（三）注重文化科技平台建设，创新文化产业商业模式

文化科技平台的建设能够带来文化内容及服务的个性化、多样化，传播方式的便捷化与简易化,形成持续稳定的交易结构。平台建设同时又是文化产业商业模式形成核心竞争力的关键所在。通过组织好中国(深圳)文化博会江苏展区、南京文交会、苏州创博会、无锡文博会、常州动漫周等展会,为文化企业搭建交流合作平台。办好"紫金杯"江苏文化创意设计大赛、"江苏文化创意人才培训班"。支持省文化产权交易所、南京文化产权交易所、金陵文化产权交易中心建设,发展文化资本、艺术品、产权、人才、信息、技术等线上线下交易平台。借助江苏智能制造研究院、各市互联网产业园等地域性的互联网科技型机构在科技融合方面的优势,发挥互联网在跨界融合方面的协同效应,改变文化产业商业模式。

(四) 坚持文化科技企业集群发展,发挥文化产业集聚效应

依托江苏经济、文化、区位等优势资源,重视文化科技企业与其他各类产业集群式发展,进一步培育优势文化科技企业,实现资源空间共享,提升文化产业竞争力。积极倡导中小文化科技企业与大中型文化科技企业实行战略合作、资产重组及资源共享等途径,利用技术深度创新,促进各文化企业间深度交流与合作,实现企业间资源、信息及能量的自由交换与共享。通过确定文化科技产业园区发展方向,明确园区的功能与定位,综合考虑园区政府支持、区位优势、资源禀赋、发展潜力等各方面因素,利用园区内部管理机制及中介作用进行资源整合,增强文化科技产业园区内生竞争机制,使文化产业链条形成高度分工与合作的态势,进一步提高文化产业科技含量和园区整理竞争力。

(五) 培育与引进文化科技人才,提升文化产业发展潜力

文化与科技发展均属于知识密集型领域,也都是创新需求较高的产业发展领域,而创新发展离不开人才的推动。因此,无论是文化科技领域高效深度融合,还是文化产业结构转型升级,都离不开人才资源这一关键要素的支撑作用。首先必须加快培养一批能够引领文化产业创新发展,能灵活运用现代高科技技术的专业型人才,文化和科技素养高、经营管理能力高的复合型人才。鼓励文化企业及单位与高等院校和科研机构间开展项目合作,搭建人才培育项目平台。通过与南京大学、南京艺术学院、南京师范大学的各类文化产业类、设计类、艺术类、景观园林类、美术类等社科类专业及各类自然科学专业建立馆校共同培养模式等方式,实现高校的教学资源与文化企业实践教学资源的连接,共同建立满足江苏省文化企业科技创新系统的各类人才。其次,依托江苏省"双创"计划、产业人才高峰行动计划等,加大文化科技发展专业人才、领军人才、复合型人才的引进力度。最后,通过政府引导,市场与企业合作的方式,完善文化科技人才管理机制,研究与制定专项人才引进与培育工作计划，探索出高效的激励方式及利益导向机制，激发研究人员的创新积极性，营造良好的文化创新发展环境。

（六）深化文化科技消费意识，激发文化产业市场活力

落实与拉动城乡居民文化科技消费试点项目推进工作，研究文化科技产品消费试点扩大领域，出台文化消费试点工作的实施意见，建立完善的长效机制，推进多层次多样化的文化消费模式建立。全方位、立体化扶持和引导文化科技产品及服务消费，提升文化消费总量、人均文化消费支出和消费满意度。顺应城乡居民文化科技消费需求特点，开发与文化科技相结合的教育培训、艺术创作、休闲旅游等服务性消费。抢抓互联网大数据发展大趋势，促进数字音乐、动漫游戏、移动多媒体等文化产品供给，引导形成一批全方位、多层次的文化科技消费群体，建成一批连锁型、多功能文化科技综合体。通过政府购买、消费补贴、金融支持等多种途径，引导和支持文化科技企业提供更多文化产品和服务，发展适应消费者购买能力的业务。

（七）优化文化科技产品贸易结构，提升文化产业国际竞争力

优化江苏省文化科技产品对外文化贸易结构，挖掘文化内容附加值，深度开启文化及艺术产品可贸易价值，创造附加值较高的文化科技产品和服务，实现江苏文化贸易粗放式发展经营态势向高质量态势的转化。通过海外并购、资产重组、设立子公司、联合经营的方式，借助"一带一路"建设机遇，积极开拓文化科技产业国际市场。通过设立文化科技企业"走出去"资金制度，用好文化"走出去"资金，对参加国际知名创意设计、动漫影视等展会的文化科技企业，给予一定资助。加大对优势新兴文化科技企业海外拓展的扶持力度，推动文化出口重点企业和项目的评价体系建设。着力打造一批具有国际竞争力的外向型文化科技企业和具有核心竞争力的知名文化科技品牌，不断提高文化科技产品的附加值。

参考文献

[1] 詹一虹，周雨城. 文化与科技融合视角下文化产业竞争力评价体系研究[J]. 广西社会科学，2014(11)：180—184.

[2] 叶南客，谭志云. 推进江苏文化科技融合的路径与政策举措//文化产业研究：第 9 辑[M]. 南京：南京大学出版社，2014.

[3] 王媛，黄毅. 基于文化与科技融合的江苏省文化产业发展路径研究[J]. 时代金融，2016

(36):50—51.

[4] 杨雪,胡继华,崔丁尹.文化与科技融合时代江苏省文化产业品牌发展研究[J].经济论坛,2016(3):39—41.

[5] 金雯,陈舒.新常态背景下江苏文化产业融合发展的实践演进与路径优化[J].江苏社会科学,2016(6):262—266.

[6] 尹宏.我国文化产业转型的困境、路径和对策研究——基于文化和科技融合的视角[J].学术论坛,2014,37(2):119—123.

[7] 陈华伟.文化与技术融合视角下江苏省科技型中小企业创新转型研究[J].物流工程与管理,2017,39(3):127—129.

[8] 谢芳.文化与科技融合背景下文化产业新兴业态发展研究[D].湖南科技大学,2016.

[9] 陈少峰.以文化和科技融合促进文化产业发展模式转型研究[J].同济大学学报(社会科学版),2013,24(1):55—61.

[10] 李凤亮,宗祖盼.科技背景下文化产业业态裂变与跨界融合[J].学术研究,2015(1):137—141.

[11] 李惠武,叶彤,李哲,等.推进文化创意与科技深度融合培育壮大文化产业新业态[J].广东经济,2015(4):77—78.

[12] 杨风,贾山亮,陈征.文化产业与科技融合的国际经验[J].中外企业家,2014(18):6—7.

[13] 李万,王学勇,黄昌勇.创新驱动发展背景下文化科技融合发展研究[J].文化产业研究,2014(2).

[14] 孔少华.新媒体环境下文化科技融合创新机制研究[J].上海文化,2014(5x):4—8.

[15] 韩玉姝.文化与科技融合:内涵、机理、模式及路径研究[J].科学管理研究,2015(5):21—24.

[16] 宋英良.文化与科技融合视域下山东文化产业发展路径研究[D].山东财经大学,2016.

作者简介

陈　鑫(1993—　),安徽宿州人,博士,南京大学商学院博士研究生,研究方向为文化产业。

张苏缘(1996—　),江苏南京人,硕士,南京大学商学院硕士研究生,研究方向为文化产业。

Upgrading and Path Choice of Cultural Industrial Structure in Jiangsu under the Background of Integration of Culture and Science and Technology

Chen Xin Zhang Suyuan

Abstract: Based on the analysis of the current situation of Jiangsu's cultural industry under the background of the deep integration of culture and science and technology, the present situation of Jiangsu's scientific and technological industry and the current situation of Jiangsu's cultural and technological integration, this paper explores the mechanism of cultural and technological integration on the transformation and upgrading of cultural industrial structure, and describes the specific impact mechanism and path from the perspective of technology diffusion and industrial integration. Through the construction of the index system of cultural and technological integration, the comprehensive index of cultural and technological integration development is obtained from the three first-level indicators: the basis of integration development, the environment of integration development and the ability of integration development. It is concluded that the integration of culture and technology in Jiangsu Province is deepening. Finally, this paper puts forward some countermeasures and suggestions to promote the upgrading of Jiangsu's cultural industrial structure.

Key words: Cultural Industry; Cultural Science and Technology; Structural Upgrading

基于核心竞争力视角的苏绣文化产业发展路径探究*

廖晨竹

摘　要:苏绣是苏州传统的工艺产品,在文化多元化和产业国际化的大趋势中,苏绣以其内涵丰富的文化属性和针法独特的工艺特点,在产业发展中表现出很强的竞争力。在发展环境变化和产业技术升级的大背景下,根据产业发展存在的困难与现状特点,苏绣必须适应现代生活理念,整合建构一体化的文化创意产业体系,加强与文旅产业的融合发展,保护优秀传统文化的生态环境,强化苏绣的价值性、独特性、延展性、持久性,才能提升苏绣核心竞争力,传承和发展好苏绣文化。

关键词:核心竞争力;文化产业;苏绣

苏绣是一种刺绣产品,也是一种文化载体,是江南乃至中华文明的一部分,在传承保护上一直受到政府和社会的高度重视,对于苏绣的保护与传承也随着社会发展而不断创新与发展。近年来,经历了徘徊后的苏绣迅速发展,淳朴的苏州绣娘纯手工刺绣也不再局限于陈旧的模式,而是融合时代的特征与理念,生产出一大批具有时代烙印的个性化产品。苏绣工艺走进了千家万户,日渐成为一种大众产品,各种刺绣手法、刺绣纹样、花样设计,让人领略到苏绣的精美绝伦、清雅别致。面对各种新需求,刺绣产品逐步礼品化、商务化、艺术化,刺绣产品实现了艺术与产品完美的融合,成为苏州文化创意产业极具象征意义的代表性产品。在生态低碳、循环经济发展的大背景下,借助文旅融合的机遇,围绕文化创意产业,探索苏绣的可持

* 基金项目:本文系江苏省社科基金项目"苏南自主创新示范区文化金融融合的路径研究(课题编号:15EYD003)"、教育部人文社科"高职院校专业建设与区域产业转型升级融合发展研究(课题编号:18YJC880150)"、江苏省职业教育教学改革研究课题"高职专业建设与区域产业需求对接的导向与路径研究(课题编号:ZYB323)"的阶段成果。

续发展，必须在健全产业链和产业集群的基础上，突出打造核心竞争力，才能使苏绣在推动文化产业、生态旅游的建设中发挥积极作用。

一、核心竞争力理论综述

1990年，《哈佛商业评论》上发表了普拉哈拉德和哈默尔的文章，首度提出"企业的核心竞争力(The Core Competence of the Corporation)"的概念。普拉哈拉德和哈默尔把企业核心竞争力定义为"组织中的积累性学识，特别是关于如何协调不同的生产技能和有机结合多种技术流的学识"，核心竞争力是"交流、介入和跨越组织边界的深入工作，它涉及许多层次上的人员和所有的职能"，是"关于工作的组织和价值的传递"，"企业核心竞争力是持续竞争优势之源"，确立了核心竞争力在管理理论与实践上的地位。其时，很多企业的战略规划部门被裁撤或解散，企业战略领域的研究和实践都面临着危机，在这种情况下，普拉哈拉德和哈默尔率先提出和发展了"企业核心竞争力理论"，之后其他战略管理学家相继为企业发展战略提供了强有力的理论支持。

核心竞争力是企业独特、持久的竞争力，它是企业内部独特资源、知识和技术通过一系列有效积累与整合而形成，是企业对各种技术资源学习的总结和各种知识的融合。它来自企业组织的集体学习和经验规范、价值观的传递，是企业核心资源在市场上的集中反映，最终表现为企业的智力、产品、管理、技术、文化等综合优势。通过核心竞争力的积累，企业就可能尽早地发现产品趋势和市场机会，核心产品里面的知识、技能集合成为企业竞争优势的源泉，因而核心竞争力决定了企业的持续发展。企业只有在核心竞争力达到一定层次以后，才能通过一系列组合整合形成自身独特且不易被人模仿替代的战略资源，获得和保持持久的竞争优势。

二、苏绣产业核心竞争力的特征

依据普拉哈拉德和哈默尔的观点，企业核心竞争力具有四个基本特征，即价值性、独特性、延展性、持久性，这是企业获得和保持持久竞争优势关键所在，是企业"树型"的躯干，这种优势最终表现在企业的终极产品上。因此，企业的战略目标就在于不断满足顾客的需求，保有和开发竞争对手难以模仿的核心产品，以保证企业迅速适应快速变化的市场环境。按照普拉哈拉德和哈默尔对核心竞争力特征的描述，通过实地调研苏州苏绣产业31家企业，全面考量苏州苏绣产业核心竞争力的四个基本特征：

(一)价值性分析

核心竞争力的价值性是指企业特别能够帮助用户实现价值的根本性技能。核心竞争力与一般竞争力的最大区别,就在于是否能给用户带来独特的好处和核心的服务。手工刺绣是苏绣传统的刺绣生产方式,融会了江南地区历史文化传统精髓,需要极大耐心和毅力的生产投入。伴随纺织绣品的多样化,特别是现代产品快速生产的需要,绣品已经从传统的手绣发展到机绣,特别是刺绣机器已经能够与电脑设计无缝对接,实现了从设计、电脑扫描、程序编辑、大批量绣制,使刺绣能够批量化、规模化地生产,人工成本也大为降低,这些特点很好地填补了大众市场对刺绣产品的需求。但机器刺绣的编制程序周期很长,使用的色线不能像人工刺绣那样频繁环线,产品的色彩度不够丰富,机器的行针速度和力度也不可能像手绣那样控制到位,很难形成图案复杂的高端市场产品,因此机绣产品的市场需求还无法与手绣市场相比,以手工刺绣为代表的苏绣依然牢牢占据市场的高端。从调查样本来看,生产茧丝绸产品的主要类型是绸类,82%的企业都有自己的特色产品,从事机绣生产的企业不满10家,大多为家庭式小作坊,产品还局限在低端市场,充分体现了以传统手绣为特征的苏绣产品的价值分量。

(二)独特性分析

核心竞争力的独特性是指竞争对手难以效仿或者复制,并且不可能轻易在市场上获得的某种能力和资源。苏绣讲究华而不俗、秾而不艳、秀丽素静,其品质有独特的艺术魅力,明代王鏊在《姑苏志》中描述苏绣"精、细、雅、洁,称苏州绣"。苏绣"平、齐、细、密、和、光、顺、匀":"平"即绣面平展,"齐"即图案边缘齐整,"细"即绣线精细、用针细巧,"密"即线条排列紧凑,"和"即设色适宜,"光"即色泽鲜明、光彩夺目,"顺"即丝理圆转,"匀"即线条精细均匀。这些要求使得苏绣作品精美绝伦。

苏绣中的刺绣针法极具特点。经过长期的积淀和发展,苏绣针法形成了仿真绣、乱针绣、顾绣等几大主要流派。仿真绣、乱针绣大多以绘画、摄影、油画等作品为主要绣制的品种,而顾绣则以花鸟、山水、飞禽等作品为主要绣品内容。随着苏绣产业的不断发展,苏绣在传统经典针法的基础上不断创新深化针法技艺,创造出诸多项创新针法,很多针法还获得了发明专利,大大丰富和完善了苏绣的表现手法,突出了苏绣的独到之处(见表1)。

表 1　苏绣针法知识产权

创新针法	滴滴针法	免光 T 形针法	捻丝盘线刺绣针法	米似形针法	三二组合乱针针法	免光 T 形针法
知识产权	一种刺绣的滴滴针法及刺绣方法	一种用于刺绣的免光 T 形针法及刺绣方法	捻丝盘线刺绣针法	一种用于刺绣的米似形针法	三二组合乱针针法及刺绣方法	一种改进后的不漏底的免光刺绣产品和方法
发明人	邹英姿	顾凤珍	薛金娣	郁丽勤	周海云	顾凤珍
授权时间	2010	2011	2011	2012	2012	2015

苏绣的独到之处还在于苏绣制作过程的精细和风格。从调研企业的原材料渠道来看，苏绣产业原材料的 82%在当地收购，与桑蚕种养形成了稳定的产业链，也为产品质量、原材料供应提供了保证。而且设备更新速度快，产品风格新颖现代，注重研发与销售两头与生产的协调，保证了产品的品质(见图 1)。

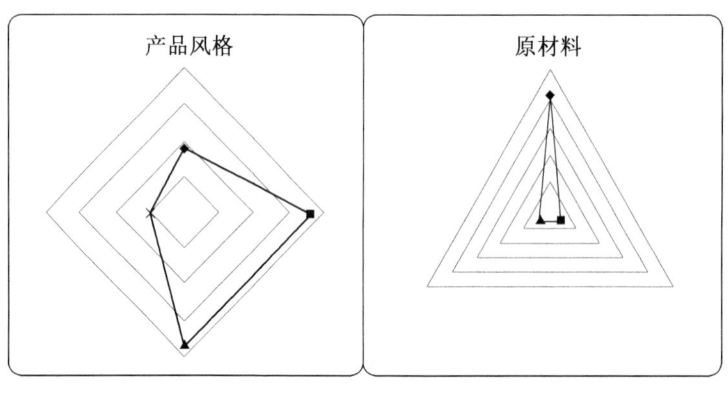

图 1

(三) 延展性分析

延展性是企业通向未来市场的潜在通道，核心竞争力延展性是企业扩展能力的体现。这种能力沿着核心竞争力—核心技术—核心产品的路径，由内至外地延展发散，最终将核心竞争力的能量扩展到创新产品，源源不断地为消费者提供各类最终产品，不断满足消费者多样化的需求。作为传统工艺门类，苏绣产品蕴含了丰富的文化基因与文化附加值。特别是苏州作为全球著名的旅游目的地城市，苏绣产品成为日常用品、旅游商品与文化艺术跨界结合的理想选择，以单面绣、双面绣等装饰性产品延展到旅游商品、日用品、艺术品，苏绣手袋、苏绣钱包、苏绣真丝围巾、苏绣旗袍、仿绣名人画稿、摄影作品等等，种类繁多，不一而足。从调研的苏绣企业样本看，苏绣生产、销售茧丝绸产品已经从原来单一的绣品发展到多种类型，36％的样本企业生产床上用品，82％的样本企业生产服装，18％的样本企业生产家具用品，其中有两家样本企业同时生产销售床上用品和服装，有一家样本企业同时生产销售床上用品、服装、家具用品。在销售产品的渠道上完全接轨现代市场，其中有 10％的企业在大型百货商场设立柜台，18％的企业开设了茧丝绸产品专营店。在产品宣传上，利用展览会、销售人员、电子商务平台多种宣传方式，82％的企业参加了展览会，55％的企业拥有自己的销售人员，甚至有 9％的企业建立电子商务平台，27％的企业定位于高端产品（见图 2）。

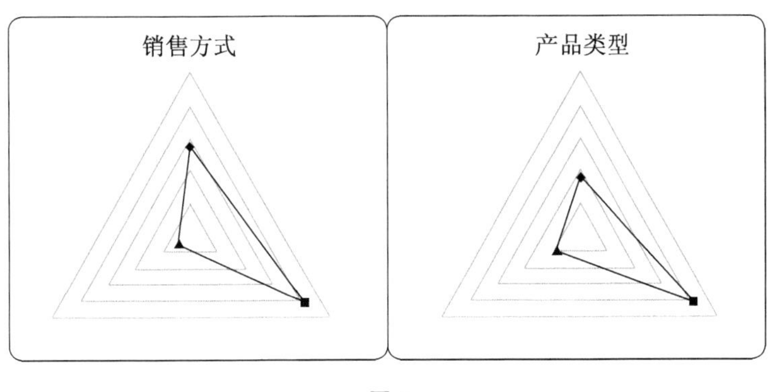

图 2

近年来，养蚕技术和自动缫丝技术大幅提升，现代科学技术进步使得丝绸产品品质得到了更好的提高。自动缫丝机在苏州本地的使用比例达到缫丝能力的 80％以上，为苏州生产优质生丝和高档丝绸制成品的生产提供了可靠保证。由此，苏州丝绸产品在市场上占有了明显的价格优势，丝绸制成品价格远低于意大利、法国等国同类产品。同时，苏州生丝、绢丝、绸缎以及丝绸制成品都具有明显的数量优势，物美价廉的丝绸为苏绣提供了质优价廉的原材料。

（四）持久性分析

作为核心竞争力的战略资产，持续性是指企业不断地将深厚多元的文化、工艺与有形无形的资源相结合，通过创新内化为企业自身的能力，从而使企业的核心竞争力保持持久性，在技术更新、市场需求多元化的环境中拉长生命周期，保持持久的竞争能力。苏绣的最终产品除了物质方面的，其本质已经是文化的载体，例如苏州姚建萍刺绣工作室推出的《一柄如意绣屏》（2018），运用了“苏绣打籽针法”绣制了柿子纹样，取柿子的“柿”与“事、世”等字谐音，暗喻民间“事事如意”“世事如愿”

的吉祥寓意，而造型则取材于传统吉祥纹样中的如意图案，就是一幅具有文化属性的刺绣产品。

苏州丝绸产业已经形成了以震泽、临湖等为主体的产业集聚，建成了较完整的产业链。随着世界经济格局的重新调整，世界丝绸生产中心由发达国家转向发展中国家。从丝绸产业的就业人数来看，苏州蚕茧生产领域拥有众多的蚕农、绢纺织、丝织品和丝针织品制造业人员，国内最为庞大的丝绸产业大军在苏州。2005年仅仅镇湖一个镇刺绣相关从业人员达 12 000 人，从事刺绣品的生产、销售、设计、装裱、镜框制作、运输以及面料和丝线供应等配套产业，形成了完整的产业链。他们占到全镇劳动力的 75%，其中绣娘达到 8 000 多人，拥有专业技术职称的达 200 多人，其中获得高级职称的有 24 人。据 2017 年的不完全统计，镇湖的绣娘仍然保有 8 000 人规模，其中有 31 人成了研究员、高级工艺美术师，150 多人获得中、初级技术职称(见图 3)。

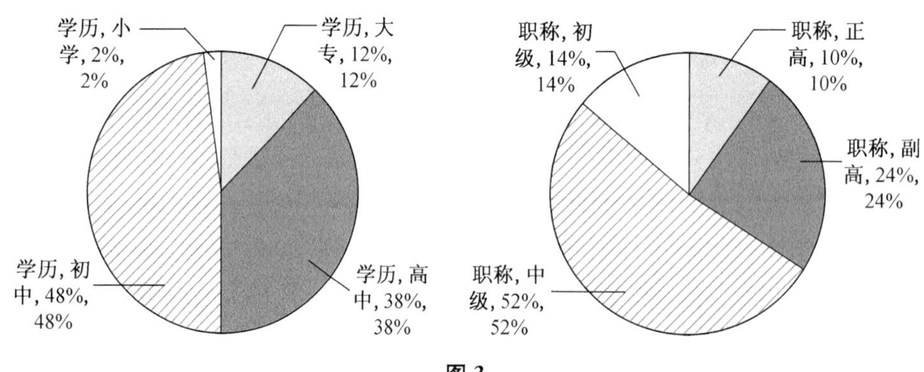

图 3

针对当前产品需求趋于饱和的趋势，研发新产品、拓展新市场成为苏绣产业发展的主导方向。调查样本中，82%的企业积极投入研发，27%的企业参加过或正在参加国、省、市级支持产品转型升级换代的研发，45%的企业正积极准备参加，努力实现产品扩充或延伸，为苏绣产业的持久力增添了原动力。

三、苏绣面临的现实问题剖析

尽管近些年来苏绣产业的核心竞争力推动着苏绣产业规模的扩大，苏绣与其他传统工艺一样也面临着巨大的挑战，制约了苏绣产业的发展。

(一) 生活环境、生活方式发生变化

传统工艺的苏绣产生，发展于精致的慢生活，与当时当地的人文环境、生活习

俗密切相关。随着经济社会的不断发展，人们的生活方式变化、生活节奏加快、生活习俗丰富多元，传统工艺的苏绣脱离了原有的生活和人文土壤。目前大多苏绣产品主要还体现为艺术品或衍生品，苏绣绝大多数的刺绣产品与现代日常生活相融还需要时日。从市场空间角度来看，苏绣产品要更加融入现代人们日常生活，才能更有生命力。

（二）劳动强度大、人才短缺

苏绣传统刺绣是以手工业形式出现的，大多数呈现为各个村落的家庭作坊形式，与现代产业的生产方式有很大差别。刺绣艺人"六七岁低头拿针，再抬头已是华发苍颜"，可见苏绣需要从业者有相当的毅力和耐心。从镇湖刺绣协会注册会员来看，绣娘中女性占绝大多数，并且平均年龄较大。由于年龄大，视力退化，这些大龄绣娘技艺和创作水平的发挥受到局限，较难很好地胜任一线刺绣的工作。随着社会经济的快速发展，越来越多的年轻人对进入这种单独重复的传统行业心存畏惧，也在很大程度上影响了这项高端手工刺绣的传承。以现代生产方式生产的机绣产品与传统工艺制作的手工产品在品质、内涵、形式上有很大区别，产业化的刺绣与传统工艺的苏绣本身的味道不同，造成了苏绣高端产品与现代化生产方式的矛盾。

（三）生产方式、生产设备现代化程度不高

现代机绣产品的生产已经发展成集打印、绣制、装裱、包装等工序为一体的产业链，由于现代配套产业效率提高，配套产业人员数量较少，对就业的拉动效应有限。在产品的深加工和精加工方面，与法国和意大利国等丝绸生产技术先进国家相比，苏州加工生产设备的现代化程度存在较大差距。从调研数据看，目前苏州地区的企业规模主要以中小企业为主，相当多的企业还仍旧囿于家族管理，缺乏现代企业经营理念。据统计，82%的企业都是此类型的中小企业。

（四）市场竞争、贸易壁垒加剧

2008 年金融危机以来，我国丝绸类产品遭遇来自欧美，甚至是印度等发展中国家的各种技术壁垒、贸易壁垒、绿色壁垒，还遭受了来自美国以及欧盟、印度的多次反倾销调查。印度在日本和世界银行的资金援助下，通过意大利和法国等发达国家的设备投资和购买蚕丝生产技术，已成为世界丝绸第二大生产国，在国际丝绸市场上对我国出口造成巨大压力。

四、打造苏绣产业核心竞争力的策略

（一）适应现代生活理念和生活方式，提升苏绣竞争力的价值性

苏绣传统工艺糅合了传统文化、手工技术以及传承人素养，饱含了传统产品的人文情感，具有独特文化意蕴。苏绣的产品属性和产业特点决定了苏绣在传承文化的同时要按照产品营销和市场方式运营，开展营销策划，紧盯目标市场消费者，针对新时代消费偏好、消费心理，挖掘产品组合的深度，按照产品美学功能，拓宽苏绣的用途，跨越纺织服装用品的类别，更广泛地运用在各种箱包、扇子、服饰品、挂件、装饰品图案、交通旅游等方面。关注国际竞争对手，在品种、花式、款式上不断创新，调整苏绣产品组合的宽度和广度，积极寻求新出口市场。融合民间艺术的地域风格，从设计、广告、宣传、包装一体化整体策划，强化产品的视觉吸引力，让更多的人认识并喜爱传统工艺。拓宽苏绣产业发展营销路径，借助互联网手段，积极采用电商、自媒体、信息交换、网上购买、网上广告等形式宣传，广泛利用数字化营销模式、营销平台，实现线上线下的双路径推广。

（二）整合建构一体化的文化创意产业体系，突出苏绣竞争力的独特性

苏绣具有很好的产业化基础，必须以市场为导向，以科技为手段，以效益为中心，发挥苏绣龙头企业的带动作用，发展专业化生产，促进苏绣按照现代企业的经营方式和产业组织形式一体化经营、社会化服务，推动苏绣产业的区域整体布局，强化文化创意产业整体系统的带动。苏州的地方传统工艺中，与刺绣相关的丝绸、缂丝、宋锦等都是属于文化内涵深厚的精品工艺，可以建立一个以民间工艺为中心的文化生态链，将这些优秀传统工艺纳入一个完整的系统工程，发展成为一个系统性的文化产业，搭建作品版权许可交易平台，以“生产性保护”为导向，对苏绣的生产、销售及艺术研究、文化交流活动提出明确的方向和要求，从文化宣传、产业配套、人才培养等各个方面入手，使苏绣产业按照现代产业化的生产方式运行，促进苏绣产品的文化优势转化为产业优势和经济新增长点，提高非遗类文化产品的市场竞争力，使传统文化工艺得到更高效的传承、传播。

（三）加强苏绣与文化旅游产业的融合发展，提升苏绣竞争力的延展性

苏州市旅游产业十分发达，与苏绣产业有着天然的有机联系，借助文化旅游市场，推广苏绣产品，开发苏绣旅游，促进苏绣产业与文化旅游产业融合发展，是苏绣产业延展性的重要路径。规范苏绣产品市场，强化对旅游企业、苏绣生产企业及工作坊的监督和管理，提升苏绣旅游的服务水平和个人素质，杜绝伪劣绣品、欺诈游

客的行为，推进苏绣旅游产业的规范化发展。多渠道地推广和宣传苏绣体验旅游，通过旅游企业、游客、消费者们的口碑和形象宣传，利用报刊、广播电视、网络等广泛宣传服务水准较高的苏绣产品、旅游项目，集中力量打造苏绣文化，逐渐树立品牌形象，发挥苏绣品牌作用，吸引游客。

(四) 保护优秀传统文化的生态环境，强化苏绣竞争力的持久性

苏绣艺术源于生活，贴近于生活，苏绣不仅是艺术产品，而且有很强的文化属性，其艺术和产品的表现形式丰富多彩，有些表现手法还优于现在新潮的艺术形式。在重视人文、强调生活本味的今天，苏绣艺术更能质朴地表现人们内心的情感，往往能为我们带来更多的人文情怀。民间工艺的保护就是我们文化生存空间的保护，传承好手工艺人的手艺，就是传承优秀传统文化的精神。为此需要培育民间文化的生态环境，进一步普及刺绣文化，通过在展览馆、博物馆、丝绸博物馆、美术馆内开设各类讲座、展览，开设各类苏绣培训，在高等教育机构开设刺绣设计、刺绣工艺、传统染绘工艺等课程，将优秀传统文化融合到教育和大众生活中，使刺绣等传统工艺深入大众文化，传承和推广传统优秀的民间文化。改变苏绣艺术生产传统的师傅带徒弟模式，吸引更多的人接触、了解和学习苏绣，提高苏绣继承人培养效率，提升苏绣文化传承人的理论层次，扩大苏绣继承人的队伍。编写关于苏绣的中小学校本教材，开设苏绣体验课程，成立苏绣社，开展苏绣科普活动、苏绣文化讲座，通过生动有趣的苏绣教育活动和苏绣文化实践，提高广大中小学生对苏绣文化的认识和兴趣，通过在活动中学习和实践，逐步培养良好的审美意识和专注耐心的素养，让他们更好地传承优秀文化传统，成为苏绣文化的宣传员乃至苏绣传承人。

参考文献

[1] 刘爱华. 经济新常态下中部地区文化产业品牌培育策略研究——以江西省为例//文化产业研究：第 20 辑[M]. 南京：南京大学出版社，2018.

[2] 王元，刘素华，朱易安. 长三角地区非遗与文创产业的协同发展研究//文化产业研究：第 17 辑[M]. 南京：南京大学出版社，2017.

[3] 齐崇文. 苏绣产业化之困——以镇湖刺绣业为考察对象[J]. 中国文化产业评论，2013(2)：277—291.

[4] 苏州市沈寿刺绣艺术研究中心. 以针作画、巧夺天工——浅谈苏绣的艺术特点[J]. 世界

知识画报:艺术视界,2012(9):56—59.

[5] 刘萍.企业文化创新对企业管理创新的影响力[J].现代营销(经营版),2019(03):98.

[6] 颜姜慧,尤莉娟.基于钻石模型的省域文化产业对外贸易竞争力评价[J].统计与决策,2019(06):58—61.

[7] 杨亚丽.核心竞争力观念对当代企业管理理念的影响[J].南方农机,2019(06):200.

[8] Robbins Stephen P, Coulter Mary K. Management[M]. New Jersey. Pearson Education, Inc., publishing as Prentice Hall. 2012.

[9] 顾江.作为支柱产业的中国文化产业的发展[J].毛泽东邓小平理论研究,2011(12):15—18+80.

作者简介

廖晨竹(1991—),江苏苏州人,苏州工业园区服务外包职业学院讲师,研究方向为产业经济、职业教育。

Research on the Development Path of Suzhou Embroidery Cultural Industry Based on the Perspective of Core Competence

Liao Chenzhu

Abstract: As a traditional handicraft of Suzhou, Suzhou embroidery has shown strong competitiveness in industrial development with its rich cultural attributes and unique craftsmanship characteristics in the general trend of cultural diversification and industrial internationalization. Under the background of the development of environmental changes and industrial technology upgrading, according to the difficulties and current characteristics of industrial development, Suzhou embroidery must adapt to the concept of modern life and establish an integrated cultural and creative industry system, strengthen the integration with the cultural tourism industry and protect the development environment and strengthen its value, uniqueness, extensibility and durability, enhance the core competitiveness of Suzhou embroidery, and inherit and develop the culture of Suzhou embroidery.

Key words: The Core Competence; Cultural Industry; Suzhou Embroidery